西方哲学3000年

文聘元 ◎ 著

浙江教育出版社·杭州

图书在版编目（CIP）数据

西方哲学 3000 年 / 文聘元著． -- 杭州：浙江教育出版社，2025. 1. -- （中西方文明互鉴丛书）． -- ISBN 978-7-5722-8690-2

Ⅰ．B5

中国国家版本馆 CIP 数据核字第 20245VT825 号

责任编辑 鲁　庚　　　　　**美术编辑** 曾国兴
责任校对 陈德元　　　　　**责任印务** 曹雨辰
封面设计 尚书堂

西方哲学 3000 年
XIFANG ZHEXUE 3000 NIAN

文聘元　著

出版发行　浙江教育出版社
　　　　　（杭州市环城北路 177 号　电话：0571-88909729）
印　　刷　杭州钱江彩色印务有限公司
开　　本　710mm×1000mm　1/16
成品尺寸　155mm×230mm
印　　张　17.75
字　　数　250000
版　　次　2025 年 1 月第 1 版
印　　次　2025 年 1 月第 1 次印刷
标准书号　ISBN 978-7-5722-8690-2
定　　价　72.00 元

如发现印装质量问题，影响阅读，请与承印厂联系调换。
电话：0571-86603835

目 录
Contents

第一章 什么是哲学 …………………………………… 001
    哲学的第一个问题 …………………………………… 001
    哲学三法 …………………………………………… 003
    哲学三分 …………………………………………… 004

第二章 第一个伟大的西方哲学家 ……………………… 010
    哲学史线索 ………………………………………… 010
    毕达哥拉斯 ………………………………………… 012

第三章 火与原子的世界 ………………………………… 017
    刻薄的伟人 ………………………………………… 017
    世界是一团火 ……………………………………… 018
    原子的提出者 ……………………………………… 021

第四章 西方哲学史上最震撼人心的事件 ……………… 025
    苏格拉底之生 ……………………………………… 025
    苏格拉底之死 ……………………………………… 027

第五章　可能是最伟大的哲学家 …… 033
　　柏拉图传 …… 033
　　一种理想主义的哲学 …… 035

第六章　亚里士多德和他的宏伟世界 …… 044
　　大富豪亚里士多德 …… 044
　　最宏伟的哲学体系 …… 046

第七章　古希腊罗马哲学 …… 061
　　耶稣传 …… 062
　　圣保罗传 …… 066
　　基督教的诞生 …… 068
　　痛苦与胜利 …… 072
　　基督教后事 …… 076

第八章　圣人与哲学 …… 082
　　圣人传 …… 082
　　阿奎那的神学体系 …… 089

第九章　知识就是力量 …… 099
　　双重人格 …… 100
　　知识就是力量 …… 103

第十章　我思，故我在 …… 120
　　传奇人生 …… 120
　　近代西方哲学的创始人 …… 124

第十一章　万象归一 ……………………………… 141
　　社会弃儿 ………………………………………… 141
　　斯宾诺莎的大一统 ……………………………… 148

第十二章　两栖明星的两种哲学 ………………… 161
　　哲学与政治的两栖明星 ………………………… 161
　　简单又深刻的洛克哲学 ………………………… 166

第十三章　形而上学的迷宫 ………………………… 187
　　最简人生 ………………………………………… 187
　　康德哲学是一座带红线的迷宫 ………………… 196

第十四章　一种能够自我实现的神奇理念 ………… 219
　　幸福人生 ………………………………………… 219
　　绝对理念及其自我实现 ………………………… 225
　　绝对理念如何实现自己 ………………………… 236

第十五章　作为意志和表象的世界 ………………… 249
　　悲怆的生命 ……………………………………… 249
　　作为意志和表象的世界 ………………………… 260

第一章
什么是哲学

哲学这个词的英文名是"philosophy",来源于希腊语,由"philein"和"sophia"组合而成,philein 的意思是"爱"或者"友爱",sophia 的意思是"智慧"。因此哲学就是"爱智慧"。

哲学的第一个问题

在人类的知识之树中,哲学是很晚才产生的,比它更先产生的是艺术。依据对古代和现代原始人的考察,哪怕是最初始的原始人,他们可能没有宗教,也没有铁器、铜器,甚至连细心磨制过的石器都没有,但他们却不会没有艺术。例如澳大利亚的坎昆土著,尽管他们的生活方式还处于旧石器时代,但也有自己的艺术。他们在住处周围的岩石上画了许多画,有他们常吃的鸸鹋、鱼,还有身材丰腴的女人,类似的女人在古希腊人的艺术作品中也可以见到。

与原始艺术联系在一起的是原始宗教。人类自从产生了最初的理性——自我意识,在对自身与外在世界有了最初的区别起,就产生了宗教,并用宗教来表达他们对各种神秘力量的两类感情:恐惧与崇拜。

正是从原始的宗教中产生了最初的哲学。其中缘由很简单，宗教与哲学的出发点是一致的，所提的问题也是一致的，不同的只是回答的方式。哲学可以看作是对宗教回答问题的方式的修正。

例如，《圣经》的第一句：起初，神创造天地。这是关于天与地的起源的问题，也就是宇宙起源的问题。这与哲学存在之初所回答的第一个问题是惊人相似的。古希腊第一个哲学家泰勒斯所提出的最著名的哲学观点就是宇宙起源于水，就像基督教认为是上帝创造了天和地一样。

哲学的另一个起源是神话传说。

无论中国还是西方都有大量神话传说。西方最有名的当数"荷马史诗"，里面有着大量优美的神话情节。这些神话传说通过各式各样的仪式、古代戏剧乃至纯粹的民间传说等得以传播。它们虽然不是正式的哲学著作，但同宗教一样，常常回答了一些有关世界与人的本质的问题。通过对这些问题的回答可以对这个世界有某些本质性的了解，这和哲学为我们提供的相一致。例如在古希腊神话中，说宇宙起初是一片混沌，后来从混沌中诞生了盖亚，她就是大地之母。盖亚生了乌拉诺斯，乌拉诺斯就是天父。盖亚与乌拉诺斯结合，生养了大量的其他的神，最后才有了人类。这一传说与中国神话传说中的兄妹夫妻关系的伏羲、女娲一样，都是有关天地、人等的起源问题。这些问题也是哲学的主题。

从前面有关哲学的起源问题上可以清楚地看到，之所以说原始艺术与神话传说跟哲学相关，就是因为它们都指向同一个问题——起源问题。这个起源包括世界的起源、人的起源。这也是哲学关心的第一个问题。

哲学三法

哲学的方法简单又丰富。几乎任何研究方法都可以与哲学相关，就如同所有知识都可以指向哲学一样；从简单的角度说，哲学有两种主要方法——沉思与分析。

沉思看似挺深刻，但实际上人人都可以做到：只要我们闭上双眼，对某个事物认真地思考。例如思考书是什么，我们脑中首先浮现出来的可能是一册装订得十分精美的印有字的纸。上面可以印哲学知识，可以印科学常识，可以印文学故事，也可以印其他东西，如漫画等。如果上厕所时手头刚好没别的纸，那么也可以用它来擦屁股。这就是对一本书的沉思，而且是相当到位、别具一格的沉思。

相对沉思，分析就比较难了，分析之于沉思的区分就像画家的画之于普通人的涂鸦一样。涂鸦人人都会，但高水平的画只有画家才画得出来。

为什么分析比沉思难呢？这是因为分析是在沉思的基础上进行的，如果沉思是砖瓦木料，分析就是用这些砖瓦木料来建房子。砖瓦木料是很容易得到的，但用它们来建房子则并不容易，尤其是建造一幢摩天大楼。

爱思考的好奇者会对世界的万事万物进行无数次的沉思，得出数不清的结论，但他一般也就到此为止了。但一位哲学家不会在这些沉思的结论上止步，而是会对这些经由沉思得来的结果进行系统、严密的分析、推理甚至实验和检验，使它们不但成为一个简单的结论或者命题，而且成为一系列命题的有机结合，这些命题彼此之间存在着密切的逻辑联系。更表面地看，如果沉思是一个或几个句子，那么分析就会是一个段落，甚至一篇文章、一本书。

比如某人经过若干天沉思，得出了一个伟大的结论：杀人不一定是不合理的。一般而言他的沉思就到此为止了，最多分析一下各种可能的情形：例如刽子手在刑场上杀人，不仅没有罪，还会拿工资；战场上士兵杀敌人不会被惩罚，甚至会因此成为英雄。

沉思者们到此为止，但哲学家就不同了，他们会思考这样一个问题：为什么如此？为什么杀人不一定有罪，即使杀的是好人？于是，他可以就此进行一长串的分析，长得用一部上中下三卷，每卷500页的大书也讲不完。

当然，最好的哲学方法还是把沉思和分析结合起来，在它们的齐心协力下，哲学便产生了。

哲学三分

哲学主要有三个组成部分：形而上学（Metaphysics）、伦理学（Ethics）和认识论（Epistemology）。

"形而上学"英文是"metaphysics"，源于希腊语，意即在有关物理学之后的研究。据传，亚里士多德去世300多年后，他学园的第十一代继承人安德罗尼库斯将其一些未曾整理的手稿、笔记、论文甚至学生的听课笔记等放在一起，编撰成亚里士多德著作集。前面一部分是有关自然界的著作，后面一部分是有关其他问题的论述，这些问题大部分和一些哲学的基本问题有关。

"形而上学"这一汉语是对metaphysics的意译。古汉语中就有"形而上"与"形而下"之说。"形而上"指没有形象的抽象的东西，"形而下"指有形之物，与亚里士多德的第一哲学有相似之处。日本明治维新之后，学者在大规模翻译西方各思想经典时，便将"metaphysic"这个词译成了"形而上学"。汉语在翻译这个术语时借鉴了日语的译名。

从上可见，汉语中"形而上学"的意思就是研究那些超越自然万物之外的东西，如灵魂、本质、理念等，当我们去想这些问题时，就是在探讨形而上学。例如你想问：我是一个人，那么人是什么？什么是人的本质？这就是典型的形而上学问题。

这里提几个最常见的形而上学问题，大家可以试着对之进行沉思与分析：

1. 世间万物是怎样起源的？是自然进化的结果还是某个神创造的？有没有一种元素，万物都是由它组成的？

2. 人有没有灵魂？

3. 什么是人的本质？是肉体，还是思想、情感，抑或灵魂？

4. 人可否自由？

哲学的第二个组成部分是伦理学。

伦理学的研究对象是道德。

什么是道德？我们常听人说"你做事要讲道德"或者"这人道德高尚"之类的话，这些就是道德的真实内涵。简单来说，伦理学与人们的生活是息息相关的。

但以上这些都只是一般人都懂的日常道德。如果伦理学停留在这点上，那么它也就不足以成为哲学的一个重要组成部分了。

伦理学其实有一个更能标识其家学渊源的名字——道德哲学（moral philosophy），所以伦理学也就是以哲学的眼光来看待道德的学问。

当哲学家用他们的慧眼看伦理与道德时，就像我们用万花筒看纸片一样，那些我们看来很简单的、每天都切身体验着的种种道德现象一到哲学家那儿就像万花筒中的纸片一样变幻莫测起来，"开出"了各式各样的哲学之花。结果便有了许多种类的伦理学，例如相对主义伦理学、自然主义伦理学、直觉主义伦理学、非认识主义的伦理学等。

顾名思义，这些不同种类伦理学也就是用相对主义、自然主义、直觉主义等观点来看待伦理学问题。如直觉主义者穆尔认为道德是事物一种独特性质的表达，这种性质就存在于事物之内，然而是人们难以把握的，也就是说不可能用一种科学的、严谨有逻辑的语言表达出来，而只能凭直觉去领悟。道德的核心概念是"善"，自然主义者认为善简而言之就是"好处"，也就是说，如果一个东西对另一个东西有好处，那么对于这个得了好处的东西而言，给其好处的东西便是善。例如一堆干草之于一匹驴，一只烧鸡之于一个乞丐。非认识主义的伦理学则是一种比较新兴的伦理学观念。与自然主义者认为善就是"好处"相对，它认为善就是"喜欢"，这实际上就是排除了善同客观事物之间的必然联系，而使其成为一种主观性的东西。

鲁迅的作品《阿Q正传》第七章《革命》中有这样一个场景：阿Q喝了两碗酒后，飘飘然起来，像六月里喝了雪水，不由得边走边喊道："好，……我要什么就是什么，我欢喜谁就是谁。""我欢喜谁就是谁"这句话正恰如其分地描述了非认识主义者眼中的道德与善。他们认为，道德与善是一种主观的东西，具体而言，它是一种对主观情感的记叙，例如喜欢、讨厌、赞美、诅咒，等等，这些就构成了善与道德的真义。例如当我讨厌一个人时，我就说他是恶的，当我喜欢一个人时，就说他是善的。

这类似于上面自然主义观念，因为人们在一般情况下总是喜欢那些有好处而讨厌那些有坏处的东西。但两者却有重大差别，因为在好处与喜欢之间、坏处与讨厌之间有着本质性的差异。

鲁迅在《拿破仑与隋那》一文中议论了拿破仑与隋那。隋那现在通常被译作詹纳，他研究并推广种牛痘来预防天花。鲁迅深刻地指出：

> 拿破仑的战绩，和我们什么相干呢，我们却总敬服他的英雄。

人们往往喜欢甚至崇拜那些并不给他们好处，甚至给他们坏处的东西，而对那些给他们好处的则往往可能忽视甚至蔑视。

因此，非认识主义的伦理学也许更深刻地揭示了善与恶的本质，以及有些价值判断中的非理性特征。

形而上学与伦理学之后，哲学的第三个组成部分是认识论。

认识论就是有关认识的理论。那么什么是认识呢？认识当然是对这个世界的认识，例如对日月星辰、动物植物的认识，这些认识可以用一个词来概括——知识。例如有关日月星辰、动物植物的知识，就是天文学、动物学与植物学知识。

这样，我们就知道何谓认识论，认识论就是有关知识的理论。

这里要特别注意的一点是别混淆有关知识的理论与具体的知识。其实从有关知识的理论这个概念中也可以看出它不是具体的知识，例如动物学或者植物学知识，而是有关所有这些知识本身的理论——它将所有这些知识都当作自己的研究对象，正如动物学将动物、植物学将植物作为自己的研究对象那样，认识论则将知识作为自己的研究对象。

那么，将知识的整体作为自己的研究对象的认识论，到底研究知识什么方面的问题呢？

认识论所研究的有关知识的问题当然很多：例如知识的界限问题，即人类到底能认识什么使之成为人们的知识；还有有关知识的可靠性问题，包括如何才能获得可靠的知识以及用一种什么样的方法才能检验这知识的可靠与否；等等。

这些问题诚然是认识论的重要部分，但它们都不是认识论的根本问题。认识论的根本问题，是知识的起源问题。我们的知识从何而来？这一直是认识论关注的主要问题。下面就来简单介绍一下这一问题。

哲学史上关于这个问题的解答大体有两大流派：一派是所谓的"唯理论"。包括下面将要讲到的柏拉图、托马斯·阿奎那、笛卡尔、斯宾诺莎等都是这一派的代表人物。

唯理论者们认为，人的知识主要来自"理性"，这种理性是上帝或神灵给予我们的，是人生来就有的一种本领。正是这种理性使我们能够获得知识。例如托马斯·阿奎那认为，人类唯有通过理智才能得到完整的知识。而这个"理智"乃是上帝赋予我们的，是上帝在我们心灵的沃壤中种下了"理智之光"。

另一个著名的唯理论者笛卡尔也提出了有名的"天赋观念论"：他认为人们的心中有一个强烈的观念，就是相信存在着一个最高的、绝对的完美；此外我们又强烈地、清楚地相信万物的存在、世界的存在。这些"相信"换言之就是一些观念。

那么这些观念是从哪里来的呢？人如何会有相信上帝与世界存在这类观念呢？

笛卡尔回答：是"天"将这些观念置于我们心中的，这个"天"，当然就是神。这就是笛卡尔的"天赋观念论"。

这些天赋的观念乃是一切知识的基础。

关于知识起源的另一派是所谓的"经验论"。经验论，顾名思义就是认为知识起源于经验的理论。经验论者认为或许根本没有什么天赋的理性，或者即使有也不能成为知识的源泉，真正的知识必然来自经验。

什么是经验呢？简单地说，经验就是我们通过自己的感官，如眼耳口鼻等，获得的对事物的认识。例如人们通过眼睛可以知道物体的颜色。经验论者认为，这些经验就是知识的真正起源。

最有名的经验论者当数培根与洛克。培根找到了一条通向知识的途径，或者说找到了人类获得知识所需要的过程，这过程大体如下：

自然＋感官→经验；经验＋加工→规律；规律→知识。这就是培根的"知识三部曲"。

洛克则是比培根更彻底的经验主义者，他说过这样一句话："我们的一切知识是建立在经验上的，而且最后是导源于经验的。"

至此，认识论便大体介绍完，对哲学的三大组成部分的介绍也将告一段落。当然，此上所述不过是蜻蜓点水，其具体的内容是极为丰富的。若想窥哲学之全貌，且跟着笔者往下看。

第二章

第一个伟大的西方哲学家

从这一章起，我们将步入古希腊哲学的辉煌殿堂。

要知道古希腊哲学在整个哲学王国中可是占据着十分重要的地位，因此必须好好介绍一番。

哲学史线索

哲学史大体可以分成两种形式：一是以内容为中心，按专题讲，如讲古希腊哲学，就找出古希腊哲学家们所关心的问题，再一一讲这些问题。如将"世界的起源"列为一个问题，再分别讲泰勒斯认为世界是由水构成的、赫拉克利特认为宇宙是一团永恒的活火、恩培多克勒则认为宇宙是由水、火、土、气四种元素构成的……用这种方式讲哲学史，优点是能将哲学史上的问题讲得很清楚，缺点也很明显：一是难，要将整个哲学史按问题整理出来那可不简单，二是理出来的实际上只是一部哲学问题史，而非哲学史本身。所以除了一些专题著作，鲜有哲学史采用这种吃力不讨好的形式。

第二种形式是以历史本身为中心，把历史看作一把尺子，时间就是它的刻度，每个哲学家都一定会在这把历史的长尺子上占据一个固定的位置，我们就可以据此来讲述他们的思想。几乎所有哲学史书都采用了这种相对简单的形式，本书也不例外。

但这里又出现一个问题：纵观古希腊哲学史，可谓群星璀璨，如果要将每一位哲学家都放到这里一一介绍，那自然是不实际的。

本书的方式是选取几位有代表性的哲学家，把他们的思想一一道来，弄清楚这些之后，大家就可以相当清楚地掌握古希腊哲学的大概，这种"大概"也可以称为"简史"。

在此之前，我们先来大致看看古希腊哲学，对它有一个整体印象。

以苏格拉底为中心，古希腊哲学大体可以分成三个阶段：

第一个阶段被称为前苏格拉底哲学，这是古希腊哲学的初级阶段。这一阶段里有米利都学派（其中主要包括泰勒斯、阿那克西曼德、阿那克西美尼）、毕达哥拉斯、赫拉克利特、巴门尼德、恩培多克勒、阿那克萨戈拉、德谟克利特、普罗泰戈拉等人。

第二个阶段属于伟大的三师徒：苏格拉底、柏拉图、亚里士多德。这是古希腊哲学的黄金时代，甚至可以被称为整个西方哲学史的珠穆朗玛峰。

第三个阶段则是苏格拉底的徒孙亚里士多德之后的古希腊哲学，但这时已经不再是纯粹的古希腊哲学，而包括所谓的希腊化哲学，甚至连古罗马哲学也包括在内。下面就简单介绍一下他们：

一是以第欧根尼为代表的犬儒学派。第欧根尼想要像一条狗一样地生活，人们把这个学派的哲学称为"犬儒主义"。他生活在一个木桶里，也有人说是一个装死人的大瓮里，当亚历山大大帝走过来问他有什么需要时，他只说："只要你不挡住我的太阳光。"

二是伊壁鸠鲁和以他的名字命名的学派。伊壁鸠鲁主张达到不受干扰的宁静状态,并要学会快乐。伟大的马克思就曾研究过他的思想,他的博士论文就叫《德谟克利特的自然哲学和伊壁鸠鲁的自然哲学的差别》。

三是斯多葛学派。它的创始人叫芝诺,学派成员中还有个叫马可·奥勒留的,是罗马帝国的皇帝,并且是一个有名的贤君,被称作罗马帝国的"五贤帝"之一。正是在他统治之下,罗马人度过了有史以来最辉煌的时期之一,他不但是一位伟大的皇帝,而且是一位出色的哲学家,写了一本相当不错的哲学著作《沉思录》。

第四个就是普罗提诺,他创立了新柏拉图主义,被称为古代伟大哲学家中的最后一人。

毕达哥拉斯

介绍完古希腊哲学的轮廓,下面便正式讲古希腊哲学,第一个要讲的是毕达哥拉斯。

毕达哥拉斯不仅是古希腊最早的哲学家,还是一位伟大的数学家,他的某些思想影响至今。他出生于地中海的萨摩斯岛,生卒年月不详,但他的活动年份大约在公元前5世纪的前50年。当时他的家乡处在一个暴君的独裁统治之下,毕达哥拉斯不喜欢他,就离开故乡,到处流浪。他曾到过埃及,那时候的埃及有高度的文明,毕达哥拉斯在那里学到了大量知识。经过一番漂泊,毕达哥拉斯定居在了一个叫克罗顿的城邦,它位于意大利南部,由于有许多希腊人,那里又被称为"大希腊"。

克罗顿是个富裕地方,据说人口曾达30万人,在当时可是大城邦。它当时刚刚被邻邦打败,但毕达哥拉斯一到,克罗顿便取得了战争的胜利,这使克罗顿人把毕达哥拉斯当成了福星。

后来毕达哥拉斯和他的弟子们在克罗顿建立了一个团体，一度差点掌控了城邦的大权，但由于受到权力更大的公民们的反对，他只好离开，到了同样在意大利南部的梅达彭提翁，在那里定居，直到去世。

介绍完毕达哥拉斯的生平，现在来讲一下他的思想。

在此之前，笔者先介绍一下对于讲述哲学家们思想的意见。

首先，每位重要哲学家的思想肯定是丰富而深刻的，但这本书不可能将所有这些思想一一叙说。

用什么方法来"剪裁"呢？我的方法是用三把尺，用这三把尺一量，合要求的就写上，否则就去掉。

这三把尺分别指的是什么呢？第一把尺是重要性。我们想要明白一位哲学家的思想，并不意味着要知道他的所有思想，主要要了解的是他的重要思想，那些思想对哲学家本人是重要的，对哲学史也是十分重要的。

第二把尺是独特性。哲学家的思想不可能每个都是他独有的，他的许多思想也来自别人，他只是进行了归纳总结，这样的思想通常会省略，而只会把那些属于这位哲学家本人的独特思想列出来。

第三把尺是趣味性。本书与那些哲学教科书不一样，是通俗性的哲学读本，因此想努力把严肃的东西不但变得通俗易懂，而且变得有趣。所以如果某哲学家的某个思想很有趣，不管它重不重要，这里都会记录下来。

下面就用这样的方式来具体介绍一下毕达哥拉斯的思想。

首先要介绍的是他的宗教思想。毕达哥拉斯有一个特点，他不但是一位哲学家，而且被他的信徒们当作神，就像基督教的耶稣。在他死后还流传着关于他的种种神迹，活灵活现。其中之一是他曾经订立一个规矩：凡他们这个团体做出的数学发现都属于绝密，不得告诉外人，否则会受天罚而死。

他的团体的一些教义也很有意思，举例如下：

1. 绝不可以吃豆子。
2. 东西掉到地上了，不准用手捡起来。
3. 不准碰白毛公鸡。
4. 不准用刀子将面包切开，而且不准将整个面包全吃掉。
5. 不准跨过门闩。
6. 不准用铁拨火。
7. 不准走大路。
8. 房间里不准有燕子。
9. 如果把锅子从火上面拿下来，不要把锅底印子留在灰上，要把它仔细地抹掉。

这些规矩很古怪吧？正是由于这些古怪的规矩，他的团体就变得神秘起来。众所周知，所有神秘的东西很容易被人崇拜，毕达哥拉斯和他的团体也渐渐被许多人当成神崇拜起来，他们在很多地方都获得了大量的信徒。靠着这些信徒，毕达哥拉斯和他的徒弟们在许多地方取得了军政大权，成为名副其实的统治者，建立起了一套圣人统治制度。

这也许是人类历史上唯一真正差点由哲学家们来做统治者的时代，也是哲学家们最神气的时代，可以说前不见古人，后不见来者。

与毕达哥拉斯的宗教思想一起的是他的"灵魂转世说"。

莎士比亚的《第十二夜》里有这样一段，这是那个一心想娶女主人的傻瓜马伏里奥和去戏弄他的小丑之间的一段对话：

小丑：毕达哥拉斯对于野鸟有什么意见？

马伏里奥：他说我们祖母的灵魂也许在鸟儿的身体里寄住过。
　　小丑：你对他的意见觉得怎样？
　　马伏里奥：我认为灵魂是高贵的，绝对不赞成他的说法。
　　小丑：再见，你在黑暗里住下去吧，等到你赞成了毕达哥拉斯的说法之后，我才可以承认你的头脑健全。

　　从这段话可以看出来，毕达哥拉斯的灵魂转世思想在欧洲真是家喻户晓，连小丑都知道。
　　另外，据说毕达哥拉斯在一次闲逛时，看见一个人正在揍一条狗，他厉声说："住手，不要再打它。它是我一个朋友的灵魂，我一听见它的声音就知道。"意思就是说这条狗是由他朋友的灵魂转世而来的。
　　那么，毕达哥拉斯到底认为灵魂有什么特点呢？可以归纳为几点：
　　一是灵魂永远不会消散，这与我们中国人的灵魂说相似。
　　二是灵魂可以变成别的东西，如人的灵魂可以变成猪。
　　三是一切都是循环往复的，没有什么东西是全新的，都是同一些灵魂在变来变去。例如毕达哥拉斯本来是头牛，后来就变成了毕达哥拉斯，然后又变成了一只蜜蜂，后来又变成了我国汉朝的一位书生，这样变来变去，直到今天，变成了我们中的一个。
　　依据这种说法，毕达哥拉斯认为，一切东西，至少是具有生命的东西是可以互相变来变去的。
　　毕达哥拉斯的第三个思想是他的数学思想。这也是毕达哥拉斯所有思想中最伟大的。
　　毕达哥拉斯认为，万物都是数，是由数经由各种各样的形式构成的。他还认为只有数才是和谐的、美好的，甚至找到了各种各样的数，如长方形的数、三角形的数、金字塔形的数等，它们都是由一些数目小块构成的，具有美的形状。他还认为 10 是最完美的数，所以他认为天体的数目也应当是 10。但那时人们已知的天体只有 9 个，所以他又硬加了第 10 个，取名"对地"。

毕达哥拉斯的有些数学发现直到今天还在被广泛应用，如数的平方、立方等。

当然，毕达哥拉斯最有名的发现是以他名字命名的"毕达哥拉斯定理"，就是直角三角形的两条直角边的平方之和等于第三边的平方，即中国的勾股定理。据说毕达哥拉斯发现这个定理之后，和弟子们杀了足足 100 头牛来庆祝。要知道 100 头牛在当时可是一笔惊人的财产，一般的国王也拿不出来，由此可见毕达哥拉斯的财大气粗。

第三章

火与原子的世界

毕达哥拉斯之后,便是前苏格拉底时代的另外一位大哲学家赫拉克利特。

赫拉克利特的伟大之处在于他的思想在他去世千年之后仍深深地影响着西方人,包括黑格尔和马克思。他的作品不但充满了智慧的闪光,而且像火与雷电一般震撼人心。

刻薄的伟人

关于赫拉克利特的生平现在知之甚少,实际上他的很多思想也是通过柏拉图对他的记载而为人所知晓的,而柏拉图之所以要记载他的思想,只有一个目的——反驳他。但即便经过柏拉图批判的过滤,赫拉克利特仍然是一位伟大的哲人,他的思想充满了智慧与诗意。

赫拉克利特出生在以弗所一个贵族家庭,以弗所位于伊奥尼亚,伊奥尼亚包括现在的小亚细亚半岛沿海地区和海中一些岛屿,与意大利南部一样,自古是希腊人的殖民地。

赫拉克利特活跃于公元前 500 年前后。据柏拉图和那些附和他讥讽赫拉克利特的人说，赫拉克利特是个相当刻薄的家伙，喜欢说别人坏话，他认为人是"宁愿要草料而不要黄金"的蠢驴。他看不起别人，认为人都是天生的懒汉，所以即使是为了他们自己的利益，也只有用鞭子抽打他们才能让他们努力工作。

赫拉克利特攻击的对象包括自己的乡亲。他曾说过这样的话："以弗所的成年人应该把他们自己都吊死，把他们的城邦让给未成年的少年去管理，因为他们放逐了赫尔谟多罗，放逐了他们中间最优秀的人，并且说：'我们中间不要有最优秀的人；要是有的话，让他到别处去和别人在一起吧。'"

但赫拉克利特的乡亲们似乎对他以德报怨，因为在公元 4 世纪时以弗所就出了雕有赫拉克利特头像的钱币，这算是一个挺大的荣誉，表达了家乡人对他的尊崇。

对乡亲们尚且如此，对别人就更不用说了，赫拉克利特一概加以批判、讽刺。当他谈到伟大的荷马时，他就毫不客气地说应该用鞭子抽他一顿；谈到毕达哥拉斯时，他说那是个缺乏理解力、只会死记硬背的家伙，压根儿算不上有智慧。

当然，赫拉克利特也会有说好话的时候，例如，赫拉克利特曾称条达穆斯是"比别人更值得重视的人"。因为达穆斯像他一样，认为"绝大多数人都是坏人"。

世界是一团火

赫拉克利特的思想非常了不起，几乎和黑格尔的哲学一样深刻，还像泰戈尔的诗歌一样优美，如马丁·路德·金的演说一样富有感染力。

赫拉克利特的第一个思想是他信仰战争，并且鼓吹战争。

他认为战争是万物之父，也是万物之王。它能让一些人成为神，而使另一些人成为奴隶。

他认为战争就是正义，因为战争对一切人都是公平的，大家凭各自的力量去争取胜利，一切都是通过斗争产生和消灭的。

与赫拉克利特对战争的信仰联系在一起的是他的斗争学说，他认为万事万物相互斗争，这正是万物存在的根据，一切都是通过斗争而产生的，就像一切都是通过斗争而消灭的一样。

他的这种思想与我们所熟悉的现代哲学家尼采的思想很相近。尼采也十分信仰战争，他劝说人们："我不忠告你们工作，只忠告你们争斗。我不忠告你们和平，只忠告你们胜利。让你们的工作只是战斗，而你们的和平则是胜利罢！"如果读过尼采的《查拉斯图拉如是说》，大家会发现，尼采的文风也和赫拉克利特一样，充满了激荡人心的诗意。

但赫拉克利特并不是一味讲斗争的人，他宣扬的斗争更确切地说是一种对立统一。

他认为一切事物都有对立面，就像一个钱币有两面一样，这两个对立面是相互对立、互相斗争的，但这种斗争并不是一味地争斗，而是对立中有统一。因为在斗争中对立面会相互结合，相互结合就会产生运动，而运动就会走向和谐。于是就构成了这样一幅图景：对立（不和谐）→运动→统一（和谐）。所以他说："对立对于我们是好的。"而万物都是这种对立统一的结合物。正如他说的："结合物既是整个的，又不是整个的；既是聚合的，又是分开的；既是和谐的，又不是和谐的；从一切产生一，从一产生一切。"

如果用一句中国俗话来说明赫拉克利特的这种思想，就是"不打不相识"。两个不相识的人碰到一起，由于某种原因产生了对立，于是就有了运动——打架，一打发现对方原来是个高手，或者是条真汉子，于是两个人就"统一",成了朋友。就像《三国演义》里的关羽和黄忠,两人经过一番对战,发现对方原来不但武艺超群,而且仁义过人,于是便握手言和。

赫拉克利特的这个思想影响了黑格尔,通过黑格尔又巨大地影响了马克思,这种影响一直持续到现在的中国。

那么,赫拉克利特所说的斗争与对立统一有什么共同特点呢?那就是"变"。

赫拉克利特认为,万物的一个本质特点就是变。他认为"万物都在流变着",即万物从产生的一刻直到消灭的一瞬,都在不断地变化,从不停止。世界上没有什么东西是不变的、永恒的,如果有,那就是变本身,只有它才是不变的、永恒的。对此他有一句名言:"人不能两次踏进同一条河流。"换句话说,踏入同一条河流里的人们,流过他们的水永远是不同的。

为什么这样说呢?因为在我们第二次踏进这条河流时,里面的水已经不是我们第一次踏进时的水。

关于整个世界,赫拉克利特也有自己深刻的思想:

1. 这个世界对于一切存在物都是一样的,它不是由任何神或任何人所创造;它过去、现在和未来永远是一团永恒的活火,在一定的分寸上燃烧,在一定的分寸上熄灭。

2. 一切事物都可以换成火,火也可以换成一切事物,正像货物可以换成黄金,黄金可以换成货物一样。

3. 火生于气之死,气生于火之死;水生于土之死,土生于水之死。

4. 火的转化是首先成为海,海的一半成为土,另一半成为旋风。

从这四句话我们可以得出下面四个结论:

1. 火是万物的本原,万物都是由火生成的。

2. 火与万物之间是一种相互转换的关系，一方面万物由火转换而来，另一方面万物也可以重新转换为火。

3. 除火之外，还有其他三种基本元素：水、土、气。火首先变成这三种基本物质，再变成花鸟虫鱼、金银铜铁等。

4. 这一转换的具体过程是这样的：火→水→土→气，因为海是由水构成的，而风则由气构成。

以上就是赫拉克利特的四个主要思想。当然他的思想不止这四个，例如他也反复地提到过"神"，并且认为神才是最聪明的，神看我们这些人，哪怕是最聪明的人，也像成年人看小孩子一样，是幼稚的。他认为："最智慧的人和神比起来，就像一只猴子，正如最美丽的猴子与人类比起来也会是丑陋的一样。"

原子的提出者

除了赫拉克利特，德谟克利特也是一位不得不介绍的古希腊哲学家。以他为代表的原子论在古希腊也许没有太高的地位，但在今天却获得了空前的认可，原因就在于2000多年前德谟克利特的理论被20世纪的物理学证明有着惊人的准确度。

浪游者

德谟克利特是色雷斯人，和另外一位有名的古希腊哲学家普罗泰戈拉是同乡。

德谟克里特很喜欢旅行，年轻时就开始到处游历，从南面的克里特到东面的波斯，积累了丰富的阅历和知识。他也到过雅典，只是当他到雅典后，发现竟然没有一个人听说过他的大名，不由得怅然若失，很久后他还愤愤不平地说："我到了雅典，可是没有一个人知道我！"

在外游历过一番后,德谟克里特又回到了故乡——色雷斯的阿布德拉,直到去世都居住在那里。

关于德谟克利特的生卒年月至今没有一个准确的答案,但可以确定的是,他主要活跃于大约公元前420年。

神奇的原子

德谟克利特的思想,最主要的就是"原子论"。

德谟克利特对原子有这样的描述。

形状:原子是一些有着各种各样形状的小颗粒,方的、圆的、扁的、长的都有。

硬度:它们是不可分的,内部没有一点空隙,无论用多锋利的刀也休想砍开。

数目:原子比撒哈拉沙漠中的沙子还要多,数都数不清。

种类:与数目一样,原子的种类也无限多。

大小:有的大,有的小。

温度:有的热如火,有的冷如冰。

重量:有的重,有的轻。

寿命:原子与天同寿,与地齐庚,不可毁灭。

除了上面这些特点,原子有一样更为根本的特性:永恒的运动。原子自从产生起,就在不停地运动着。

原子的运动有什么特性呢?有两种可能性:

首先,原子像一只苹果掉到地上,是从上往下坠落的,而且永远在坠落着。但他们坠落的速度并不相同,有的原子轻,如鸟羽飘落般慢;有的原子重,则如砖头下坠般快。由于快慢相异,有些重原子后发而先至,赶上了那些先落但因轻而慢的原子,这样就发生了"碰撞",于是原子们就会像两个碰到一起的乒乓球一样，往外弹开来。

第二种可能性是原子的运动压根儿没规律，就像无头苍蝇或者热锅上的蚂蚁一样乱窜，用科学术语来说，是一种随机运动。

这个世界是到处充满了原子呢，还是除了原子之外还有虚空？这是一个问题。

德谟克利特早就看到了这个问题，他的答案是：浩瀚宇宙之中除了原子还有虚空。因为他认为原子是运动的，而在毫无空隙的地方无法运动。就像我们将一块石头扔向一只鸟，如果没有虚空，也就是说在我们与这只鸟之间若有什么东西阻拦，那么石头就没办法打到那只鸟儿。不仅如此，如果没有虚空，那只鸟儿也没法飞，我们人也没法行走。

这个虚空究竟是什么一直有争议。古希腊，也许除了恩培多克勒，并不知道在我们看见空无一物的空间中还有一种看不见的东西——空气，所以他们只看见虚空，也凭经验知道没有这虚空运动就无法存在。即使在知道了空气的存在之后，从文艺复兴直到牛顿，人们都认为存在着所谓绝对空间，这类似于古希腊人眼中的虚空。但爱因斯坦通过他的相对论告诉我们所谓绝对的空间是不存在的，就像"以太"不存在一样，这也就给古希腊的虚空观念画上了句号。

德谟克利特认为原子是万物的本源，也就是说万物都是由原子组成的。那么原子是如何构成万物的呢？

原子是永恒运动着的，既然无数的原子都同时在运动，就会产生一个结果：碰撞。碰撞形成了一个个的漩涡，就像大家通常在流水中看到的一样，它能将许多草叶、树枝等聚集到一块儿，原子的这种漩涡运动也能把大量原子聚集到一起。这些成堆的原子就会形成与原来的原子大不相同的各种各样的物体。

千年之后，科学家们所得出的结论至少在表面上同他的结论差不多：物体是由原子组成的。物体就这样不断地产生、增多，渐渐地就变成了整个世界。

除了原子说，德谟克利特关于旋涡运动产生物体乃至世界的思想也极具先见性，2000多年后，伟大的哲学家康德写了《宇宙发展史概论》，在这部杰作里康德就是用旋涡运动来说明天体起源的。甚至于他的描述与德谟克利特所说的大致一样：宇宙中的尘埃，在漩涡运动下聚集到一起，最后形成了星系，地球与太阳都是这样形成的。

由上可见，德谟克利特是一位极具远见卓识的哲学家。

此外，德谟克利特还有一个奇怪但极有意思的观点：他认为除了我们这个世界，原子还构成了许许多多其他世界。这些世界就像牛羊一样，有的正在生长，有的却已衰老，有的可能天上有好几个太阳和月亮，有的则可能一个也没有。

总之，世界就像一个人，有生有死，没有永恒的世界，只有永恒的原子。

第四章

西方哲学史上最震撼人心的事件

从这时候起,我们要进入古希腊哲学的高潮。有三位伟人将登上古希腊哲学的大舞台,他们至今被哲学家们看作是哲学的喜马拉雅山。

这三位伟人就是苏格拉底、柏拉图和亚里士多德。

这一时期的第一座高峰是苏格拉底,下面就重点讲讲他著名的生与伟大的死。

苏格拉底之生

苏格拉底第一个与众不同的特点是他丑陋的外表,这也是哲学史上独一无二的。

连他最有名的两个学生之一,希腊将军色诺芬都说他比滑稽戏里最丑的丑汉还要丑三分。根据流传下来的苏格拉底形象,他的确长得不好看。他个子不高,脑袋和脸部却很大,显得比例失调。头顶基本无头发,眉骨像北京猿人一样在额头高高突起,眼窝却又在眉骨下面深深地陷了进去;眼睛两边是一对招风大耳,夸张地往左右远远伸出去;再往下是一个出众的酒糟鼻，说它出众，因为它特别的大而且扁，加上朝天的鼻孔看上去充满了喜感。鼻子下边则是一张很宽的嘴巴，像塞得下一整只鸡。再往下就是一大把很乱的胡子。

对于自己的相貌，苏格拉底曾经很自豪地表示，说起五官来，没有人比他的更实用了：脑袋硕大，智慧就多；眉骨高突像屋檐就可以挡住雨水，不让它伤了眼睛；耳大招风，就利于听声；鼻孔朝天，鼻涕就不易流出来，弄脏了街道；至于嘴大，那更有好处了，一是吃得多，二是说话快。由于有这些好处，苏格拉底对自己的相貌颇为满意。

苏格拉底的着装也与他的形象"交相辉映"。像那时所有的古希腊人一样，他们的衣服就像一整块布，从脖子开始将整个身子包裹起来。但包裹在苏格拉底身上的与其说是一块布，不如说是一张渔网，因为它总是破破烂烂的，而且像他的胡子一样，似乎从来没修整过，也好像没同水打过交道，脏得无以复加。

他还从来不穿鞋子，始终赤着脚。

虽然长得丑，但和普通人一样，苏格拉底也有妻子和孩子。

他的妻子叫桑蒂普，因为泼悍的性格而出名。

关于苏格拉底妻子泼悍的性格有一个美丽的传说：有一次，桑蒂普不知为了什么又大骂起老公来，苏格拉底像平常一样一言不发，过了一会儿，桑蒂普索性端起一盆洗脚水向他泼去。苏格拉底虽然被泼了一身水，但他只抹了抹脸上的水珠，不慌不忙地说："我知道，打过雷后一定要下雨的。"

苏格拉底不会在这些小事情上浪费时间，他的日常生活十分简单，他基本上只做两件事——沉思与辩论。

每天，他一早起来后，就在雅典的大街小巷闲逛，找人辩论，上至将军法官，下至皮匠乞丐，他都一视同仁，以寻找他所要找的真理。

他的身边经常围着一大帮人，这些人中三教九流，应有尽有，有的是未来的将军，有的是贫苦百姓，还有的是像柏拉图一样的有钱少爷。这群人把苏格拉底当作老师，把他的每一句话铭记在心。苏格拉底经常带着他的这群学生四处找人辩论，让他们听听他如何辩倒将军、贵人、执政官们。

正如苏格拉底所言，他就像只牛虻一样，总能找到皮薄的地方，狠狠咬对手一口。

他通常是抛出一个问题，让别人回答，然后从其滔滔雄辩中找漏洞，并进行反问，让别人回答，又再问，如此下去，他总能找到别人回答中的薄弱之点，直到问得人无言以对。当然，在这类探究中苏格拉底最后总能找到他所要的答案：如什么是正义之类。但那被问者却不会因此而欣喜——当真理与胜利相较时，一般人总会觉得胜利更令人高兴一点。

除了辩论，苏格拉底做得最多的就是沉思，他经常不知不觉地陷入沉思，忘却了整个世界。

苏格拉底之死

有一天，苏格拉底被逮捕了。

苏格拉底为什么会被捕？官方给他定的罪状是这样的："苏格拉底是一个作恶者，是一个怪异的人，他窥探天上地下的事物；他把坏的说成好的，并且以这一切去教导别人。"简而言之就是说他教坏了年轻人。

据后来的史家考证，他被判罪的真实原因是他是雅典民主制的敌人，是与雅典民主制相对立的贵族造反派的精神领袖。因此苏格拉底一天没死，民主制的当政者们就一天不安。

对此，你也许立马对苏格拉底产生了恶感，认为他是拥护专制的坏蛋。但事实并非如此，因为雅典的民主制与现代的民主制压根儿不是一码事。雅典的民主制下，几乎所有官员，包括将军与法官等大官，都不是经由民主选举而产生，而是通过抽签产生，他们也随时随地可能被公民们提拔、罢职甚至处决。在这种制度下，治国者与治国才能之间根本没有什么关系。

古希腊著名喜剧作家阿里斯托芬在他的《骑士》一剧里形象地描述了这种民主制的特色，剧中一位将军试图劝一个卖香肠的人去夺取当时民主派领袖克里昂的职位，下面是他们的对白：

卖香肠的人：请告诉我，像我，一个卖香肠的人，怎样才能成为那样的大人物？

将军：这是世上最容易的事。你已经具备一切应有的条件：卑贱的出身，受过在市场中做买卖的锻炼，蛮横无理。

卖香肠的人：我想我还不够格。

将军：不够格？看来你似乎有一个非常好的良心。你父亲是一位绅士吗？

卖香肠的人：老天爷作证，不是的！全家老小都是无赖。

将军：幸运儿！你要担任公职的话，已有一个多么好的开端啊！

卖香肠的人：可我几乎不识字。

将军：唯一的麻烦就在于你什么都知道。适合做人民领袖的不是那些有学问的人，或者诚实的人，而是那些无知而卑鄙的人。千万不要错过这个绝好的机会。

这样的剧情虽然有点夸张，但雅典民主制实际上也与这差不多，苏格拉底反对的就是这点。他认为像补鞋要找懂得补鞋的匠人一样，治国也要找懂得治国之道的智者，所以他公开地讽刺、反对这种民主制的治国方式。这才是他被捕的真实原因。

逮捕苏格拉底之后，雅典法庭开始了对他的审讯。

法官与陪审团成员自不必说，都是当权的民主派，他们大多数人判他有罪。

这时，按照雅典民主制的法律，有两种定罪量刑方式：一是苏格拉底自认有罪，并可以要求较轻的处罚；二是由法官与陪审员们来定罪定罚。

若这时苏格拉底提出一种法官们认为勉强合适的惩罚方式，他本来可以免于死刑，但他提出的却是这样一种惩罚：缴纳30米尼罚金。

这30米尼不知到底有多少，反正不是个大数目，这笔钱他的学生们，包括柏拉图，答应为他担保。但法庭不但没有同意，反而被大大激怒，他们认为这是苏格拉底有意轻视他们。

正因为苏格拉底这样的建议，才导致参加审判的绝大多数公民们决定判处苏格拉底死刑，并且是饮毒酒而死。

其实苏格拉底一开始就知道他被捕的真正原因，也为自己作了出色的辩护，他根本就不承认被指控的罪名，可惜的是，他的辩护太出色，所以民主派更要处死他。

在狱中的时候，苏格拉底也有机会轻易逃走，因为他的弟子们已经替他买通了所有可能阻挡他逃脱的人。但苏格拉底断然拒绝了，因为他不愿违反法律。他认为法律一旦制定，不管合理与否，作为一国的公民就必须遵守。

处刑的那一天终于到来，他的弟子柏拉图对他临死的情形有一段很生动的记载：

苏格拉底站起来，叫大家稍候，就和克里同一块儿走进浴室去。大家一边等待，一边说着话，沉浸在巨大的悲痛之中。因为他们失去苏格拉底就像失去父亲一样。苏格拉底在里面待了很长时间，直到太阳快下山了才出来。他又和弟子们坐在了一起，但大家这时候只顾着悲伤，不想说话，房间里一片安静。后来狱卒走进来，站到了苏格拉底身边，说道："苏格拉底，在所有来过这里的人当中，您要算最高尚、最温和、最善良的一个了。我每次执行命令，吩咐其他犯人服毒时，他们就像发了疯似的把我骂个狗血淋头，您和他们不一样。其实我明白您不会生我的气，因为您知道错在他人，不在我。我这就向您告别，生死有命，请您尽量想开点。我这份差事，您是知道的。"说完，狱卒的泪水夺眶而出，他赶紧转身出去了。

苏格拉底转身对大家说："这个人多可爱呀，这些天，他没少来看我。"他又问毒酒准备好了没有，如果准备好了就赶紧拿来。克里同说现在太阳还没有下山，还说许多人面对这样的事时都设法一拖再拖，甚至临死还要大吃大喝、寻欢作乐一番才肯罢休。

苏格拉底说那些人那样做有他们的理由，那些理由也是成立的。但他不想这样，因为他不认为晚死一会儿对自己有什么好处，如果将死之时还这么怕死、吝惜片刻的生命，他只会觉得自己可笑。说完，他严肃地要求克里同赶紧把毒酒送来。

克里同只得吩咐仆人把毒酒拿来。仆人出去嘱咐了几句，很快跟着手端酒杯的狱卒走进来。苏格拉底坦然地接过杯子，没有丝毫害怕的样子。他问了一下能不能用这酒来祭奠神灵。得知毒酒只有这么多，没法用作其他用途后，苏格拉底就祈求众神保佑他在去另一个世界的旅途中一路平安。说完他就把杯子举到唇边，坦然地将毒酒一饮而尽。

看到苏格拉底把毒酒喝下去了，知道他的生命已经无可挽回，弟子们忍不住都哭了起来。特别是柏拉图，他用双手捂住脸，但泪水却像泉水般从指缝间涌出来。他不是在为苏格拉底哭，而是在为自己哭。

因为他一想到自己就要失去这样一位良师益友,就有一种大难临头的感觉,使他为自己悲痛不已。其他人也都在哭泣,只有苏格拉底泰然自若,他说:"你们这么哭哭啼啼的干什么呢!"他不让自己的妻儿来这里就是怕他们这样,他只想在平静中死去,要求大家安静下来,耐心地再等一会儿。

听见这话,弟子们都感到羞愧,便纷纷忍住了眼泪。只见苏格拉底在房间里来回踱步,直到走不动了才躺下来。给他送来毒酒的狱卒不时地查看他的双脚和双腿。过了一会儿,他使劲在苏格拉底的脚上捏了一把,问他有没有感觉。苏格拉底回答说没有。狱卒顺着脚踝一路捏上来,向大家表明苏格拉底的躯体已经僵硬冰凉。

苏格拉底自己也感觉到,对大家说毒酒到达心脏后一切就将结束。当下腹已经开始变凉时,他突然掀开盖在身上的被单,说了一句:"克里同,我还欠阿斯克勒庇俄斯一只公鸡,你能记着替我还清这笔债吗?"克里同说:"我一定替您还清。"接着又问:"您还有其他吩咐吗?"

没有回音,房间里一片寂静。

过了一会儿,大家看见苏格拉底动了一下,狱卒走过去掀开被单,发现他的目光已经凝滞,但双眼和嘴巴还张开着,克里同替他合上。

苏格拉底就这样死了。不难看出,苏格拉底死得很从容,用一个成语形容就是"视死如归"。

至此,很多人可能会产生一个问题:为什么苏格拉底是一位伟大的哲学家,人们却很少谈他的哲学思想呢?

这是因为他的思想主要来自他最伟大的学生柏拉图的记载。但这些记载的思想有一个共同点:很难说清楚哪些是柏拉图自己的,哪些才是苏格拉底的。作为一位天才作家和哲学家,柏拉图曾说过永远不会有什么柏拉图之说,只有苏格拉底之说,但苏格拉底之说实际上就是柏拉图之说，不过是借苏格拉底之口而已。所以苏格拉底之说将会在后面与柏拉图之说放在一起，都当作柏拉图之说来介绍。

这里只简单提一个被公认为是真正的苏格拉底的思想。

苏格拉底所探讨的对象与前面的毕达哥拉斯或者赫拉克利特等都不一样，不是有关自然界的事，苏格拉底说过他对宇宙万物的本原是水还是土毫不关心，他所关心的是什么是善、什么是正义之类，也就是今天的伦理学所关注的问题。

因此苏格拉底被广泛认为是哲学三大组成部分之一的伦理学的鼻祖。

他对于伦理学的基本观点是：在正义、善、最好的国家等这类德行与知识之间存在着紧密联系，人因为无知而犯罪，智慧则可以消除罪恶。

第五章

可能是最伟大的哲学家

在所有西方哲学家之中,柏拉图很可能是最伟大的一位,有哲学家说过:整个西方哲学都是在为柏拉图作注释。也有人说倘若将哲学看作是形而上学的话,那么柏拉图哲学不但是形而上学,而且是唯一的形而上学。

柏拉图传

公元前428年,柏拉图出生于雅典一个贵族世家。他长得十分英俊,孔武有力,曾经两次在古希腊的奥林匹克运动会上摘取奖牌。

柏拉图青年时期热衷于各项体育运动,但遇到苏格拉底之后,他的一生就此改变。他从身体的运动场上脱身出来,步入了思想的运动场,全心全意地追求智慧,成了苏格拉底的狂热崇拜者。他曾说:"我感谢神明,使我托生为希腊人,而不是野蛮人;是自由人而不是奴隶;是男人而不是女人。不过最主要的还是,使我出生在苏格拉底时代。"

当苏格拉底被处死时,柏拉图才28岁,这件事对柏拉图一生影响甚大，使他十分痛恨雅典的民主制，并且在以后的人生中致力于寻找一种更好的国家制度。又由于苏格拉底被判死刑后，柏拉图花了大量金钱去行贿，想把苏格拉底救出来，这件事引起了民主派的愤怒，民主派要把他绳之以法。柏拉图见大事不妙，就逃离了这个是非之地。

公元前399年，柏拉图离开雅典，开始了他的漫长旅途。他去过埃及，并且对埃及稳固的国家制度深表钦佩。他还去过犹太人的国家，向犹太的先知们学习。传说他还去过遥远的恒河之滨，就是现在的印度，跟释迦牟尼的弟子们学佛，最后才回到欧洲。但也有说法是他离开埃及后就扬帆北上，跨过地中海，回到了欧洲。其间他还到了西西里岛，又从西西里岛继续往北，到了南意大利，在那里他和毕达哥拉斯的弟子们探讨治国之道。

在异国他乡漂泊了12年后，柏拉图于公元前390年左右回到了故乡雅典。

在这里他办了一所学校，校址位于雅典城外西北角的一片小树林里，离城只有3里多远。由于这片土地与雅典传奇英雄阿卡德摩斯有关，便取名叫阿卡德米（Academy）。学校主要教数学，尤其是几何学，另外还有天文学等课程。在学校大门口刻着一句话："不懂几何学者不得入内。"

公元前367年开始，他两次到了西西里岛上的叙拉古，想要培养年轻的国王狄奥尼索斯二世，使他成为他理想中的"哲学王"，但并没有成功。

公元前348年，柏拉图在阿卡德米安然辞世，享年81岁。

柏拉图逝世后，他的学校继续存在下去，直到近900年后的公元529年才被东罗马帝国的查士丁尼大帝关闭。

欧洲的黑暗时代随之降临。

一种理想主义的哲学

柏拉图的思想极其丰富，他在哲学的三大领域都有伟大的创造性成就。他的思想最大的特征是"理想"，无论是在认识国家还是在认识万物时，他都提出了自己的理想：一种完美的国家、一个完美的对象。因此柏拉图的哲学可以被称为一种理想主义的哲学。其中柏拉图提出来的完美国家最为有名。

理想之国

柏拉图的"理想国"在他的思想体系中最为有名。他借此详细地回答了一个许多人都想知道答案的问题：一个理想的国家应当是什么样的？他为此专门写了一部《理想国》，这也是他最有名的作品。

像柏拉图的其他著作一样，《理想国》也是一篇对话，这场对话是在一个叫瑟福勒斯的富人家中发生的。参加的人有柏拉图的两个兄弟格劳孔和阿德马特斯，还有忒勒叙马科，一个动不动就火冒三丈的家伙，主要对话者则是苏格拉底。这个"苏格拉底"如前面所言，实际上就是柏拉图自己，不过是借苏格拉底的口说了柏拉图想说的话而已。

柏拉图认为，理想国的公民应当分成三个部分：普通人、士兵和护国者。

普通人大多头脑简单，数量也最多，他们的职责是养活士兵和护国者。理想国的所有职业中，除了作战和治国，其他都由他们来干，如种田、经商、手工业之类。他们是些爱钱的家伙，一心只想发财。

士兵则是一些直接管理国家的人，实际上不仅仅有士兵和军官，还包括一些辅助治理国家的人，如各级官员。他们的地位比普通人高，也不如普通人那么爱钱，但还有点贪心。他们人数比普通人少，但比护国者多。

护国者就是所谓的"哲学王"了，柏拉图在《理想国》中推崇的主要是这类人。

柏拉图认为只要这三类人能够做好各自的工作，不作非分之想，就是达到了宝贵的正义。

值得一提的是，理想国的这三类公民并不是世袭的，而是凭个人能力来决定的，那么这时就有了一个大问题：如何将这三种类人分别从全体公民中甄别出来呢？答案很简单：靠教育。

柏拉图的教育是分步骤、按部就班进行的。

首先是对儿童进行洗脑教育，这一期的教育分体育与音乐两部分，不过这同现在的体育课与音乐课大不一样，它们的范围要广得多。例如一切运动都是体育，甚至包括游戏，音乐则包括一切非体育的教育。

这一期的教育中，音乐教育反对强制性教育，强调要把最难学的课程也变得轻松有趣，课本则要编得"像诗歌一样优美"。还要对教育的内容进行严格检查，只有官方批准的东西才可以讲，其他一概不准。

这一期的教育要花十多年时间，到20岁为止。

此后会进行一场"期末考试"，目的是要将所有孩子区分成两部分：通过考试的就继续学下去，通不过的就被淘汰，去做第一类公民——普通人。

这场考试是公平的、公正的，不管孩子的父亲是农民还是国王，会不会沦为普通人完全凭能力而定。

顺利通过淘汰赛的人将再次开始他们的学习，会对他们的体质、思想甚至性格进行更全面的、更严酷的训练。这一过程长达10年，10年之后便进入第二轮考试，同样严厉且公正。没有通过这一轮考试的人就去做第二类公民——士兵，而通过了第二轮考试的人就可能进入最高的等级——护国者。

但通过这次考试仅仅是提供了成为护国者的可能。他们接下来又要开始学习，这轮学习的乃是柏拉图的治国之道——哲学。这时他们已经30岁。为什么要等到这么晚才让他们学习哲学？因为在柏拉图看来，学习哲学是一种极大的快乐，而让这些年轻人"过早地品尝哲学那种难得的快乐不是明智之举……因为年轻人在初次尝到哲学的滋味时，常常为了取乐而争辩不休，并且老想顶撞和驳倒对方……就像小狗崽对凡是走近它的人都喜欢扯一扯、拽一拽那样。"

学习哲学的过程有五年，五年之后，这些身强体壮、受过良好的体育和音乐教育，还懂哲学的完人们就可以做护国者——哲学王了吗？

不，还有最后一步，也许是最难的一步。

这些理想国的精英们将遭受更严厉的锤炼——生活的锤炼。

他们将被抛入生活的熔炉，成为一个普通人，成为商人、匠人或者农人。他们要学会在市场上同最狡猾的商人讨价还价，要在铁匠铺里抡动沉重的大铁锤，要头顶炎炎烈日在田地里摸爬滚打，为了一日三餐流尽汗水。

但即使饿得头昏眼花，累得走不动，也要想着自己是未来的护国者，在最困苦的环境中也要永远保持清醒的头脑，去理解和掌握做一位哲学王所要具备的一切品质与技能。

也许他们中有的人会忍受不了生活的锤炼，但那些经受住这最后考验的人们，将成为真正的、完美的护国者——哲学王。

这就是柏拉图的教育程序，在这些程序完成之后，全体公民将各得其所，成为普通人、士兵，或者护国者。

对于理想国的三类公民，柏拉图实际上只对最高的一级护国者做过详细的分析，这里只简单说明。

首先，理想国里的哲学王并不是一个，而是若干个，具体人数柏拉图并没有加以说明，但在三类公民中他们的人数肯定是最少的。

其次是所有哲学王必须住在一起，住的是小房子，吃的是最简单的食物，而且还不能多吃，能填饱肚子即可。

第三，哲学王们的家庭生活也是共享的。所有哲学王，不论男女，他们的配偶都是全体哲学王共有的。

大家也许会大吃一惊：难道理想国里还有女哲学王吗？

不错！在理想国里男女完全平等，一切事情，凡男的可以做，女的同样可以，包括作战。在甄别全体公民的考试中，以及在平常的训练中，不分男女，男人与女人有同样的机会成为普通人、战士或者哲学王。

完美的理念

柏拉图的一个基本观点是认为个体之物是不真实的。

为什么有这样的观点呢？因为柏拉图认为：凡真实的事物，必须是不自相矛盾的，也就是说，它必须要么是美的，要么是不美的；要么是正义的，要么是不正义的，否则就不是真实的。

那么我们所看到的个体之物恰恰是矛盾的，例如有时它们看来是美的，有时又好像不美；有时看来是正义的，有时又好像不正义。总之永远具有自相矛盾的特性。

他又认为：凡自相矛盾的东西都是不真实的，所以世间一切个体事物都是不真实的。

那什么才是真实的呢？当然是理念了。例如只有理念的狗、理念的猫、理念的桌椅板凳才是真实的，至于人们所看到的具体的狗、猫、桌椅板凳，都只是理念的虚假映像，是不真实的。

在此，柏拉图提出了著名的"洞穴之喻"。

他在比喻里说，我们假定有这么一个洞穴，某些人生下来就被关在这个洞穴里。他们的脖子被牢牢锁住，只能朝一个方向看。在他们背后有一堆熊熊大火，在他们面前是一面墙，火把他们的影子投在墙上，他们终生就只看见这些影子。于是，不可避免地，他们会将这些影子看作实在的东西，但对于造成这些影子的东西，无论是火还是他们自己，都毫无知觉。

柏拉图认为，人，尤其是不懂哲学——具体地说就是不懂他的理念说的人就像这些囚犯一样，而那些影子就是我们所看到的个体之物，囚犯将影子看作实在，不懂理念的人将虚假的个体之物看作真实，他们对那造成个体之物的、真实的理念一无所知。

这里再用一条名为老白的狗打个通俗的比喻：理念的狗是真正的狗，而名为老白的具体的狗只是理念的真狗在镜中的像而已，当然是假狗。

但这个假狗为什么还叫狗呢？那是因为它分有了真狗——理念之狗——的某些性质，所以才成了狗。其他，如为什么有些个体的事物看起来也真，也善，也美呢？这也是因为它们分有了理念的真、善与美。

那又为什么只有这个理念的狗才是真实、完美的狗呢？这是因为理念的狗，像其他一切理念一样，是神创的，所以才完美、真实。

那么不完美的个体又是谁造的呢？是神吗？

这些问题触及了神学与哲学中一些最基本的难题。如既然神是至善，而世界又是由神创造的，那为什么神要创造恶呢？因为恶无疑也存在于神创的世界之中。又如倘若神是万能的，那么神为什么要创造一个不完美的世界，而不是相反，创造一个完美的世界和完美的万物呢？或者用一个有名的悖论说，万能的神能否创造一块自己搬不动的石头？

这类问题看似简单，但就像前面所说的，最简单的音调需要最艰苦的练习，最简单的问题也存在于最艰深的哲学之中。

只有哲学家能够升天

柏拉图认为，人是由肉体与灵魂构成的，人的肉体像木头一样容易腐朽，但人的灵魂是永恒的。

为了证明灵魂是永恒的，柏拉图提出了两个证明。

第一个证明是这样的：首先，万物都有对立面，这是前提。

那么，生与死当然也有对立面，而正好它们俩是彼此对立的。于是一个人死了，就一定会有另一个人生，那生的是什么呢？就是灵魂。所以，人死后，他们的灵魂一定产生于某个地方，并且一有机会，就会转世投胎。

第二个证明是：柏拉图认为知识就是回忆。意思就是我们来到这个世界上后学到的所有东西其实早已经存在于我们的脑子里，只是我们自己不知道。

这里就出现了一个疑问：是谁、什么时候把那些知识塞进我们的脑中的呢？

柏拉图认为，只能是我们前世的灵魂。

柏拉图用这两个证明，证明了灵魂的存在与永恒。

柏拉图并没有止于此，他接着又说，永恒并不意味着永福，人死了灵魂有三个地方可去：天堂、炼狱与地狱。具体就是好人升天，坏人下地狱，不好不坏的人去炼狱。

那什么样的人才是真正的好人呢？

柏拉图认为,好人乃是"哲学家",唯有真正的哲学家死后才能升天。

柏拉图还给升天提出了两点要求：一是要有德行，二是要爱知识。

而且柏拉图的知识可不是人们平常所说的知识，即关于外界个体事物的认识，在柏拉图看来这根本不是知识，而只是意见！知识乃是关于永恒之物的，也就是理念，只有了解理念的人才可以说是有知识的。

有这种知识的人当然只能是哲学家。于是，只有哲学家，并且是真正的哲学家，即品德纯洁的哲学家，才能升天。

具体地说，这样的哲学家必须将所有尘世的欲望抛到九霄云外，一门心思研究哲学。

总的来说，人死后的结局是这样的：真正的哲学家会上天堂；那些没有德行的人则要下地狱；那些有德行但成不了哲学家的人则要去炼狱。

宇宙的创造

柏拉图对世界的起源也深感兴趣，进行了一番很有意思的探讨。

众所周知，柏拉图的著作是以"对话"形式写出来的，在他的所有对话之中，最早影响了西方世界的其实并不是《申辩篇》《斐多篇》或者《巴门尼德斯篇》这些盛名之作，而是《蒂迈欧篇》。

《蒂迈欧篇》为什么有这么大的力量呢？有两个方面的原因：第一，它是柏拉图众多对话中第一篇被西方人看到的，因为伟大的古罗马演说家西塞罗把它译成了拉丁文。第二，它的内容是关于宇宙起源的。

柏拉图认为，在世界被创造出来之前，存在着某些东西，这些东西混乱不堪、没有任何秩序，胡乱地运动着。这时候来了一个神，他觉得这样混乱是不好的，所以就创造出了有序的世界。

但这里要强调的是，柏拉图之神创世界并不是无中生有地创造世界，而只是把业已存在的东西有秩序地安排好：世界本来是一团乱麻，神把它们理成一个头尾分明的线团。

神所创立的东西大概有这样一些：灵魂、作为整体的世界、时间、空间、其他的神，以及鸟、鱼和陆地动物。

神在创造这些东西的时候,是依据什么样的顺序的呢?

柏拉图有一个观点,不但世界上有各种各样的动物,而且世界作为一个整体也是一个动物——只是一个大动物而已。

归结起来,神是这样创造世界这个大动物的:他最先创造了理智,然后创造了灵魂,最后才创造身体。创造这三者后,他将理智放在灵魂里,再将灵魂放在身体里。

世界这个大动物是什么样的呢?

1. 这是个和别的动物一样看得见的动物,这就是说,也许人们看到的花草树木就是这个大动物身上的毛。那我们人就像这个大动物身上的虱子。因为柏拉图认为,世界上所有其他小动物都是生活在这个大动物里面的。

2. 这个大动物像个球,因为柏拉图认为在所有形状中,只有球是处处相像的。

3. 这个大动物像猴子一样动个不停,而且是像皮球一样地旋转。为什么是旋转的呢?柏拉图认为,因为旋转是圆的运动,是最完美的运动,既然世界一定要动,那当然是做最完美的圆周运动。

4. 柏拉图还认为,既然这个世界做圆周运动,而且只做这样的运动,那它没有必要有手和脚。

5. 最后柏拉图认为,这个神创的世界是完美的,它长生不老,甚至不会生病,还是一个和谐的整体。总之,它是永恒的。

神在创造这个世界的同时,还给它创造了时间和空间。

那么神、鸟、鱼和陆地动物又是怎样创造出来的呢?

那创造之神先创造了其他神,我们可以分别叫他们大神和小神。大神在创造小神之后,开始懈怠了,或者想考验一下小神们的法力,就先创造了其他动物,如鸟、鱼和陆地动物的不朽与神圣的部分,然后就叫小神们去创造这些动物的可朽部分。所谓不朽部分就是万物的理念与灵魂，可朽部分则是躯体。

神创造这些东西时，用的是何种原料呢？

"世界由什么元素构成"是古希腊哲学家们偏爱的话题：如泰勒斯认为是水，赫拉克利特认为是火，德谟克利特认为是原子，恩培多克勒认为是水、火、土、气四大元素，等等。

但柏拉图认为这些一概不是宇宙真正的元素，宇宙真正的元素乃是两种直角三角形：一种是正方形之半，另一种是等边三角形之半。

这也许是因为柏拉图深受毕达哥拉斯的影响，将他对数的崇拜也融入了自己的思想。

柏拉图在数之外还加上了形，数与形的结合就构成了宇宙的元素。

为什么是上述两种三角形，而不是四边形或梯形呢？

柏拉图认为，因为这两种三角形乃是最美的形式，所以神才以之构建世界。

蒂迈欧说完宇宙的创造过程后，得出了这样的结论：

> 世界容纳了可朽的和不朽的动物，并且以这些动物而告完成；世界本身就变成了一个看得见的动物，包括可以看得见的、可感觉的创造主神，他是理智的影像，是最伟大的、最善良的、最美好的、最完全的，是唯一被创造出来的天。

这是很有意思的一段话，值得我们深思。

第六章

亚里士多德和他的宏伟世界

讲完苏格拉底与柏拉图，接下来便是三师徒中的最后一位——亚里士多德。

纵观整个西方哲学史，亚里士多德也许不是最伟大的哲学家，但肯定是最渊博的哲学家，他不但对西方哲学，而且对整个西方历史产生了巨大影响，是整个西方历史上最重要的人物之一。

大富豪亚里士多德

公元前384年，亚里士多德出生在希腊北部色雷斯的斯塔基拉，他父亲是马其顿国王阿明塔斯三世的御医。

关于亚里士多德的早年生活，一说他出身富人之家，从小养成了放荡不羁、挥金如土的毛病，几年就把父亲留下来的钱财挥霍一空，只好去当兵糊口，后来他又回到家乡，干起父亲的老行当来。直到30岁以后他才明白该来的自然会来——他天生是个哲学家，于是便去找柏拉图，做了阿卡德米的学生。

在阿卡德米，亚里士多德很快就超过了师兄们，被老师称为学园"智星"。他不但才智过人，而且酷爱读书，藏书颇丰，是历史上最早的藏书家之一，他的宿舍因此被称作"读者之家"。

平时读书，闲时购书，亚里士多德在阿卡德米一待就是20年，直到老师死了才离开。

离开阿卡德米后，亚里士多德在各地游逛了几年，这时他的一个老同学、位于小亚细亚沿海的密西亚城的统治者赫米亚斯请他去玩，这一去便解决了他的终身大事，这位统治者将他的妹妹（一说侄女）嫁给了亚里士多德。这时候他已经年过三十了。

之后亚里士多德接到了一个重要的邀请，马其顿国王腓力二世请他去做王子的导师，这位王子就是未来的亚历山大大帝。

没有确切的证据表明亚里士多德与这位伟大的学生关系到底怎样。但一般都相信亚里士多德尽管是一位杰出的哲学家，但他对时年13岁的亚历山大王子的教育似乎没多大成效。直到亚里士多德离开后，亚历山大仍野心勃勃、放荡不羁，对哲学一窍不通。当然也有传说亚历山大非常敬爱他的老师，亚里士多德也很支持弟子后来的统一大业。

三年后，亚历山大继承父亲的王位，开始了伟大的征服，建立了地跨亚欧非三洲的庞大帝国。

弟子当国王不久，亚里士多德就离开了马其顿，在各处逛了几年。这时他已经是亚历山大大帝的老师，身份尊贵，各地国王都对他礼敬有加，将其奉为上宾。

公元前335年左右，亚里士多德回到雅典，这时的雅典甚至整个希腊已经被亚历山大大帝征服，这也是全希腊第一次统一。亚里士多德到达后受到了统治这里的马其顿贵族们的热烈欢迎。

但亚里士多德不是来当官的，而是来办学的。他学老师也在一个小树林里建起了一座学校，取名叫吕克昂（Lyceum），也被译作莱森学院。

从此，这位伟大的哲学家就在这里每天给他的一大帮学生上课。

每天，当旭日东升，亚里士多德便漫步在校园的草坪上、树底下，后面跟着他的弟子们。正是这种逍遥自在的学习氛围，亚里士多德和他的学生们被称作"逍遥派"。

亚里士多德在吕克昂一待就是20年，在这里写出了他一生的巨作。

公元前323年，年轻的亚历山大大帝突然亡了，这时早已对他的统治愤愤不平的希腊人揭竿而起。他们不但要将统治他们的马其顿官员赶走，而且把矛头指向了亚里士多德，亚里士多德可不是苏格拉底，他一见势头不对，便溜之大吉。按他的说法，这不是怯懦，而是不想给雅典人再加上一个扼杀哲学的恶名。

亚里士多德流亡到了一个叫加尔西斯的地方，第二年他就在流亡之地与世长辞，享年63岁。

最宏伟的哲学体系

亚里士多德的哲学规模空前。

如果说柏拉图的哲学是一所精巧无比的花园的话，那亚里士多德的哲学就是一座规模宏大的宫殿。

在他的思想宫殿中，内容最丰富的并不是形而上学的玄思，而是富有科学精神的观察与研究，亚里士多德把他的目光投向了整个自然界，把自然界的万千个体当作自己的研究对象，试图从中寻求知识与真理。

据杰出的罗马博物学家、《自然史》作者卜林尼记载，亚里士多德手下有大批研究助手，包括为他抓各种动物的猎人、栽培植物的园艺工人、从海里捕捞各种海生动物的渔夫，加上其他辅助人员，达上千之众。他们不单在吕克昂里为他服务，而且遍布从希腊、小亚细亚直到埃及的广大地区。我们不难设想这些人可以为亚里士多德找到多少花鸟虫鱼、飞禽走兽，亚里士多德凭这些动植物建立起了古代世界第一座大动物园和植物园，他的许多伟大发现也是从这些动植物身上得来的。

正是凭借这些优势，亚里士多德获得了大量的研究成果，也写下了很多著作。他的著作有人说是 400 部，也有人说是 1000 部。现在虽然没留下来这么多，但也不算少，仅中文的《亚里士多德全集》就多达 10 卷，其中收集的论文著作达 50 部，而且这还不是真正的"全集"。著作的内容涉及现在称为社会科学与自然科学的大部分领域，归纳起来有以下四大部分：

第一部分著作是关于逻辑学的，如《范畴篇》《解释篇》《前分析篇》《后分析篇》《论题篇》《辩谬篇》等。这些都是告诉我们如何思想的著作，亚里士多德的弟子们将它们以"工具"为题结集出版。

第二部分是有关自然科学的著作，如《物理学》《论天》《论生成和消灭》《论宇宙》《天象学》《论感觉及其对象》《论记忆》《论睡眠》《论梦》《论呼吸》《论颜色》《动物志》《动物的进展》等，这部分著作数量最多。从它们的名字我们就可以看出其中研究领域包括天文学、气象学、动物学、植物学、生物学、生理学、声学、机械学、数学、物理学等。这些学科中的很大部分实际上就是由亚里士多德本人创立的，如动物学、植物学、物理学、生理学等。

第三部分著作是关于美学的，如《修辞术》《亚历山大修辞学》《论诗》等。这一部分的成就可能没有其他三部分大，因为亚里士多德在这方面不大在行，所以他虽然也写过文学性的"对话"，但早已不见踪影。

最后一部分才是他的哲学著作。包括《尼各马科伦理学》《大伦理学》《优台谟伦理学》《论善与恶》《政治学》《论麦里梭、克塞诺芬和高尔吉亚》，此外就是最有名的《形而上学》。

亚里士多德不但在科学与哲学领域创立了一整套专门术语，像官能、准则、范畴等，许多甚至成了日常用语，如原则、形式、能量、现实性、动机、目的等。

亚里士多德的思想内容非常丰富，从哪里开始讲呢？最好先从他最伟大的成就之一逻辑学开始。

怎样思与说

众所周知，做任何事情，如果想做好的话，就需要有恰当的工具，例如钓鱼就得有一根好钓竿，思想也是一样。如果要正确地思考问题、正确地说话、正确地辩论，就需要"逻辑"作为工具。

这样的逻辑主要是由亚里士多德创立的，全称是"形式逻辑"。

在亚里士多德创立逻辑学之前，古希腊哲学家们是谈不上有什么思想工具的，所以他们不时有点前言不搭后语或者胡搅蛮缠地诡辩。

但哲人们如苏格拉底，已经开始致力于把自己的话说清楚，例如他老是向人家要"定义"，其实就是为了让人弄清楚自己想说的究竟是什么，亚里士多德便是在这些背景之下创立其逻辑学的。

关于亚里士多德逻辑学的内容，其中最主要的、与我们关系最密切的，就是三段论。

三段论，简而言之，就是用三句话来证明一个结论。虽然它只有三句话，却足以将一个命题证明得天衣无缝——当然也是有条件的。这里举个例子：

凡人都会死。

老莫是人。

所以，老莫会死。

这个老莫可以改成任何一个或一些人。

这个例子就是三段论里的所谓"ＡＡＡ"形式，称为"Barbara"。它由三句话组成，从上往下分别叫作大前提、小前提、结论。这也是一种运用得最为广泛的思维方式。

当然我们在实际运用时不一定采用上面这么完整的形式，常常是一种简化的形式。如有人说："我要喝水。"这实际上就是个隐蔽的三段论，它可以进行这样的扩展：

凡人都要喝水。

我是人。

所以，我要喝水。

类似的例子在生活中几乎每天都会遇到。这是一种极可靠的思维方法，不但可以用于立，还可以用于破，例如，古代臣子会称呼皇帝"万岁"，很容易用上面老莫的例子予以否定。

当然它的可靠也不是无条件的。例如大前提要对，如果大前提错了，那结论就肯定不对。如第一个例子，如果"凡人都会死"不成立，即有的人像孙悟空一样长生不死、寿与天齐，那么结论"老莫会死"也就不成立。

除了上面的"ＡＡＡ"式外，还有ＥＡＥ（Celarent）、ＡＩＩ（Darii）、ＥＩＯ（Ferio）三种形式，它们加起来就构成了三段论的第一格，亚里士多德还规定了第二格和第三格，后来经院哲学家们又加上了第四格。实际上这第二、三、四格都可以归结到第一格。

虽然如罗素、弗雷格等人所言，三段论有许多缺点，但总的来说，三段论绝对是思想、生活中"价廉物美"的好工具。

毁誉参半的科学思想

逻辑学之后，要重点介绍的便是亚里士多德的科学思想。

亚里士多德虽然在科学研究及许多领域都取得了巨大成就，但他也是史上犯错误最多的科学家之一，他的许多科学理论后来都被证明是错误的，然而这些错误的思想却曾长期统治西方世界，产生了许多不良的影响，因此他在科学史上可以说毁誉参半。

其中典型的例子就是物理学。

在亚里士多德看来，物理学是研究自然万物之理的学问，它与研究非自然的抽象之理的形而上学相对，是一种"形而下学"。更具体地说，它研究的是自然万物的运动、发展、变化等，与自然万物息息相关的时间与空间也是亚里士多德十分关注的研究对象。

亚里士多德认为这些对象有一个共同特点：都多少与运动相关。

对亚里士多德而言，运动是自然万物最重要的性质，一切事物都会有运动。同时运动也是具体事物的运动，它与时间和空间，尤其是时间，有着极为密切的联系。

此外，在具体的物理学研究上，亚里士多德还提出了几个有关运动的定律。例如在《物理学》中他提出了"强迫运动定律"。他说，设动力为 α，运动物体为 β，经过距离为 γ，移动的时间为 δ，那么同一个动力 α 同一时间内将使 β 移动 2 倍 γ 的距离，或在 δ 的时间内使 β 移动距离 γ。亚里士多德认为，之所以如此，是因为在这里可以看到比例定律。在他眼中，比例定律是很神圣，也很美的定律。

亚里士多德提到的第二个定律是著名的"落体定律"，他在《天论》第一卷中说：

"物体下落的速度与重量成正比，例如一物重量是另一物的两倍，则在同一下落运动中，只用一半时间。"

这个落体定律在今天看来有些荒谬，后来伽利略在比萨斜塔上证明了这个定律的错误。

再来看他的天文学思想。

亚里士多德把整个宇宙天体分成好多层，各层天体都是完美的球形，越往上天体就越神圣，创造世界的神自然处于最高一层的天体。

地球是宇宙的中心，太阳、月亮等其他所有天体都绕着地球转。

以月亮为界，月亮以上的所有东西都是无死亦无生的。月亮下面的东西则有生有死，地球上的万物，包括我们人，是月亮下面的，自然都属于有生有死之列。

亚里士多德还认为，宇宙万物都是由五种元素构成的，这五种元素分别是水、火、土、气和第五元素。

以月亮为中心，月亮以下的所有东西都是由水、火、土、气四种元素构成的，而月亮以上的其他天体则是由第五元素构成的。

水、火、土、气四种元素不是永恒的，它们彼此相克相生，有重有轻，如火是最轻的，所以它总是向上运动；土则是最重的，所以它总是往下掉；气比火重，比水轻，水则比气重，比土轻。

亚里士多德的生物学思想也很有名，而且相对于物理学与天文学而言错误没那么多。

亚里士多德最伟大的生物学贡献，就是认识到了生物的发展是一个连续不断的过程，所有生物都可以连续地从最低级到最高级排列起来，构成一个生物之链，从身体构造、生活方式、后代繁殖直到情感表达方式，都是渐进的，也就是说，每一环的生物只比上一环进步了一点。

可以打个比喻，这个生物之链也可以是生物之梯，因为它就像楼梯一样，每一级只比上一级高十几厘米，但这样可以由平地直通达无限之高。我们可以把第一级看作无生命的岩石沙土；再上一级就是较简单的有机物；再往上就是复杂一点的有机物，如蛋白质；再就是较简单的生命体，如细菌；这样，一级级往上，越过古生代的三叶虫、中生代的恐龙，直到我们人类。

再往上呢？是神——如果有的话。

亚里士多德还有其他不少好发现，如他认为鸟和爬行动物在身体构造上是近亲；猴子不如人聪明，却比普通的四足动物机灵；他还认为，人应当归入胎生四足动物之列。这对于宣称"人是万物的尺度"的普罗泰戈拉先生应当是一个不小的打击，却肯定会受到达尔文举双手赞成。

此外，亚里士多德还创立了胚胎学，为此曾打破过无数只鸡蛋，观察里面小鸡胚胎的发育情况。

他也是最早研究遗传学的人之一，他曾听说有一个与黑种人结婚的白种人姑娘，生下的孩子却是白种人，后来她的白种人孩子们长大了，与白种人结婚，生下来的孩子却又成了黑种人。他想到了这样的问题：这姑娘的孩子一定有黑人血统，但它到哪里去了呢？为什么不在他们的皮肤、头发、眼睛上显示出来呢？为什么直到第三代才又显示出来呢？这些问题直到 2000 多年后才由现代遗传学之父孟德尔给出答案，这就是所谓的"隐性遗传"。

幸福之路

在亚里士多德的所有学说中，他的伦理学也许是最好，也是最亲切的。

亚里士多德认为，伦理学不是一门理论的学问，而是一门实践的学问，所以他把他的伦理学规定为所谓"实践哲学"。

他的伦理学换种说法就是"幸福生活指南"，因为它只有一个目的：

教人如何得到幸福美好的生活。它为人们求得理想的幸福生活提供了一整套实践指南、一条幸福大道。

古希腊的哲人们爱谈"善",认为人一生最高的目标就是追求这个"善"。但他们的这个"善"常常让人难以去追求。例如它要求爱善的人们要像苏格拉底那样成天穿着破衣烂衫、食不果腹,这样的生活会有多少人去追求呢?

亚里士多德也谈"善",但他的"善"就不大一样。

首先,他给了"善"一个最亲切的定义——"善"就是幸福,幸福就是最高的"善"。所以人们在追求人生幸福的过程中也就是在追求"善"。

亚里士多德认为,幸福的前提就是一定的物质条件。

亚里士多德认为穷人是谈不上幸福的,他只会成天愁吃愁穿,为了填饱肚皮而不择手段,哪有时间去追求什么幸福?相反,人有钱了便可无忧无虑,有闲情逸致去追求知识、智慧,也就是去追求幸福。

那么是不是有了金钱便有了幸福呢?当然不是!亚里士多德只认为没有钱万万不能,并不认为金钱是万能的。

除了有钱,幸福还得有什么条件呢?

亚里士多德认为,人之所以称得上人,是因为人是"理性动物"。这理性也就是人的思维能力,这乃是人高明于其他一切动物的地方,所以人若要追求属于人类独有的幸福,就得关注理性。

为什么我们要关注理性?因为它不但为人所独有,而且力量奇大无比。它可以使我们获得一样东西:美德。亚里士多德认为,幸福是"善",而"善"则是美德。

亚里士多德提倡的美德有两个条件:一是理性,二是远见。

他认为,一个人做事要凭理性,不能感情用事、盲目冲动,这也是理性与远见的具体表现。

这是容易理解的。确实，一个人做事要是缺乏理性和远见，等待他的肯定不是好结果。如一则笑话所言：一个人因为别人欠他五角钱，就去催讨，他花了一块钱坐公共汽车到了那里，结果那人不在，只好又花了一块钱坐车回来。

这种行为不正是缺乏远见和理性吗？这样的例子在生活中屡见不鲜。

当然，有了理性和远见并不等于找到了幸福，它们俩只是美德的条件，而且"理性"与"美德"还是相当抽象而宽泛的东西，不那么好操作。那么怎样才能找到美德本身，或者用某些具体可行的行动来达到理性与远见呢？

亚里士多德认为，要同欲望结合起来。

众所周知，理性常要求我们控制自己的欲望，不要在纵欲中迷失了人生的航向。不单如此，对于许多哲学家来说，理性就是制欲，甚至禁欲，要人们过像苏格拉底一样穷苦的生活，甚至像第欧根尼一样过狗一般的生活。这种说法得到许多古希腊哲人的认可，但这与亚里士多德的想法可不一样，亚里士多德恰恰认为，欲望对于幸福与美德是必要的，就像理性一样。

但欲望和理性常常是冲突的，怎么才能把它们融合在一起呢？

亚里士多德为我们找到了一条融合欲望与理性之路：中庸之道。

亚里士多德甚至认为美德就是中庸之道，如勇敢就是居于怯懦与鲁莽之间的中庸之道；大方就是居于吝啬与奢侈之间的中庸之道；谦虚就是居于骄傲与自卑之间的中庸之道，等等。

如果一个人有了一定的钱财，有了理性与远见，还走上了中庸之道，那么他是否就得到了幸福呢？

还差一个附加条件，就是友谊。

亚里士多德特别重视友谊，把它看作幸福最重要的外部条件，友谊不但可以助人获得幸福，而且与好朋友分享幸福可以使业已获得的幸福成倍增长。

人应该找什么样的人做朋友呢？有三点要求，一是要真诚，一个不真诚的人是不可能成为真朋友的；二是要性格合得来，性格合不来的人即使成了朋友，也难免争吵不断，最后不欢而散甚至交恶；三是不要找那些有求于自己的人做朋友，那些因为好处和恩惠而结交的朋友不是真朋友，就像一座用砂土筑地基的房子，迟早要垮掉一样。

至此我们总算找到了人的幸福之道，那就是：有足够的钱、有理性与远见、走上了中庸之道，并且有好朋友分享幸福。

一个人找到了幸福，也就找到了最高的"善"。

治国之道

亚里士多德把政治学归于实践哲学之内，并把它看作是普遍的、全部的实践哲学，从这个角度上说伦理学也应当归属政治学。

亚里士多德认为，在个人与国家之间最重要的不是个人，而是国家。国家按其本性乃是先于任何家庭和个人的。国家是"隐得来希"，是个人的本质，个人如果离开了国家，就会像手离开了身体一样，什么也不是。

所以他认为个人应当服从国家，除此之外他还要服从两个对象：法律与君主。

以下就是亚里士多德的一些政治学观点，也可称之为治国之道。

亚里士多德首先认为，一个政府首要的就是要保持政治的稳定。正因如此，任何改革都要小心进行，而且如果不是迫不得已，就不要轻言改革，改革所带来的好处很可能还抵不上导致的坏处。

尤其是对于法律，亚里士多德认为，对法律哪怕进行小的改革也是坏事。即使法律有什么地方存在问题，那最好也是像对待有错误的人一样，宽大为怀。因为人无完人，法律也不可能完美。如果随便改变法律，就会破坏法律的权威性，从而使老百姓养成不服从法律的可怕习惯，这样国家就不可能治理好。

改革尚且如此，革命就更不用说了，亚里士多德是最反对革命的。他认为革命对国家与人民没有一点好处，即使偶尔地看上去有些好处，也会被随之而来的更多坏处所消除。所以国家要想尽一切办法消灭革命——不是镇压，而是将它扼杀于襁褓之中。

政治学的核心就是政治制度。关于这个，亚里士多德一共谈到了六种政治制度：君主制、贵族制、立宪制、僭主制、寡头制、民主制。

君主制就是国王为尊的政府，并且王位常是世袭的。

贵族制是由贵族领导的政府，亚里士多德认为，这帮贵族并不一定是最有钱的，但血统高贵，而且品德高尚。

立宪制则是介于民主制与贵族制之间的政府，它平常由贵族领导，但人民有很大的权利，能够对贵族们施加影响和进行控制。

僭主制则是凭武力或阴谋诡计夺取统治权的人领导的政府，僭主不是君主，但他的权力往往和君主一般大。

寡头制则是由富人领导的政府，他们往往凭着有钱而夺取了统治权，成为寡头。

民主制就是雅典那样公民当家作主的政府，主要官员从全体公民中选举，全体公民机会均等，人人有份。

那么，这六种制度到底谁最好呢？亚里士多德认为各有各的好处。

首先他认为君主制是一种古老的好制度，像荷马说的："群雄共治可不妙，应奉一人做君王。"他认为人是分等级的，那些天生聪明的人理当成为统治者。

但是不是君主制就是最好的制度呢？当然不是，甚至可能是最坏的制度，例如要是这君主是坏的，这个政府自然也好不了。

那么民主制呢？亚里士多德虽不提倡民主制，但也说了它不少好处，他认为民主制是反对寡头制这个更坏的制度而产生的。虽然单个人民不如贵族寡头们聪明，但要是他们能团结起来结果就不一样。而且，一个或几个人容易变坏。但人数多了就不容易变坏。这样看来，民主制比君主制和寡头制更能维持好政府。

相较而言，亚里士多德认为还是立宪制最好。

因为立宪制下是贵族和人民共同掌权。贵族们不但有充足的财富，而且出身高贵，品德高尚。这就使得他们能够并也愿意做好统治者，安定国家、造福人民。而且在立宪制下，如果他们想变坏，人民会起来反对他们。同时由于人民是一些智力相对低下的乌合之众，不懂治国之道，所以国政得由贵族们来执掌，而人民则在旁边随时监督，不准贵族们乱搞，这样就能达到相对稳定的政局。

不难看到，亚里士多德在政治学里又走上了一条贵族制与民主制之间的中庸之道，就像他在伦理学里所走过的一样。

哲学思想

亚里士多德的哲学又被称为"形而上学"。

亚里士多德"形而上学"的一个重要观点是对"形式"与"质料"的区分。

什么是形式与质料呢？我们用雪人为例来分析一下这个问题，其实很简单的：雪就是质料，而用雪堆捏出来的雪人形象便是形式。

由此可知，形式与质料存在于同一个具体东西之内，例如上面的雪人。每个具体的东西都是如此：均由形式与质料组成。这句话有两个含义：

一是每一个具体的东西里都含有形式与质料。

二是用一种发展的眼光来看。亚里士多德认为，世界上的一切事物都像生物一样，是不断生成长大、发展变化的。具体而言就是在形式与质料的不断交替之中发展的。先是质料，然后形式由质料之中产生，产生后，形式自身又成了质料，从它身上会产生新的、更高的形式，如此循环往复，不断发展。

具体事物是由形式与质料共同组成的，那么形式与质料的关系又怎样呢？是互相平等还是有高低之分？

亚里士多德认为，形式与质料是有高低之分的。孰高孰低？形式高，质料低。为什么呢？亚里士多德认为，正是因为在有了形式之后，质料才能成为某种确定的东西，而使质料成为某种确定的东西的形式才是事物的本质。

仍以雪人为例。雪人的形象是它的形式，而它的质料只是一堆雪，如果不把雪堆成雪人，那它就无法与一般的雪区分开来。正是形式——雪人形象，才使它成了具体的东西，也就是形式使不是东西的质料成了个具体的东西。所以形式比质料高。

亚里士多德还认为，在形成事物的过程中，形式才是唯一的动力，而质料不但不起作用，反而会阻碍事物的形成，就像雕刻大理石像一样，形式，例如大美人维纳斯，容易想出来，可质料——大理石却以它的坚硬来阻挡雕像的诞生。

最后一点，虽然形式来自质料，但这个过程并不是无止境的，倘若我们不断地追根溯源，就会发现形式越来越多，而质料越来越少，形式越来越清楚，而质料越来越朦胧，到最后，质料就没了，只剩下纯粹的形式，这纯粹的形式就是神，万物的创造者。

亚里士多德哲学中的另一个重要思想是"第一推动"。

关于"第一推动"亚里士多德是这样开始沉思的：

首先，他认为，这个宇宙是运动的。

其次，任何运动都应当有个推动者。无论是一颗苹果从头上掉下来，或是一颗流弹打中人的胸膛，每个运动者都有推动者。

再次，宇宙万物是运动的。

那么，宇宙万物的运动也必然有一个开始——这个结论是个三段论，所以它的正确性也是无疑的。

也就是说，这宇宙有一个诞生、成长的过程。

那么，如果这是对的话，它究竟是如何开始的呢？还有，万物的形成也是一个过程，这过程又是如何开始的呢？

亚里士多德经过一番思考，最后发觉不能无限制地将开始往前推，必须找到一个最先的推动者，他将世界推动起来。

他又认为，在第一推动者推动之前，这个宇宙也并非空无一物，所以并非真的从无到有创造了世界，而只是推动了世界。

这个第一推动者到底是怎么样的呢？

亚里士多德对此有两种略有区别的说法。

第一个说法是，这个推动者，是一种"力"，但这种力可不是机械的力，而是一种原动力、一种终极的力，是力本身，是宇宙万物的唯一形式，是生命的根本原则……

第二个说法是，这个推动者是一种"思想"，因为在亚里士多德看来，没有比思想更好的东西。

第一推动者如何处置这个他所推动的世界呢？

就是让它自己运动下去。

至于这个世界，虽然它业已被推动，但并不是完美的，既有形式，又有质料，然而它会不断地朝着更大的形式发展，变得与神愈来愈近，也就是愈来愈美。

第七章

古希腊罗马哲学

　　古希腊之后,西方的历史进入了一个新的时期,就是古罗马。就哲学而言,古罗马通常和古希腊放在一起,被称为"古希腊罗马哲学"。此后,西方就进入了另一个重要时期——中世纪。

　　中世纪的哲学是十分独特的,有一个专门的名字,叫"神学"。顾名思义,神学就是以神为中心的学问。

　　要理解神学,有一个重要的前提是要理解基督教。实际上,基督教不仅是一种宗教,而且与神学甚至哲学有着深厚的渊源。理解基督教的简单历史对于我们理解中世纪的哲学很有帮助,甚至是必要的。

　　下面将分三步来讲述基督教的简史:

　　第一步是讲述耶稣基督和圣保罗的事迹,正是他们缔造了基督教。

　　第二步讲基督教与犹太教的分裂,这是他们诞生的最后一步。

　　第三步讲他们始受罗马帝国政府压迫而终成为罗马国教的过程。

耶稣传

基督教的产生是从耶稣的诞生开始的。

虽然有人把耶稣当作一个传说人物,但现在一般人,包括史学家们都将他当作一个真实的历史人物。

关于耶稣的诞生,在《圣经》中《新约全书》的《马太福音》卷有记载。据说他母亲马利亚已经许配给了木匠约瑟,但约瑟还没有迎娶,童贞女马利亚就从圣灵怀了孕。约瑟遵照上帝使者的盼咐,把她娶过来,生了儿子后就给他起名叫耶稣。

耶稣生在犹太的伯利恒,有几个博士从东方来到耶路撒冷,说耶稣将成为犹太人之王,当时的犹太国王希律听见了就心里不安,想要杀了他,上帝的使者便向约瑟托梦,要他带着耶稣同他妻子逃往埃及,直到希律王死了才回来。希律王死后,上帝又派使者在约瑟梦中显现,要他带着耶稣和他妻子回以色列。他们回去后,到了拿撒勒城,就住在那里。

此后,耶稣就在水里受了约翰的洗。当约翰被关起来后,他就离开拿撒勒,去往加百列,在靠近海的地方开始收徒传道。他在加利利海边看见一对渔民兄弟在撒网,就要他们跟从他,他将会使他们"得人如得鱼一样"。他们立刻便丢了网,跟随耶稣。这两兄弟中的一个名叫西门,即后来著名的大圣徒彼得。

就这样,耶稣先后共收了12个大徒弟,除彼得兄弟外,还有马可、犹大等,他们有的抛下渔网,有的丢下账本,毫不犹豫地跟随耶稣,他召集信徒的方法很简明扼要,只有一句:"跟从我。"那个人就会抛下一切,跟他走。

除收徒外,耶稣还有许多神迹:

一是救治病人。《马太福音》中有这样的内容："耶稣走遍加利利，在各会堂里教训人，传天国的福音，医治百姓各样的病症。他的名声就传遍了叙利亚。那里的人把一切害病的，就是害各样疾病、各样疼痛的和被鬼附的、癫痫的、瘫痪的，都带了来，耶稣救治好了他们。"例如耶稣到了彼得的家里，见彼得的岳母患热病躺着，他摸了摸她的手，她就得以痊愈。甚至一个死去的女孩，耶稣拉了拉她的手，她就活了过来。种种例子，不一而足。

二是帮助那些没病但也需要帮助的人。例如他曾用7个饼让4000人吃饱，剩下的还装满了7个篮子。甚至还用5个饼让5000人吃饱，剩下的装了整整12篮。

三是通过种种神迹考验众门徒的信心。例如他曾夜里在海上行走，还叫彼得也来走，当彼得害怕会沉没而喊叫时，耶稣责备他道："为什么疑惑呢？"

由于耶稣这些大神通，他得到了越来越多的信徒，也有越来越多的民众跟从他。耶稣就乘机训示他们，要他们遵守诫命，主要是不可杀人、不可奸淫、不可偷盗、不可作假见证、不可亏负人、当孝敬父母等。这些诫命即使到了今天仍是人们的基本道德要求之一。按耶稣的说法，人只要做到了这些，就可以得到他的爱，可以承受天国。

由于耶稣行了这些大神通，他渐渐地就被认作犹太人中一直传说的救世主"弥赛亚"。

被人视为弥赛亚让耶稣失去了性命，因为这必将让他遭到国王、祭司的迫害。

在各地行了许多的神迹、救治了无数病人之后，耶稣获得了大批信众。于是有一天，他骑着一匹驴子，来到犹太人的都城耶路撒冷。这时的耶稣已经闻名遐迩，受到了百姓的热烈欢迎，许多人把自己的衣服脱了为他垫在路上，也有许多人把棕树枝砍下来铺在路上，让耶稣从上面经过。并且高呼："和散那归于大卫的子孙！"耶路撒冷简直万人空巷，人人都指着他说："这是加利利拿撒勒的先知耶稣。"

这一天大约是公元 30 年 4 月 2 日。

耶稣进耶路撒冷后，第一件事是到圣殿去，那里是犹太人最神圣的场所。耶稣一进圣殿，首先就是洁净圣殿，按《圣经》上说，"耶稣进了神的殿，赶出一切做买卖的人，推倒兑换银钱之人的桌子和卖鸽子之人的凳子。"耶稣这种做法立刻遭到了祭司们和犹太长老们的反对，因为这样他们就再也收不到税了。他们前去责备耶稣，但说不过他，便决心设法害他。

他们先设计了各种陷阱想让耶稣掉进去。例如问耶稣该不该给罗马人纳税，他们想如果耶稣一心为着犹太人，那么自然会不同意纳税给罗马人，这样便可以把这个口实交到罗马人那里去，定耶稣的罪。但耶稣一句巧妙无比的"凯撒的物当归给凯撒，神的物当归给神"说得那些人哑口无言，灰溜溜地离开。

诡计没有得逞，他们越发决心要害死耶稣。这时，也许是天意，他们得到了一个人的帮助，这个人便是犹大，耶稣的 12 门徒之一，正是他出卖了耶稣。

耶稣知道犹大卖了他，于是他举行了著名的"最后的晚餐"。晚餐上，他厉声指出"你们中间有一个要卖我了"。这事迹因达·芬奇的名作《最后的晚餐》而更加闻名遐迩。

吃完最后的晚餐，耶稣就带了众人往橄榄山，只有犹大离开了，因他要找人来抓耶稣。不久犹大领着许多人赶来，他们受大祭司和犹太长老们指派，个个手里执着刀棒，前来捉拿耶稣。

犹大走到耶稣面前，同他亲吻，那帮人便知谁是耶稣了，他们扑上来，抓住了他。

耶稣没有反抗，不但如此，当一个跟从他的人抽出刀来剁掉了大祭司仆人一只耳朵时，他还对那人说："收刀入鞘吧！凡动刀的，必死在刀下。"他的门徒们只得离开。耶稣则被带到大祭司和犹太长老们那里去。

在犹太长老们的强烈要求下，罗马人的长官判决在十字架上钉死耶稣。

据《圣经》记载，耶稣死时的情形是这样的：

从正午到申初，遍地都黑暗了。约在申初，耶稣大声喊着："以利，以利！拉马撒巴各大尼？"就是说："我的神，我的神！为什么离弃我？"站在那里的人，有的听见就说："这个人呼叫以利亚呢！"内中有一个人赶紧跑去，拿海绒蘸满了醋绑在苇子上，送给他喝。耶稣又大声喊叫，气就断了。

对于一般人而言，死亡就意味着一切结束，他的传记也就此结束了。然而对于耶稣，死亡不但不是结束，而且是一个新的开始。

这个开始有两个意义：一是耶稣复活的开始，对于基督教与基督徒而言，这是最为重要的节日之一。二是基督教的开始。

到了晚上，有一个叫约瑟的有钱人，他是耶稣的门徒，他去求彼拉多，得到了耶稣的尸体，把他葬好，用大石头堵住墓口。

第二天，那些祭司长和犹太人的长老们害怕耶稣真如他说的一样会在死后的三天复活，就带了重兵紧紧地守住墓，以防耶稣的门徒将他的尸体偷去，然后便说耶稣复活了。

第三天，有两个都叫马利亚的妇女来看耶稣的坟墓。这时，地剧烈震动起来，一个天使降临，他"相貌如同闪电，衣服洁白如雪"。他对两个马利亚说："不要害怕，我知道你们是寻找那被钉十字架的耶稣。

他不在这里，照他所说的，他已经复活了。"

以上就是耶稣之生、之死，以及复活的过程。此后，受复活后的耶稣的教训，以保罗为代表的门徒们便开始传播耶稣的教义。

圣保罗传

保罗对基督教诞生所起作用不亚于耶稣，甚至被称为基督教真正的奠基者。

保罗原来的名字叫扫罗，出生在大数城，那里现在叫塔尔苏斯，属土耳其，他的父亲是个织军用帐篷的师傅，被授予了罗马公民权。保罗一开始并不是基督徒，相反，他受教于当时一个著名的犹太经师迦马列，干了不少迫害基督徒的事，包括打死了那时一个有名的基督徒司提反。后来耶稣在去大马色的路上向他显灵，这个奇遇改变了保罗一生，他成了耶稣的信徒，开始到处传扬耶稣就是基督——弥赛亚。

由于保罗曾经迫害基督徒，所以一开始大家还不信他，但当他把所遇到的奇事告诉他们，他们便信了，尤其是名叫巴拿巴的，他带保罗去见了彼得、雅各等耶稣的大门徒，他们也信了他，视他为兄弟。耶路撒冷的犹太人见保罗竟胆敢传基督的道，便想杀他，他只能躲到家乡大数城。

后来，巴拿巴在安提阿地方传道，有了很多信众，他想起保罗，便去找保罗和自己一起传道。在这里，他们进行了整整一年十分成功的传道，有了许多门徒，也就是在这时他们开始自称为"基督徒"。

保罗并不满足，开始行一件大事——他决心把基督教传向遥远的异邦。于是他开始了伟大的传道之行。

他从安提阿出发，经现在的塞浦路斯到了小亚细亚，再从小亚细亚回到安提阿。一路向人叙说以色列的故事、耶稣在世的事，并证明耶稣就是弥赛亚——救世主。保罗的传道非常成功，让他在外邦人即非犹太人的人中获得了许多信众，基督教由此渐渐脱离了犹太人的小圈子。

传道三年后，保罗到了耶路撒冷，在那里他向耶稣的门徒和教会的长老们叙说在各处传教的经历，并且得到了他们的同意，就是外邦人信基督不必像犹太人一样行割礼，只要遵循不拜偶像、禁绝奸淫、不碰勒死的牲畜和血就行。当保罗将这个决定写信告诉外邦的信徒时，他们十分喜悦，更坚定了信仰。

在耶路撒冷汇报完工作后，保罗和巴拿巴便又回到了大本营安提阿，这是公元50年左右的事。

过了两年保罗又出去传道。他从安提阿向西，横越整个小亚细亚，到达了特洛伊，就是特洛伊战争发生的地方，它位于小亚细亚半岛西端。从那里保罗又渡过大海，到了亚历山大大帝的故乡马其顿，再往南，他到了叫贴撒罗尼加的地方，再走到雅典和哥林多，又从哥林多渡地中海，经过以弗所，到了耶路撒冷。最后他回到了安提阿。

一路虽然历尽艰辛，但也收获了许多信众，但同时他也受到许多人的嫉恨，他们想方设法迫害保罗，例如刚到马其顿，在第一站腓力比，他就被当地一个财主抓起来送到罗马长官那里去，被剥了衣裳挨了一顿痛打。

时间才过了一年，保罗又开始第三次传道。

这一次的路线与上次有点相似，他还是从安提阿出发，往西横越小亚细亚半岛，再经以弗所往北，又到了特洛伊，从那里渡过地中海，到了马其顿，再往南直抵哥林多，又转往北，兜了个大圈子，渡海回到了特洛伊，然后从海上一路南行，最后抵达耶路撒冷。

这是保罗三次传道中路程最远、费时最久的一次，共历时5年，还是最危险的一次。例如在耶路撒冷，保罗就遇到了大危险：

刚到耶路撒冷时，保罗受到了会众的热情接待。他便到犹太人的长老们那里去，对他们叙说了在外邦传教的成绩，得了多少万信徒。但那些长老告诉他，由于他告诉外邦人不要行割礼，也不要遵行犹太人的教规，令这里的犹太人很恼火。果真，保罗到耶路撒冷第七日，一些从亚细亚来的犹太人看到保罗，他们曾亲见保罗如何向外邦人传教，便大叫起来，召集其他人一起来抓保罗。

那些犹太人果真一齐跑来，保罗束手就擒。

那些犹太人正想打死保罗，幸好罗马驻军的千夫长带人赶来，救下了保罗。千夫长把保罗带到营里盘问，外面的犹太人喧哗着："这样的人，从世上除掉他吧！他是不当活着的。"

本来千夫长要打保罗一顿，由于保罗是罗马公民，便免了。但保罗并没有转危为安，因这里的犹太人决意要杀死他，甚至有40个人起誓说："若不杀死保罗，就不吃不喝。"

这令耶路撒冷城里的罗马人很为难，他们知道保罗没有罪，但又不能释放他。于是，罗马人采取了一个两全其美的妙计——把保罗送到罗马去，让他到那里接受审判。

就这样保罗被送到了罗马。

在罗马，保罗并没有被当囚犯一样对待，只是遭到了软禁。两年后，保罗从软禁中被开释，他继续传道。又过了两年，他再次在罗马被捕，这次他的运气并没有上次那么好。这时罗马的皇帝是有名的昏君尼禄，他下令处死了保罗。

基督教的诞生

从上面耶稣与保罗的生平可知，他们两人都受到了犹太人的迫害，甚至可以说是死于犹太人之手，而他们本是正统的犹太人，也是虔诚的犹太教徒。

这是怎么回事呢？为什么他们会有如此的命运呢？

这是因为耶稣与保罗所宣扬的教义同犹太教的教义已经大不相同，所以他们才被虔诚的犹太教徒视为异己，必欲除之而后快。

那么基督教与犹太教有着怎样的区别呢？他们又是如何脱离犹太教母体、成为独立的基督教的呢？

这是个可深可浅的问题，简而言之基督教之所以能从犹太教那里分离出来是因为他们渐渐有了下面一些自己的特性：

第一是有了自己的崇拜对象。

基督教开始时只是犹太教一个分支，它的基本教义同犹太教没什么区别。犹太教崇拜的是耶和华，基督教的创始人耶稣所信奉的也是耶和华。在耶稣传道之时，他根本没有反犹太教的意思。相反，他是最虔诚的犹太教徒，百分之百地拥护犹太教教规。但后来耶稣处处受到犹太教徒的迫害，甚至想置他于死地。

耶稣被迫害死后，他的信徒和他们宣扬的教义仍遭到大部分犹太人迫害攻击，但他们也得到了另外一小部分犹太人和其他许多非犹太人的支持。特别是保罗，在外邦获得了大批信众。保罗为什么能获得这样的成功呢？其中一个主要原因就是他不拘泥于犹太教的陈规旧矩，例如不要人行割礼，只要他们遵行诸如不奸淫偷盗等诫命，而这些诫命只是作为一个人所要具备的基本品质，是理当遵行的，当他们听到做这样简单的事就能获得神的救赎时，自然非常乐意遵从。

除此之外，耶稣与保罗所宣扬的一个重要观念是：耶稣是弥赛亚，是神的儿子。当他们这样宣扬时，自然得到了信众的支持。信众坚信弥赛亚业已来临，将要来救助他们，使他们永福。

但与此同时，广大犹太教徒根本不同意这个说法，他们不但不敬耶稣，还迫害他，如何会承认他就是那个将要带他们到天国的弥赛亚呢？

这样就产生了基督教与犹太教一个根本的分歧：是否承认耶稣是弥赛亚。

那些正统的或者说是跟随祭司们的犹太教徒断然否认耶稣就是弥赛亚，认为真正的弥赛亚尚未降临，还要继续等待。

而跟随耶稣和保罗的犹太人以及其他外邦的信众则相信耶稣便是他们苦待已久的弥赛亚，他已经来了，要来救赎他们。

于是犹太教徒与基督教徒便在这里壁垒分明：凡否认耶稣是弥赛亚的仍是犹太教徒，而承认耶稣是弥赛亚的便是基督教徒。

第二是基督徒们有了自己的经典。

《圣经》分成"旧约"和"新约"两部分，其中"旧约"是犹太教经典，但他们不承认"新约"是他们的。

基督教开始也只有"旧约"，后来由于他们有了耶稣这位伟大的导师和他的12门徒、有了保罗这位伟大的传道者之后，便有信众记录下他们的言行，录成一书，也作为他们信奉的范本，后来这便成了"新约"。

从"新约"的目录可看到，它共分27卷，其中有4部福音、一部传记——《使徒行传》、21卷书信、一部《启示录》。其中福音书是耶稣的门徒们替耶稣作的传，《使徒行传》是保罗等人的生活及传教记录，书信是耶稣的门徒们如约翰等写的私人书信。

这些东西，就像撰写它们的主人一样，虽然不为犹太教徒们所接受，却是基督教的经典。这样基督教徒们便有了自己和犹太教徒不同的经典——《新旧约全书》。

伴随经典出世的当然是其中蕴藏的思想，如信奉耶稣乃是神的爱子、他是人类苦难的救赎者，他由处女怀孕而生、将为拯救人类脱离苦难而牺牲自己、被钉上十字架，然后又会复活、升天……这些便成了基督教独特的教义。后来当一些富有哲学素养的人来阐释深化这些教义，它便成了基督教的神学。

第三是基督徒们有了自己的组织与团体。

耶稣和保罗一开始都是在犹太人中间传道的，他们的信奉者也主要是犹太人，所以这时基督教徒与犹太教徒打成一片，后来随着双方的背离，有了基督教与犹太教之分，基督教徒与犹太教徒也分离开来，这样基督教徒便不能再借用犹太教的组织，基督教徒要为自己的宗教建立组织。

最先，耶稣的门徒们、保罗的追随者们与他们所跟从的人是生活在一起的，组成了一个大家庭，他们什么都是公有的，有饭大家吃，有衣大家穿，如果没有衣穿没有饭吃就一起挨冻受饿。

在这个原始基督教团体里是没有债务、更没有高利贷的，而这两样东西是犹太社会最常见的现象，也是他们受到憎恨的原因之一。耶稣初传教时就旗帜鲜明地反对高利贷，断然废止它。

在这个团体里，所有成员是一律平等的，这也是耶稣的教导之一。

在这个团体里每个成员都要劳动，否则便没有饭吃，不过他们也有休息的权利——每个星期天——这就是现在星期天休息日的来历。

当然，人人平等并不是说没有管理者。起先的管理者是耶稣的使徒们，如彼得和保罗等，后来随着信众的增多，他们便无法管理。于是大家开了一个大会，经民主推举，信众选出了7个办事公正、德高望重的老者来行管理之责，他们便被称为"长老"，专门管理团体的日常事务。

再往后，由于组织进一步扩大，分散到了从叙利亚、非洲直到罗马的广大地区，各地都有自己的基督徒组织，即便一地也可能有成千上万，再一起生活已经不现实。这样他们便分散过自己的日常生活，不过还是按期来听使徒们讲道。

讲道总得要个地方，信众便选某地为聚会所，每次都在这里讲道闻道，后来更在每个聚会所设立一名监督主持，又在他下面分出许多执事来分管具体事务。

在这样的制度下，无论多少地方有信众，一个地方有多少信众，都可以方便地生活和传教。时间一久它逐渐成了基督教会的固定组织形式。

这种组织形式发展到后来便是基督教会，那监督就成了后来的主教。

这样，有了自己独特的崇拜对象——耶稣，有了自己独特的经典——《新旧约全书》，有了自己独特的组织形式——教会的基督徒们便脱离了犹太教，也诞生了一种与犹太教迥然不同的新宗教——基督教。

痛苦与胜利

基督教从诞生之日起就像耶稣一样，饱经磨难。

最先迫害基督教的便是其母体犹太教，而对基督教加以整体的迫害的则是罗马帝国。

那么为什么罗马政府要迫害基督徒呢？

这首先是因为基督教认为上帝是唯一的真神，这同罗马政府把皇帝神化，认为皇帝就是神，直接对立。所以罗马皇帝当然要迫害否认他是神的基督教。

其次是在一开始，基督教是个地下党一样的组织，他们居住在一起，共同劳动、共同消费，不理睬政府，仿佛他们不是住在帝国境内，而是自己组成了一个国中之国。而且当时基督教徒常与犹太教徒混同起来。

而犹太教徒曾经屡次造反，因此罗马政府以为这些基督徒们聚众也是为了闹事，尤其是由于基督徒们偏爱在夜间聚会礼拜，这就更激起了当局的疑心。

其中迫害基督徒最厉害的是罗马史上最著名的暴君尼禄。公元65年左右，尼禄逮捕了大批信徒，许多人因此失去了生命。据说其中就有伟大的使徒彼得和保罗。

此后几任罗马皇帝，包括令帝国走上繁荣之巅的图拉真，都在迫害基督徒。图拉真曾下令解散一切社团，其中也包括基督教会，又到处搜捕基督徒。如果谁被证明或自认是基督徒，非罗马公民者就地正法，罗马公民则被押往罗马受审。

图拉真后的几个皇帝，如哈得良、安东尼·庇护、马可·奥勒留等，虽然也敌视基督教，但采取了比较温和的态度。

但这并不代表基督徒们的苦日子已到了尽头，实际上才刚刚开始呢。戴克里先上台后，开始了对基督徒最残酷的迫害。

戴克里先本是个近卫军军官，上台后把屋大维的元首称号正式改称"君主"，穿上了绛红色、中间织着金丝的缎袍，下令所有臣民在觐见他时必须双膝着地下跪，他甚至还在宫里养了许多宦官。

不但如此，这个权欲惊人的家伙还要求人们把自己看作神，当他得知基督徒们竟敢否认这点，龙颜大怒，立即展开了对犹太人史无前例的迫害与屠杀。

许多基督徒起来抗议，例如在尼科墨迪亚地方，有个基督徒把政府宣布基督徒罪行的公告撕下来，扯个稀烂，并且用最严厉的言辞咒骂在场的罗马官员。

他所受的处罚是被文火慢慢地烤死，这个基督徒在火中还带着幸福和蔑视迫害者的笑。

许多基督教典籍被烧、教徒被杀，这些迫害固然残酷，可对于虔诚的基督徒们又算得了什么呢？他们面带微笑、从容就义。

中国有句古话：物极必反、否极泰来。被戴克里先压迫得喘不过气来的基督徒们，终于同样在戴克里先这里弃下了身上的重负。

公元311年，戴克里先已经病入膏肓，临死之际，他幡然悔悟，顿觉往日之非，于是下了一道遗诏，要求他的继任者和帝国官僚们宽容基督徒。

戴克里先的这个遗诏对他的继任者产生了莫大影响。

戴克里先死后，两位皇帝东帝和西帝继位，西帝是君士坦丁一世，东帝是李锡尼。

君士坦丁一世对基督教成为西方正统起了莫大的作用，后来基督徒们追赠了他一个尊号——君士坦丁大帝。据说他是私生子，母亲是小酒馆女侍，父亲则是当时闻名遐迩的罗马将军。

当上皇帝后，他不久便遵照先帝遗诏，与东帝李锡尼下旨，赐基督徒以信仰自由。这道敕令便是基督教史上有名的《宽容敕令》。这是公元311年左右的事。

又过了两年，他们便共同颁布新敕令，无条件发还以前镇压基督教时从教会那里没收的财产。从此基督教会不单有了自由，还有了钱。

次年君士坦丁大帝在阿尔举行了第一次基督教宗教大会，不过只有西罗马的主教们参加，称不上全罗马的基督教大会。

公元323年，君士坦丁大帝击败东帝李锡尼，成了全罗马帝国的皇帝。

统治整个帝国后，大帝便开始利用当时人数众多的基督徒来加强统治。他颁布新敕令，让基督徒们做了政府的主要大官，并且限制传统的罗马神庙的活动，例如不准罗马政府官员们祭祀神庙。

公元325年，大帝终于举行了全罗马帝国的宗教大会——尼西亚主教大会。

这次大会制定了一部《尼西亚信经》，它消除了基督教思想界一度杂乱无章的局面，关键是确认了圣父、圣子与圣灵的三位一体，以及圣父与圣子的"本体同一"，又把不接受这个信条的教派，主要是阿里乌斯教派，划为异端，开除出教，从而初步统一了基督教世界，使之成为一种统一的道德力量、一件君士坦丁大帝手中厉害无比的武器。

然而令人哭笑不得的是，这个坐在东西方所有主教正中的黄金宝座上的君士坦丁大帝，连基督徒都不是。

一直到公元337年，君士坦丁大帝已经行将就木之时，才受洗成了基督徒。

继君士坦丁大帝之后，另一个不但令基督教成为罗马的国教，而且成为整个西方世界无上精神统治者的是狄奥多西大帝。

狄奥多西本是西班牙人，在一群哥特雇佣军的支持下做了皇帝。为了弘扬基督教，他采取了更彻底的措施，他对付当时还在帝国境内活动的异教崇拜简直就像当初戴克里先对付基督教一样。例如他下令摧毁所有异教庙宇，这样无论管智慧的雅典娜也好，还是管整个神界的宙斯也好，都没有了受祭之所。他又颁布敕令，命令所有罗马人信仰基督的信徒，后来进一步规定凡信仰其他宗教的都是叛教行为，要受到严厉惩罚。这是公元380年的事。

至此大家不难看到，基督教不但在反对压迫的斗争中取得了彻底胜利，还成了整个西方世界的精神领袖。从精神这个角度来说，它统一了整个西方——它把种族、语言与文化诸方面都极不相同的西方诸国、诸民族统一于基督精神之下。

至此，基督教已经诞生且成长壮大，并成了西方世界的精神统治者。

基督教后事

此后,基督教还发生了两件事,这两件事是基督教的两次大分裂:第一次是基督教分裂成罗马天主教和希腊正教;第二次是天主教再分裂出基督教新教。

我们先来看第一次大分裂是怎么回事。

一劈两半

为了便于治理,罗马皇帝戴克里先曾将帝国分成东西两部分,分别以意大利和希腊为中心,后来狄奥多西大帝在公元395年时把帝国分给了两个儿子,建成了分别以罗马为首都的西罗马和以君士坦丁堡为首都的东罗马。

其实进行这样的划分并不是出于主观随意,而是有深刻理由的。

首先,这是罗马帝国自然的地理分区。众所周知,西方文明以希腊文明为始,后来发展成了两大支:一支是罗马建立后发展而成的罗马文明,以罗马城为中心,以罗马帝国的官方语言拉丁语为主要用语;另一支是仍以希腊为中心的希腊文明,不过这时的中心已经不是希腊的雅典,而是拜占庭。自从亚历山大大帝东征后,希腊文明已经被传播到东方,从希腊往东,直到印度北部的原亚历山大帝国领土都成了希腊文明的地盘,这个新的希腊文明世界的中心便是拜占庭,它的主要语言是希腊语。

罗马人在军事和政治上征服希腊文明世界之后,在文明上并没有征服它,它仍保持着自己文化、语言方面的特色。

这样,政治上统一的罗马帝国实际上在文化、地理上都分成了东西两部分。西罗马包括意大利半岛、今天的法国、德国和英国等在内的地区;东罗马则包括希腊及其北面的巴尔干半岛地区,再往东的小亚细亚半岛，直到帝国东方领土的尽头。不过到中世纪，东罗马已经只有小亚细亚半岛一小部分，其他地方，包括耶路撒冷在内，已经成了新崛起的大宗教伊斯兰教的地盘。

这个区分其实主要是语言导致的，因为西罗马的基督徒们说拉丁语，自然也用拉丁语来做祷告、发表他们的神学见解，东罗马的基督徒们则用希腊语做这些事。这样，两种语言的区分就引起了其他许多区分，例如对耶稣、保罗同一段教义的理解，便由于语言不同而产生了分歧。这样最终导致了两类不同的教会：一类教会以拉丁语宣讲传道、进行神学研究，而另一类教会则用希腊语。

由于语言不通、地域不同，平日来往很少，两类教会也就慢慢各行其是。

不过，毕竟两类教会信奉的还是同一个宗教，大体上仍相安无事，没有分裂。

直到有一天，大约是公元445年，西部教会的罗马主教利奥一世，宣布自己是整个基督教世界的无上至尊——教皇。

这意味着东部教会也应当听罗马教皇的指挥，东部教会如何会答应？他们决定联合起来反击，在一个叫查尔斯顿的地方举行了主教大会，宣布君士坦丁堡的主教与罗马主教有同样大的权力。

得到这个消息，罗马教皇立即采取了一些措施，例如下令革除拜占庭主教教籍。拜占庭主教也做了差不多的回应。结果便是双方陷入长期的争执之中。

这样的明争暗吵竟持续了整整600年！到11世纪，双方的争吵终于因一件事而达到了顶峰。

这件事的起因是这样的：罗马教皇派了一位红衣主教——在罗马教会里这是仅次于教皇的大官，到拜占庭去见东部教会的教皇，对他说，如果他再闹下去，就要开除他的教籍。这时的东部教皇叫色路拉里乌，他根本不吃这一套，他开了个东部主教大会，会上公开骂红衣主教"像野猪一样"，并宣布把罗马教皇革除教籍。那个气不过的红衣主教这时以一个更具侮辱性的行动做了回应——他竟然把罗马教皇革除色路拉里乌的通谕放在东部教会最崇高的大教堂圣索菲亚大教堂的祭坛上，然后昂首阔步地回罗马。

这最终导致了基督教第一次大分裂，从此基督教决裂成了东西两部，西部自称为"公教"，意思是它是全世界公有的，它也要拯救整个世界。东部则自称为"正教"，强调唯有它才是耶稣基督的嫡系，才是正统的基督教。

这大体是1054年的事，这一年就是基督教会的第一次大分裂之年。

三度分裂

基督教第二次分裂的主要原因是中世纪时教皇和教会的堕落。在中世纪，原本应是社会精英人物的主教甚至教皇不但不是道德典范，反而是无德的典型，甚至成了一切腐败的根源！

这样的教皇和教会必然会遭到社会有识有德之士的强烈反对，这反对的结果就是基督教会历史上的第二次大变革。

这次对基督教会进行大改革有两个主要领导者，一个是马丁·路德，另一个是加尔文。

马丁·路德生于1483年，是德意志人，家里很有钱，曾上过大学，毕业后又进入修道院系统地研究神学。由于他一贯勤奋学习，而且德行高洁，博得了时人的尊敬。29岁获得神学博士学位后，他先是出任一所修道院院长，1515年被聘为维登堡大学神学教授。

一直以来，他对当时教会和教皇的腐败深恶痛绝，潜心研究《圣经》

和保罗的书信，从而得出了新的思想，这个新思想的中心就是"唯信称义"。就是说人们只要真正地信仰基督，就能够成为义人，他的灵魂就能够蒙神的恩，上达天堂。如何真正地信奉基督呢？一要凭个人的信心，二要认真地阅读《圣经》，通过《圣经》就能与上帝进行直接的对话。

他这个观点必然地导出了另一个观点：基督教会与个人信仰以及他能否得救无关！这也就是等于说传统的基督教会根本没有必要存在。

马丁·路德这个思想本来还只存在于他的头脑里，没有公开发表，因为他毕竟还是个神父，是教会的一分子，只要教会不做得太过分，他也许只会把他的新思想藏在心里，或者最多只会像哥白尼一样写本书，直到快要死了才给人看。

但一样东西使他不能不站出来，勇敢地与教皇展开了公开斗争。

这样东西就是"赎罪券"。

所谓"赎罪券"就是罗马教皇印制的一些票据样的东西，声称谁买了这东西谁的罪就可以得到赦免。不过不是说他现在犯了罪不用坐牢受刑，而是说他死后用不着因所犯的罪下地狱了，因为他购买了赎罪券，他的罪便被神赦免，他将可以直升天国。那些推销赎罪券的教士们眉飞色舞地对可怜的信徒们说，当他们买赎罪券的金币叮叮当当地掉进教士们的钱袋时，他们的灵魂已经飞上天堂了！

不用说，成千上万愚昧的信徒们就这样花掉了无数的辛苦钱，而教皇也因此发大财，成了西方世界最富有的人。

马丁·路德对这种敲诈信徒钱财的做法极为反感，所以，1517年，当教皇又一次以要修缮圣保罗大教堂为名派人来德意志销售赎罪券时，他忍无可忍，拍案而起。

这年10月底一个漆黑的夜晚，马丁·路德在他执教的维登堡大学教堂门前贴出了一张"大字报"，名字叫《关于赎罪券效能的辩论》，里面用多达 95 条的论据证明赎罪券根本没用，只是教皇用来搜刮民脂民膏的伪钞假币。

马丁·路德的"九十五条论纲"得到了被教会榨干的广大信众的热烈支持，甚至成了后来一场席卷德意志的农民战争的导火索之一。

虽然后来马丁·路德退出了政治舞台，一心一意研究神学去了，但他已经点燃了一次宗教大改革的星星之火，它不久就成了燎原之势，把已经经历过一次瓜分豆剖之苦的基督教再划上一刀。划出来的这块大名叫"基督教新教"，马丁·路德就是基督教新教的开山鼻祖。

不过马丁·路德所创立的并不是基督教新教的全体，而是它的一个分支，被称为"路德宗"，它在德意志和挪威、瑞典、芬兰、丹麦等北欧诸国得到广泛传播，成为那些地方人民的主要信仰。

继马丁·路德之后，中世纪基督教的另一位大改革者是加尔文。

约翰·加尔文 1509 年生于法国，比马丁·路德小 26 岁。他 12 岁就进修道院做了修士，后来进修了神学、法律和文学。在巴黎期间，按他自己的说法，他有一天受到"突如其来的、神的启示"，从而觉悟到如今罗马教会之非，决心像马丁·路德一样起来改革。几年后，加尔文发表了他的名著《基督教原理》，它被称为基督教新教的第一本系统的神学著作。

在这本书里，加尔文指出了人认识上帝的两条途径：一是通过个人自我内在的顿悟，二是通过《圣经》中上帝的启示。他还有一个令人绝望的观点，就是"预定论"。用加尔文自己的话说就是："我们不是在同一状况下被创造出来的，有些人注定得到永生，另一些人却要永罚入地狱。"这就是说，人的一切都是在他生前就预先注定了的，他一生无论做什么都不能改变这一点。

加尔文的理论中一个核心同样是认为罗马教皇、教会与人的上天堂或者下地狱无关。

他的思想遭到了教皇和教会的嫉恨，他们拼命迫害加尔文和他的信徒们。但像马丁·路德一样，加尔文也获得了大批追随者。尤其是当他有一次偶然途经瑞士的日内瓦，在这里竟然发现了一片他的新教的沃壤。因为这个美丽的山城，从执政者到普通市民都憎恨罗马教廷，把罗马主教赶走了。他立即着手在这里实践他的理想国之梦。

到1541年左右，加尔文终于在日内瓦建立了他的新教国家，这个国家的主要特色是政教合一，具体来说就是宗教统摄政治。事实上它不但统摄政治，而且统治一切。在他的国家里，他的新教——被称为基督教新教加尔文宗——是唯一的宗教，所有人都必须信受奉行，违者必倒大霉。

加尔文对他的人民的生活做了种种严格的规定，例如严禁跳舞赌钱，放债挣钱则受到鼓励，等等。这使加尔文的日内瓦共和国成了当时西方世界独一无二的政教合一的国家，直到1564年他去世时，他都牢牢地控制着他的国家。

加尔文虽然去世了，他所做的一件事还必须提一下，就是他的大肆迫害异己。仅在统治日内瓦的最初5年，他就用异端的罪名处死了58人，后来又烧死了伟大的科学家和宗教改革家，也是他的朋友塞尔维特。而与此同时，他的信徒们也在欧洲各地遭到了同样的迫害，例如在法国的"圣巴托洛缪之夜"里，他的信徒仅在巴黎一地就被杀了2000余人，在法国其他地方还有5万多人暴尸街头。

至此，"基督教的故事"已经基本讲完，它以后的故事就不必再讲了，因为直到今天基督教大体还是这样子。

——还是大体分成三支：天主教、东正教和基督新教。它们各自又有许多宗派，其中最有名的当然是新教的两大宗派：路德宗和加尔文宗。虽然已经一分为三，但总的来说它们仍属同一大教——基督教。

第八章

圣人与哲学

上一章我们讲述了基督教诞生与成长的故事,大家已经看到了基督教作为西方人的精神支柱是如何走入我们视野的。但还有另一个大问题并未解决:那根西方人的精神支柱到底是什么样的呢?倘若不回答这个问题,我们便无从了解那支柱,也无从了解西方人的精神。

这里,笔者将从一位哲学家的观点入手让大家了解这个问题:什么是基督教的主张?只要弄懂了这位哲学家的思想,我们就基本明白基督教徒信仰什么了。

为什么这样说?这位哲学家在基督教思想界的地位十分重要,是基督教哲学的代表人物。

这个人就是托马斯·阿奎那,一般被称作圣托马斯·阿奎那,"圣"就是圣师之意。

圣人传

托马斯·阿奎那生于1225年,出生地是当时属于西西里王国的特拉迪拉瓦罗阿奎诺。托马斯·阿奎那才5岁时，父亲便把他送进了学堂，这是一所叫蒙特·卡西诺的修道院。1239年，他离开修道院，进了那不勒斯大学。

他在大学里待了4年，学习了自然科学、修辞学、神学等方面的课程，再回家时已经18岁。但他回家后很快就和家里人尤其是父亲吵了起来，闹得天翻地覆。

争吵的根由是托马斯·阿奎那竟然不愿从军，而想做一个乞丐一样的苦行僧！

要知道托马斯·阿奎那出身于全意大利最有名望的世家之一，是伦巴第王族的分支，神圣罗马帝国的皇帝以及统治意大利大部分地区的西西里王国国王是他的近亲。他的父亲是一位出色的将军。托马斯·阿奎那有六个哥哥，他们都成了军人，但他与兄长们都不一样，竟然不愿做将军，而要做苦行僧！

当托马斯·阿奎那说出这个心愿时，他的父亲感到既惊讶又愤怒。在他们这样一个军人世家，他长大后要参军作战简直像要吃饭穿衣一样理所当然。他应当和他的父辈一样一生做三件大事：东征西讨、生儿育女、统治人民。他爷爷的爷爷就这样了，他的六个哥哥也这样做了，现在竟然他不愿意！当他的父亲看着儿子那壮实的身躯时就不但惊诧而且愤怒了。

这时的托马斯·阿奎那已经是高达两米的巨汉，魁伟得像大象，强壮得像犀牛，只要他肯从军，会是一名多么好的武士！将为他的家族带来多少荣誉！可他竟然不愿意。这令他的父亲既愤怒又伤心。他决心不惜采取一切措施来阻挡儿子的疯狂举动。他甚至叫夫人直接给教皇写了一封信，请求教皇"把她的儿子从疯狂中拯救出来"。教皇答应尽量帮忙。

然而，父母这些行动更加坚定了托马斯·阿奎那的决心。在家里待了两年后，1244年托马斯·阿奎那加入了多明我修道会。这是一个托钵僧会，参加的人们过着像乞丐一样的苦行生活，希望在肉体的痛苦中获得灵魂的幸福。

他的这一举动越发遭到了母亲的反对，这时他的父亲已经在前一年去世，痛子心切的母亲决定对他采取强硬的措施。

这时托马斯·阿奎那已经加入托钵僧集团，决心用双脚走到巴黎去向当时最伟大的基督教哲学家大阿尔伯特学习。这天，在半路上他被一群军人拦住，为首的正是他的哥哥们，他们不顾小弟的反抗，凭着人多势众将托马斯·阿奎那牢牢抓住，送回老家，幽禁起来。

但母亲含着眼泪的请求丝毫也动摇不了他的意志。最后他的亲人们使出了最后一招——美人计。

在一个冬日寒冷的日子里，托马斯·阿奎那穿着单薄的衣衫坐在暖暖的火堆旁，这时门被打开，一个苗条的身影闪进来，托马斯·阿奎那以为是母亲又来劝，可母亲似乎没这么苗条的身材，他定睛一看，原来是个美丽的姑娘。他看了一眼，定了定神，什么也没说，就从火堆里抓出一根一头正在燃烧的木材向那位美女刺去，仿佛她是一条毒蛇。

那位姑娘尖叫一声，撒腿就跑。

后来又有一个美女来到了他面前，不过不是来引诱他，而是来帮助他的，就是他亲爱的妹妹。妹妹给了他一根绳子和一个篓筐，把他从关他的塔楼里放了下来。

获得了自由的托马斯·阿奎那像一阵风般逃出了家乡。

他赤着脚跨过了滔滔波河，走过了一望无际的伦巴第平原，翻越了白雪皑皑的阿尔卑斯山，奔波了3000里漫漫长路后，终于到达了他梦想的地方——巴黎。

当他飞一般冲进久负盛名的巴黎大学时，却没有见到他渴望师事的大阿尔伯特教授。原来他已经到科隆讲学去了。托马斯·阿奎那毫不犹豫地直奔科隆。

经过一番艰难跋涉，托马斯·阿奎那终于到达了科隆。他挤进大阿尔伯特正讲学的讲堂，坐到了大师脚边的地板上。

大阿尔伯特比托马斯·阿奎那年长近20岁，是当时最有名的基督教哲学家。他毕业于巴黎大学，在那里获得了神学博士学位。他学识极其渊博，博览群书，特别是对古希腊经典有独到研究，是当时唯一注释了当时已知的全部亚里士多德著作的哲学家。更可贵的是，他对自然科学也有精深的研究。1941年罗马教皇曾颁布敕令，尊他为所有研究自然科学的学者的守护神。他还是唯一在世时就获得了"圣人"称号的学者。

这个大阿尔伯特除思想精深外，还有一个人所不及的长处：口才出众，讲起课来雄辩滔滔，令当时信仰基督有志于神学研究的青年为之着迷。

托马斯·阿奎那到了大阿尔伯特身边后，每天只是默默地坐在讲堂里听课。由于他那引人注目的公牛般庞大强壮的身躯和沉默寡言的态度，同学们送了他一个绰号"哑牛"。

有一天，因为一个偶然的机会，他尊敬的导师注意到了他，他们谈了很久。第二天在课堂上，大阿尔伯特对学生们说，你们说这位托马斯·阿奎那同学是哑牛，但有一天他的声音将让全世界侧耳倾听。

自那以后托马斯·阿奎那与导师就成了忘年交，他们经常在一起讨论各种问题。当大阿尔伯特回巴黎大学去时，托马斯·阿奎那也随之而去。

1250年，25岁的托马斯·阿奎那正式成了神父，两年后，在大阿尔伯特力荐下，这个得意门生成了导师的助教。从此他不仅是学生，还是一位向学生们传道解惑的老师。

但他在巴黎大学的好日子并不长，由于他讲课的方式同巴黎大学的传统不一样，当时这里流行的是用柏拉图的思想作为基督教哲学的基本理论工具。但托马斯·阿奎那却使用大阿尔伯特教他的亚里士多德哲学。这令大学中的权威们颇为不快，他们对托马斯·阿奎那横加责难，硬是把他赶离了巴黎大学。

可托马斯·阿奎那似乎有上帝庇佑，不久便时来运转，重新回到了巴黎大学，这次那些权威们拿他没辙了，因为派他来的是基督教的教皇。

1256年，31岁的托马斯·阿奎那终于像他的导师一样戴上博士帽，成了远近闻名的辩论大师。

那时大学里的讲课方式主要有两种，即宣讲和辩论，宣讲就是老师拿出《圣经》等课本，自己读一段，然后就给学生们讲一段，这与我们现在的大学课程差不多。辩论则分三种形式，第一种是最常用的，是老师自己提问题，然后向学生们解释。这其实就是宣讲。第二种是学生甚至外来听课者向老师提问题，然后由老师回答，这当然要难得多，因为谁知道学生们要提什么古怪的问题。但最令老师们发怵的还是第三种——老师之间的互相问答。这实际上是老师之间的辩论大赛，这种辩论大赛每次进行时都有专门的人进行记录，那紧张刺激的程度可想而知！

一般老师面对这样的辩论都头痛不已，因为弄不好一场辩论就足以断送一世英名，然而托马斯·阿奎那却迎难而上。他不但热衷于辩论，还增加了辩论的次数，甚至设立了另一种辩论会，在这里，任何人都可以向他提问，并且对提问没有任何限制，随问随答。

这样的讲课方式大大提高了他的知名度，他立即成了巴黎乃至整个欧洲哲学界的名人，获得了大批追随者，他33岁时就被任命为巴黎大学的神学教授。

这时的巴黎大学号称"哲学家之城"，大批著名哲学家荟萃于此，不过大部分人都沿用了柏拉图哲学作为思想工具，试图以之来证明上帝的存在。但托马斯·阿奎那早就发现了这个工具的缺陷，转而采用亚里士多德哲学。他的新工具的确比柏拉图哲学这个老工具管用。这样一来，他不但得到了学生们的崇拜，也得到了教皇的认可，1259年教皇亚历山大四世把他召到罗马，从此托马斯·阿奎那成了教皇的神学顾问。

到了罗马后，托马斯·阿奎那立即成了整个基督教世界的理论权威，他的观点成了教廷的官方理论。亚历山大四世后的几任教皇，如乌尔班四世、克莱门四世等都把他奉为宗师。每当有人出来同他们争论，便献宝似的把托马斯·阿奎那推上前台，为他们作辩护。

除了得到教皇垂青，托马斯·阿奎那从到罗马起的10年间还得到了另一个人的鼎力相助，他就是精通希腊文的曼培克的威廉。托马斯·阿奎那是运用亚里士多德哲学来反对运用柏拉图哲学的其他"异端"们的，这当然首先要掌握亚里士多德哲学，然后才能把它作为工具去运用，正所谓"工欲善其事，必先利其器"。但当时有许多亚里士多德著作或者没有译成拉丁文，或者虽译出来了，但译文并不准确。为了弥补这个缺憾，他找到了曼培克的威廉。他们先弄来了亚里士多德著作的希腊文本，再由威廉仔细地译成拉丁文，译过来了的则再次仔细地校对，勘正误译。通过这一过程，托马斯·阿奎那全面深刻地掌握了亚里士多德哲学，为他以后的哲学创作打下了坚实的基础。

找到这个有力的武器后，托马斯·阿奎那的哲学研究取得了飞速进展，他写下了《反异教大全》《神学大全》等基督教哲学的经典之作。

除了创作，他的另一个主要工作是辩论，当时他所主导的哲学虽然成了教廷的官方哲学，然而反对他的仍大有人在，他们或者反对他运用亚里士多德哲学，如奥古斯丁的追随者们，或者反对他对亚里士多德哲学的运用方式，如阿威洛伊派。这些反对者主要集中在他一度执教的巴黎大学。争论不断扩大，最后托马斯·阿奎那认识到非由他亲自出面不可。

1269年，也就是在他刚完成对亚里士多德解读的第二年，他回到了巴黎大学，在这里他用"革命的两手对付反革命的两手"，一方面极力宣扬亚里士多德哲学，另一方面运用他对亚里士多德哲学完整深刻的领会与那些自称"真正亚里士多德"的同仁们展开了激烈的辩论。那结果不用说，同仁们哪读过那么多的亚里士多德作品呢？他们自愧弗如，或者转到了托马斯·阿奎那一边，或者灰溜溜地落荒而逃。第二年阿威洛伊派被宣布为异端，托马斯·阿奎那取得了彻底胜利。

在巴黎大学三年后，他又应教皇之召回到罗马，到那不勒斯为多明我会修筹建一座巨大无比的修道院。这时的托马斯·阿奎那已经声名赫赫、如日中天。

然而托马斯·阿奎那在这人生的高峰上没有待得太久，两年后当他再次应教皇之命到法国里昂去解决新一轮教派纷争时，在途中得病，并且一病不起。

1274年3月7日，一个寒冷的日子，在罗马之北一座荒凉的修道院里，托马斯·阿奎那这位在世时就被认为是最伟大哲学家的人闭上了双眼，去见了他天天为之奋斗的上帝——如果上帝真如他所论证的一样是存在的话！

他的一生是短暂的，只活了49岁。

他的一生是永恒的，他的名字与他的思想将永存人间。

从 1545 年直到 1879 年，教皇们屡次发布通谕，申明托马斯·阿奎那的思想是基督教哲学唯一的正统与权威，直到几百年后的今天，他仍牢牢地占据着这个地位。

阿奎那的神学体系

神学顾名思义是探讨有关"神"的学问，这就是神学的本义。

神学与哲学是不同的，但它们之间有着密切的关系，可以说是血脉相连。这主要是因为神学与哲学所探讨的问题、探讨这些问题时所运用的方法、运用这些方法时所使用的语言都是大体一致的。

阿奎那的五个证明

自从有神学起，神学家们遭遇到的最大质疑是上帝是否存在。因为众所周知，我们无法用可以实实在在地感受的方法来证明其存在。

也正是因为这一点，古今中外都有无数人不相信上帝的存在。

对于神学家们而言，他们如果要探究神学，第一要务当然是证明上帝的存在，否则他们所说的一切都是毫无意义的。

托马斯·阿奎那当然也了解这点，所以他提出了"上帝存在的五个证明"，这是他最著名的理论之一。

托马斯·阿奎那的第一个证明是"运动的证明"。

托马斯·阿奎那看到世界万物都在运动，而且我们根据常识知道，物体是不会自己运动的，一个物体要运动必须有某种力量推动它。例如黄叶飘零是因为瑟瑟秋风在吹它，马车飞奔是因为马儿在跑，马儿在跑则是因为它的头上有鞭子在响。也可以这样说，万物都在运动，同时每一运动之物必有其推动者。这我们是可以理解的，因为确实我们看到的任何运动总可以找到一个使之运动的力量。但这时便出现了这样一个问题：假如物体 A 的运动是由 B 引起的，而 B 的运动是由 C 引起的，C 的运动是由 D 引起的，如此类推下去，那么最后会是什么样的结果呢？

首先我们必须承认，这样的类推必然是有限的，因为万物虽然很多，最后我们必然会找到这样一个推动，他是一个推动者，自己却不为任何别的力量或物体所推动。这就是托马斯·阿奎那所说的"第一推动"。

这第一推动，托马斯·阿奎那认为，就是上帝。

托马斯·阿奎那这个论证听起来是有道理的。因为一个物体的运动需要一个推动者，我们从自然界看到的任何运动物体都是如此，都恒有一个推动者。虽然牛顿说过当物体在没有外力作用时既可以是运动的也可以是静止的，但我们也应该相信力是恒在的，而且一切物体都不可能不受力的作用，所以一切物体的运动都是外力作用的结果。而且理论上确实也可以像托马斯·阿奎那所称的那样不断地追问每个运动物体的推动者，直到那第一推动。

存在这第一推动唯一需要的前提是：宇宙运动之物是有限的。这也正是托马斯·阿奎那的观点：我们不可能无限地追溯下去，总会追到一个尽头，达到尽头之日也就是找到上帝之时。

托马斯·阿奎那这个前提是否成立呢？笔者认为至少不是完全不成立。因为宇宙万物的数目确实是有限的，就像空间与时间，即宇和宙，都是有限的一样。

这也许同我们平时所认为的宇宙乃无边无际、无始无终的观念相违背，但据科学家解释，宇宙确实有产生的一天，它产生于一次大爆炸，从这爆炸的一刻起，时间、空间、万物及其运动就产生了。这就是"大爆炸宇宙说"，它已经得到了越来越多科学论据的支持，例如天体红移现象，就是科学家们发现所有的天体都在从某一个中心往外运动，就好像是一颗炸弹爆炸后弹片从中心往四周飞散一样。

至于这创造宇宙的大爆炸是否是上帝所为，甚至就是上帝的"第一推动"就不得而知了！

托马斯·阿奎那第二个证明上帝存在的方法是利用原因与结果的证明。

众所周知，宇宙中任何物体之所以存在必有某种原因，可以说宇宙万物就组成了一个因果之链，没有任何东西不是这因果之链的一环。

这样，物 A 是物 B 的原因，而物 B 又是物 C 的原因，物 C 则是物 D 的原因，如此下去，是否可以至于无穷呢？

当然不！就像推动之链不能至于无穷一样。

因此，阿奎那认为推溯上去必然会找到一个最初的原因，这个最初的原因就是上帝。

不难发现，托马斯·阿奎那的这个证明方法实际上同第一个差不多，不过是把运动改为了因果而已。

托马斯·阿奎那的第三个证明方法运用的是可能性和必然性。

托马斯·阿奎那认为，世间万物虽然存在着，然而它们的存在并非必然的，而只是一种可能性，这就是他这个证明方法的起点。

这个起点其实不难理解。因为我们在世界中看到的各式各样的事物，从太阳地球到花鸟虫鱼、张三李四，虽然已经实实在在地存在着了，然而其存在却并非必然。以张三李四为例，如果他们的父母因为某些原因而没有孕育他们，他们就有不存在的可能。

张三李四如此，世间万物皆如此。就像释家所言，万物都因十二缘起而生。然而这缘起并非必然，而是一种"纯粹的偶然性"。

这里要对偶然与原因做一下区分，万物的存在只是一种偶然，然而却不是没有原因的，万物皆果，有果必有因，即使是一片秋叶也不会无因落地。

了解这一点后，托马斯·阿奎那便问：世间万物都只是可能而非必然，且有生必有死，这是天之道，那么是否有必然之存在，永恒之事物呢？

答案是有的。因为托马斯·阿奎那还有一个想法，如果万物只是可能的、暂时的，即它们可以存在，也可以不存在，现在存在，待会儿就不再存在，也就是一切都会有统归于无的时候，那么就一定会存在某个时候，到那个时候，一切都不再存在、归于空无了。反过来也可以说，再逆序上推，也必有一天，那些可能与暂时的事物一个都不存在。

到这里，托马斯·阿奎那又提出了一个问题：存在能产生存在吗？无中能生有吗？

答案是不能。无不能生有，存在不能产生于不存在。以托马斯·阿奎那自己的话来说："如果什么都不存在，某事物开始存在，这是不可能的。"

而可有可无的万物已经存在乃是一个显而易见的事实。所以，在世间可有可无的万物之上，一定有一个必然的存在。而且这个必然的存在乃是其他一切可能存在的根本，是一切可能性得以成为实在的原因。

托马斯·阿奎那认为，这个必然的存在就是上帝。

托马斯·阿奎那提出第四个证明是"事物存在等级的证明"。

托马斯·阿奎那看到万物不但在运动、有因果、是可能，而且看到了它们一个更为具体的特征——等级性。即万物，从无生命的金木水火土，到有生命但不能走、不能叫的植物，到能走、能叫但不能说的动物，直到能走、能叫、能说话的人，明显地形成了一个等级结构。它们有好坏美丑之分，有高级低级之别。

这样，托马斯·阿奎那就自然而然地问：那么，是否有一个最美、最纯、最高级的存在呢？

他认为，答案是有的。这个最美、最纯、最高级的存在就是上帝。如果说存在物的等级结构是金字塔式的话，那么上帝就是金字塔的顶端。

托马斯·阿奎那提出第五个证明是万物存在都有其目的。

简而言之，托马斯·阿奎那发现，世间万物虽然看上去错综复杂，但似乎都有某个目的，就像太阳绕着地球转一样，万物也围绕着这个目的行事，仿佛它们是有眼睛、有智慧的一样。

但同时，万物，除了人，都是没有智慧的，特别是花草、树木、石头这些东西，更是如此，它们自己是不可能有这个目的的。

那么，是什么令它们看起来像有目的似的生存、运动着呢？

他仍然认为，那就是上帝，上帝就像百步穿杨的养由基一样，以自己为弓、万物为矢，令万物准确地、互相协调地、有序地朝向一个目标前进。

人与知识的起源

前面谈过了有关上帝的问题，这一节来谈谈人的问题。

托马斯·阿奎那关于人的第一个主张是：人是灵魂与肉体的统一。这个统一表现在：任何个体的人，从王侯将相到平民乞丐都是灵魂与肉体的结合，两者同时存在于每一个活着的人身上，它们紧密联系、互相作用，共同构成了一个完整的人，对于任何现实的人而言这两者都是不可或缺的。它们一旦分离，那么人也就不存在了。

那么，肉体与灵魂是如何结合的呢？托马斯·阿奎那认为这是一种水乳交融的关系，灵魂融于肉体之中，用化学术语来说，它既非悬浊液，也非乳浊液，而是真溶液。灵魂充盈于肉体的每一部分，两者完美均衡地结合在一起。

托马斯·阿奎那关于灵魂与肉体的第二个主张是：这互相结合的灵魂与肉体又是有区别的，不但有区别，而且区别还很大。

我们可从两方面看这区别，一是特征，二是地位。

就特征而言，灵魂与肉体当然是不同的。灵魂是看不见、摸不着的，如老子所言："视之不见，名曰夷；听之不闻，名曰希；搏之不得，名曰微。"灵魂这东西就是夷、希、微的整合了。或者也可以用亚里士多德关于形式与质料的学说来解说：灵魂是一种精神实体，是"形式"，而肉体则是物质实体，是"质料"，作为质料的肉体当然是可见、可听、可触的。

肉体与灵魂之间另一个不同的特征是：作为质料的肉体是速朽的，人的生命一旦终结，它也就腐朽了。不管这肉体生前是美如西施貂蝉还是丑如无盐嫫母，终将化为尘土。这就是死亡，是任何人，哪怕是圣徒彼得或圣师托马斯·阿奎那都无法避免的。就像西方一句俗语所言："死神踏着公平的脚步，迈过穷人的茅屋和王侯的华府。"

但灵魂则不同。托马斯·阿奎那认为，人的灵魂是不朽的。即使肉体死灭了，灵魂也不会随同肉体一同腐朽，相反，它将永生。

以上是灵魂与肉体的特征的差别，现在来谈谈两者地位的差别。

托马斯·阿奎那认为，尽管人的个体是由灵魂与肉体不可分离地构成的，然而并不说明两者的重要性是等同的，相反，灵魂的重要性要高于肉体。这是为什么呢？

一是灵魂赋予了肉体以意义。二是当肉体与灵魂结合起来后，两者中起主导作用的是灵魂而非肉体。肉体要听灵魂的，也是为灵魂所控制的。

至于这个灵魂的起源，在他的理论体系中，不用说，是上帝创造的。

在分析完灵魂与肉体的关系之后，再来看第二个与人相关的问题：

人类的知识是如何起源的？

托马斯·阿奎那认为，人类知识的形成是一个过程。即是一个认识的过程，知识的形成就像产品的制成一样，先是原料，经过几道工序之后，逐步加工成产品。

现在就来详细描述一下知识这个"产品"的"制成"过程。

众所周知，制造产品必须有三样基本的东西：生产者、生产工具和生产原料。制造"知识"这种产品同样如此。

那么，什么是制造知识所需的生产者、生产工具和生产原料呢？

生产者当然就是人。

生产工具就是人类的认识能力，例如感官和感觉能力，但还不止于此。托马斯·阿奎那认为，人类仅有感觉是不能达成知识的，此外还需要有理智，唯有通过理智，人类才能得到完整的知识。

至于生产原料就比较复杂了。总的来说，是外在世界的万千事物。然而又不尽如此。因为人类不能够一下就将外在事物变成知识，这需要有一个过程，这个过程有好几步，其中前一步产生出来的东西——它们也可以称为知识，当然是较低级的或"半成品的"知识——也是后一步所需要的原料。

为了使大家更清楚地了解托马斯·阿奎那眼中人类知识的起源，现在来详细地谈谈他所说的知识的形成过程。

知识形成的第一步是形成感性认识。

人有感觉器官，如眼耳鼻舌皮等，分别有自己的感觉功能，即视觉、听觉、嗅觉、味觉、触觉等，托马斯·阿奎那称这些为外部感觉。除此之外他认为人还有一种内部感觉，共分四种：综合、想象、辨别、记忆。当人的外部感觉与外在世界的事物发生接触时，就会形成一些他称之为"感觉印象"的东西。然后外部感觉会将这些感觉印象传递给内部感觉，内部感觉便将这些印象进行加工，成为"形象"。形象产生之后，感性认识也就完成了。

知识形成的第二步是形成理性认识。

除了形成感性认识的感觉，托马斯·阿奎那认为人还有一种形成理性认识的能力——理智。这个理智将形象保存起来作为进一步加工的原料。加工的方法简而言之就是抽象，即理智把感性认识所形成的形象进行抽象，抽掉那些具体的、个别的成分，汲取抽象的、普遍的形式——这也是大家所熟悉的理性认识的特点，这时候就形成了托马斯·阿奎那称之为"理解印象"的东西。这时人所使用的是所谓的"能动的理智"。除了能动的理智，人还有一种"被动的理智"，理解印象形成之后，能动的理智就会将之转给被动的理智，由它进行下一道程序的加工。

理解印象被传递给被动的理智之后，它就变成了"理性印象"，被动理智对这个理性印象再进行加工，于是就产生了"表象"，这表象还有一个更加通俗的说法，就是"概念"。

托马斯·阿奎那认为，在"概念"形成之后，人类就完成了一个认识过程，也就是产生了知识。至于人类创造知识的理智，不用说，又是上帝赋予的，是上帝在人类心灵的沃壤中种下了"理智之光"。

人生的意义

研究人生的意义也可以看作是托马斯·阿奎那的伦理学思想。

上面谈到，阿奎那认为人的生命与知识都是上帝赋予的，人当然应当知恩图报，尽心尽力地服侍上帝，这就是托马斯·阿奎那关于人生意义的总观念，当然这也只是人生的"总观念"而已，实际的人生图画是色彩缤纷的。

首先，托马斯·阿奎那认为人是有理想的，这个理想就是幸福，所以人生的意义就在于追求幸福。

为什么说人是有理想的呢？理想这个词其实就是目的的另一种表达形式，是一种听起来更美的表达。前面谈托马斯·阿奎那论证上帝为何存在时，说过他的第五个证明方式，是说万物存在都有其目的。花草树木是否有其目的姑且不论，但我们应当肯定人是有目的的，这个目的有大小之分，例如男生给女生送玫瑰花是为了表达爱慕，渔夫扛着家伙出海是为了捕鱼，这都是人的目的，不过是"小目的"，是一时之需，而当我们讲到人生的"大目的"时就给它换个名字，称之为"理想"。

那么人为什么会有目的呢？托马斯·阿奎那认为，这一方面是因为有神在引导，但另一方面则是因为人有自由意志。人之所以成为人，就是因为人有自由意志。也就是说，人在行事时，都会有所倾向，有自己的确定目的，人正是为了这个目的才如此行事的，这个驱使我们如此行事的便是人的自由意志，正是它确定了这目的。

那么，自由意志驱使人朝向一个什么样的目的呢？这个目的一般而言就是"福利"。人的一生都在追求福利的满足，这用另一个词汇来说就是"幸福"。人的一生都在追求幸福，如果得到了满足，人生也就达到了目的。

那么，什么才是人生的幸福呢？人生的幸福到底在哪里呢？关于什么是幸福说到底是个见仁见智的问题，古往今来各种说法很多。

托马斯·阿奎那认为，财富、权力、荣誉、情爱等固然可以使人达到一时的满足，有人认为这是一种幸福，但实际上并不是，人永远不会因为拥有了金钱、权力、名声等而满足，人还会不断地继续追求，直到得到真正的、完满的幸福。

那么，这个"真正的、完满的幸福"又是什么呢？托马斯·阿奎那认为：

人类的幸福，绝不在于身体上的快乐。

从上文看来，说人类幸福在于身体的快乐，这显然是不可能的。身体的快乐，主要指食色两方面的快乐。

……

最后的目的，总是属于现实事物中最高贵的事物，它具有最好的事物的性质。

……

不但如此，万事万物的最后目的就是上帝。我们已经在前面证明。因此，我们必须把那些特别接近上帝的东西作为人的最后目的。

从这段话可以看出，在托马斯·阿奎那眼中，所谓最完满的幸福便是接近上帝。

为什么这样说呢？托马斯·阿奎那说，这是因为人类从那些金钱、权力、醇酒之类所得到的只是一种感性方面的享受，人类是不可能满足于它的，人所需要的是一种理性的满足，这才是幸福，即"幸福是理智的完满福利"。

那么，更为具体地说，这个"理智的完满福利"又是什么呢？我们知道，感性的幸福只是些肉体上的满足，与此相对，理性的幸福则当是精神上的满足。而所谓精神上的满足就是真善美。当理性的幸福达到完美时也就是至高的真善美了，这也就是"理智的完满福利"。

关于托马斯·阿奎那的思想以及整个中世纪的神学思想就讨论到这里。不可否认的是，作为西方基督教神学与哲学的集大成者，他对西方后世的思想体系影响巨大而深远。

第九章

知识就是力量

这一章我们将跨出中世纪，进入文艺复兴。

文艺复兴，指的主要是文学与艺术的复兴，从这个角度来说，西方世界从黑暗的中世纪走向了光明的文艺复兴时期，但在哲学上则不是如此。因为中世纪西方世界在哲学上也取得了巨大的成就，完全称不上是"黑暗的世纪"。

中世纪西方世界产生了大量著名的哲学家或者说神哲学家，除了托马斯·阿奎那，还有奥古斯丁，虽然他生活在罗马帝国时期，但也可以当成是中世纪的哲学家。还有波纳文图，他是与托马斯·阿奎那齐名的伟大神哲学家……

到了文艺复兴时期，西方世界就文学与艺术而言的确成就伟大，但在哲学上不是如此，整体来说远逊于中世纪，甚至把文艺复兴时期的哲学放到中世纪，作为中世纪的最后一个阶段也完全可以，也有哲学史家是这么做的。

当然，一般来说大家还是把文艺复兴当成一个独立的时期，这个时期有着自己的哲学家，也产生了独特的思想。例如托马斯·莫尔提出了他的乌托邦思想，对后世产生了很大影响。还有马基亚维利是著名的政治思想家，布鲁诺是著名的思想家、哲学家，他为了捍卫"日心说"而献出了自己的生命。由此可见，文艺复兴时期的哲学思想也是相当丰富的。但笔者在这里选择了另外一位哲学家作为文艺复兴时期哲学的代表来讲述他的思想，他无疑是文艺复兴时期最著名的人物之一，他就是弗朗西斯·培根。

双重人格

弗朗西斯·培根是一个具有双重人格、充满矛盾的人。他就像卡尔维诺《被劈成两半的子爵》里的"子爵"一样，是善与恶、真与伪、美与丑的混合体，这在整个西方历史——至少在西方哲学史——上是独一无二的。

1561年，培根出生在伦敦的约克宫。论出身，恐怕整个哲学史上都鲜有人比得上培根，他的父亲尼古拉斯·培根勋爵是著名的伊丽莎白一世女王的掌玺大臣，并荣任这一职位达20年之久。

培根从小就展现出出众的才华，他1573年进入剑桥大学三一学院，时年仅12岁。从剑桥毕业后，他选择了从政，先在英国驻法大使馆就职，准备将这里作为仕途的起点。但1579年他的父亲因患暴疾去世，按照遗嘱中他几乎没有获得任何财产，他从一个衣来伸手、饭来张口的"高干子弟"沦为一个一文不名的穷光蛋。

但他并没有气馁，而是决心继续在仕途上奋斗。他先从事了最适合从政的职业——律师，然后积极参加竞选，1583年他便成功当选下院议员，时年只有22岁。此后他连选连任，一直保住了议席。

这时培根又遇上了贵人，就是年轻英俊的埃塞克斯，他是南安普顿伯爵，也是伊丽莎白女王的宠臣。他曾送给培根一处漂亮的大庄园，价值几千英镑。当培根因为太过挥霍、欠下大笔债款还不了而锒铛入狱时，也是伯爵帮他还钱，把他赎了出来。

不久之后，埃塞克斯被送上断头台，而在背后起了大作用的就是培根。他在关键时刻上台作证，用如簧之舌控诉伯爵是个不折不扣的乱臣贼子，阴谋弑君、篡夺王位，应依法处以死刑。为此他从政府得到了1200英镑。

因为这事培根遭到了几乎全英国人民的憎恨，人人都把他看作忘恩负义的小人，但培根却心安理得。

伊丽莎白一世女王于1603年去世，詹姆斯一世继位。

詹姆斯一世刚继位，培根立即呈上了一封贺信，表示愿意为新王誓死效忠，他的效忠得到了回应，被封为爵士。

培根受宠若惊，立即给新王写了更多表达效忠的信，信中甚至将詹姆斯一世颂扬成"万能的上帝、宇宙的原动力"，并利用一切机会，在议院、在民间为国王辩护，用出众的才智和巧妙的言辞证明国王搜刮人民的合理性。詹姆士一世当然很高兴，任命培根为他的顾问。

45岁时，培根结婚了，但他老老实实地告诉别人，他这样做不过是为了钱。因为这个新娘的父亲不但是大官，还家财万贯，给了女儿大笔嫁妆。凭着这份丰厚的嫁妆，培根举行了一场轰动全伦敦的盛大婚礼。不久他还被任命为副检察长，双喜临门。

几年后，他又当上了检察长，甚至更进一步，当上了他父亲担任过的掌玺大臣。

到了1618年，他成了英国大法官，同时被封为维鲁兰男爵，接着被封为圣亚尔班子爵，加入了世袭贵族俱乐部。

至此培根的官场人生走到了顶点，之后便开始走下坡路。

1621年，培根被控受贿，这是一件将培根从天堂打入地狱的事，也是震动英国朝野的大事。

事发后，下议院正式决定对培根进行调查起诉。当下议院派人把详细写明了培根罪状的起诉书送达大法官兼掌玺大臣家中时，调查人员发现培根"病了"，正躺在床上。培根对调查人员的讯问遮遮掩掩，不作正面回答。

后来由于事态进一步恶化，迫于国会和举国舆论的压力，培根开始作答，他仍用他满含哲学意蕴的笔调说话，一方面承认了自己受贿的事实，另一方面竭力为自己开脱罪责。

为了让国王为自己说话，他还献上了一部"向后世展示国王德政的历史著作"，就是后来出版的《亨利七世史》。

由于培根已经承认受贿，法院做出了判决，判处培根4万镑罚金。4万镑，这是罗素的观点，黑格尔说是4千镑。培根被监禁在伦敦塔中，期限由国王来定；褫夺贵族称号，被免除一切职务且终生不得再担任任何官职。

培根的罪行一目了然，理当执行法庭的判决。但由于他一向在下议院为詹姆斯一世大力辩护，因此詹姆斯一世这次也大大帮了他。结果培根只在伦敦塔里关了两天就被释放回家，那笔巨额罚款国王也全给他免了！

不过，他无论如何也不能再当官了，只好回老家隐居起来。

被迫归隐田园后，培根一方面为了忘掉过去的荣华富贵，在现实中找到生活的新支柱，另一方面也确实出于对哲学与科学的爱好，他一头扎入了观察、沉思与创作之中，写出了大量杰作，如《科学推进论》的拉丁文增补本、《培根论说文集》的新本、《林中林》片段以及《亨利七世史》等。

1626 年，培根因为在雪中做科学实验受冻致病而死。

培根人生最大的特点就是双重人格。一方面，在他著作的自述中，可以看到一个全心全意为国为民、尊重法律的正直之士，可以相信，培根如此书写时是真诚的，他真的愿做这样的人，甚至真的相信自己是这样的人；然而，另一方面，在他的生活实践中看到的却是一个挥霍无度、贪污腐化、藐视法律、不讲信义的奸佞小人。

所以，伟大的作品不等于伟大的人格，正如冠冕堂皇的言辞不等于高贵正直的行动。

知识就是力量

培根善于创造名言，他的著作可以称为"培根名言录"。在他的所有名言之中最有名的一句是"知识就是力量"。这句话也是他整个思想的浓缩，因为培根整体的哲学思想就是为了追求知识，下面就来讲具体怎样获得知识。

通向知识的曲径

在此我们首先要明白的是，这条通向知识之途不是阳关大道，而是羊肠小径。它不但窄如羊肠、荆棘丛生，而且沿途有敌人重兵把守，在关隘要道上设下了许多城池关卡，阻止我们通过。

这样，要想到达我们的目的地——知识之城，必须像关羽一样过五关斩六将。

那么要怎么过五关斩六将呢？《孙子·谋攻第三》说："知彼知己，百战不殆。不知彼而知己，一胜一负。不知彼不知己，每战必败。"也就是说，如果我们要打赢这场夺取知识之战，就要做到不但知己而且知彼。

何谓知己？即我们先要知道自己在追求知识之战中拥有哪些厉害武器，有哪些优势和劣势，这就是知己。

何谓知彼？就是我们还要知道阻挡我们的敌人设了些什么样的关卡，以及我们如何才能攻而克之。

如此之后，我们方可过关斩将，最后得到知识这个宝库。

我们先来知己，看看自己有些什么样的厉害武器。

我们有两件厉害武器：一是"他在"，二是"自在"。

何谓"他在"？很简单，就是自然。

这是培根知识论的第一原则。培根认为知识不是来自头脑自身，也不是来自某个权威，而是来自自然，这是关于知识来源最基本的原则。

何谓"自在"？就是我们自己，具体地说，就是我们自己的身体。

作为人有两样东西：一是感官，眼、耳、鼻、舌、皮等；二是大脑。

正因为有了感官与大脑，就使得我们拥有了另外两种能力：感觉和思维。这是我们夺取知识的胜利果实的两件厉害武器，只要善于运用就能获得大量知识。

知己之后再来知彼：看看敌人在通往知识之路上设立了什么样的关卡。

第一个关卡是经院哲学。培根认为经院哲学非但不能产生真正的知识，反而是一个巨大的障碍，犹如一座巨大的关卡，阻碍人们通向知识。

第二个关卡则比较古怪，因为它不是别的，正是人自身！具体而言，是人的某些缺陷阻挠我们，使我们不能摘到知识之果。这些缺陷就是培根提出来的有名的"四幻象说"理论。

冲破幻象

"四幻象说"是培根最著名的理论之一。他认为人类要达到真理性的认识,首先必须冲破四个幻象。

所谓幻象,英语称作"idol",就是假象、偶像的意思。我想大家都遇到过各式各样的幻象,例如在漆黑的夜晚突然看见前面有个影子一闪,身边的女友捂着脸发出一声惨叫"鬼呀",这就是假象,因为鬼是不存在的,所以那看到的鬼当然就只是一个幻象了。

不过培根的幻象还有一些特殊的、哲学化的意义,它是指人类之作为人、作为拥有语言与思想的人等而产生的假象。正是这些假象令我们在认识世界和真理的过程中不仅不能顺利前进,还常常导致谬误。

人类要认识真理必得首先破除这些幻象,此后才得以认识世界。正所谓"不破不立"。

人类所要破除的第一个幻象是"种族幻象"。

何谓种族幻象?种族在这里指人这个种族,种族幻象就是人之作为人而导致的幻象。

这就奇怪了,为什么有头脑、有智慧的人会产生幻象呢?

培根认为,人正是因为有了智慧和头脑才有了幻象,它们乃是产生幻象的根源。为什么呢?这是因为人是充满虚荣心又容易骄傲的动物。自从其拥有了智慧,就像一个有了万贯家财的富人,看不起人之外的其他万物,认为它们只是人的仆夫走卒。用哲学化的话来说,即认为人是万物之灵,如古希腊的智者普罗泰戈拉所言:人是万物的尺度,是存在者存在的尺度,也是不存在者不存在的尺度。

这种人类的自我中心主义使人类在观察世界、认识万物时,总是以自我为中心,就像阿Q所言:"我喜欢谁就是谁。"但实际上,人类并没有这么大本事，他们对事物的认识并不一定是，甚至常常不是事物的本来面目。例如我们的诸感觉器官，论视觉，我们看不到分子和原子；论听觉，我们听不到超声波和次声波；论嗅觉，我们比狗儿差得远。不只是无能，人的感觉还常常会有错误，产生幻听、幻视等。这些都说明，人的认识只是局限于自身，而非宇宙万物本身。所以，在认识与事实之间必定存在差别。

许多人并不肯承认这一点，他们总幻想自己的认识是明白无误的，一旦提出一个认识，不管它是对是错，他们总是敝帚自珍，沉醉在虚幻的满足之中。即使事实表明它错了，他们也总是不肯承认，所以培根一针见血地指出：当人类面对自己在宇宙中的有限性时，有一种共同的态度是盲目自信。这种态度是不可取的，它使得人类难以得到正确的认识。人类用这种独断的态度去认识事物就像用一面凹凸不平的镜子去照东西，这样照出来的镜中像自然不是事物的真实形态。如果人类想要获得正确的认识，首先就必须放弃这种独断的认识态度，砸烂这面凹凸不平的镜子，正视自己作为人的不可避免的有限性，然后再谦逊客观地去认识世界，这就像要看到事物的真实影像，首先就要使镜子变得平整一样。

人类这种认识的缺憾，即以自己为中心，而不是以客观事物为中心的独断态度所导致的就是培根称之为种族幻象的东西，这也是人类认识中的第一个幻象。

第二个幻象叫作"洞穴幻象"。

这是与种族幻象相对应而言的幻象。种族幻象是人因为人这个种族整体的缺陷而导致的幻象，相对这个来说，洞穴幻象就是人作为个体而导致的幻象。

世界上没有两片完全相同的叶子，更没有两个完全相同的人。所以人都是各有特征的。特征这个东西有好有坏。也就是说，人各有缺点、各人都有自己的不完全性。例如，有的人看问题喜欢从好的方面看，觉得世界上什么都好，特别是明天，总感觉明天会更好；有的人则是悲观主义者，像叔本华一样，觉得人生即是痛苦和空虚。但实际上这个世界不是单纯的好或坏这么简单。

正如"盲人摸象"的故事，6个没见过大象的盲人摸象，摸到耳朵的说大象像把扇子，摸到腿的说大象像根柱子，摸到尾巴的说大象像根绳子。他们为什么会犯这样的错误？这是因为他们每个人所处的位置不同，站在大腿边的摸到了大象的大腿，站在耳朵边的摸到了大象的耳朵。他们都是躲在自己的洞穴里去感觉大象，因而产生了认识的谬误。

这种因个人的原因而产生的认识谬误就是洞穴幻象。它简而言之就是产生于人的个人成见，是基于个人的天性不同而造成的。正是这些天性使人成了井底之蛙。

人类的第三个幻象是"市场幻象"。

市场幻象，就是由人类对于语言的误用造成的幻象。培根认为，经院哲学家们利用语词的某些缺憾大搞无聊的文字争论。例如他们臆造出许多根本没有具体所指的概念，像"Ungrund""the unconditioned""absolute""being itself""nichten"这些词就是似是而非的概念。当这些词，例如"存在"，被用成一个事物名称时，无意义的句子就会产生，这些句子就组成了经院哲学家们的形而上学。而这些概念，除上面的外，还有如"无限物"等根本没有实际内容。经院哲学家们却用这些空头概念，建立了大量的哲学命题甚至哲学体系。这些东西其实只是表明了他们的无知，虽然他们竭力想用深沉的言语来掩盖它，但只是掩耳盗铃，结果却欲盖弥彰。这样就形成了市场幻象，意思就是许多人在市场上大声喧哗，由于人太多，声音太大，导致根本听不清楚在说什么。所有人的话都成了无意义的噪声。

培根给人类指出的最后一个幻象是"剧场幻象"。

这个剧场幻象好理解，简而言之，就是因所谓权威造成的幻象。培根指出，人们在认识世界的时候并不是根据自己的所见所闻去朴素地认识的，而常常是在所谓权威们的指引下去认识的。这些"权威"指导人们去认识世界，让人们这样想、那样做，就像当人们在看戏时，看到舞台上的演员流泪，他们就跟着流泪，看见演员笑，就跟着笑——好像他们为之哭笑的事情是真的一样。他们没有想到，这一切只是演员们在演戏，那些令他们落泪的事也是子虚乌有的。

在培根眼里，这世界其实也是个大舞台，只不过一般人都是看戏的，而唱戏的是少数人而已，这少数人便是所谓的权威。他们为我们这些看戏的常人造出许多权威理论，让人们去信奉它们，把它们当作不可更改、绝对正确的教条，这就是剧场幻象。

这些东西是真理吗？是对世界的正确认识吗？不一定！当他们在舞台上表演时，那些权威们其实就是演员，尽管他们满脸诚恳，很能骗人，但演戏毕竟是演戏，很多是假的，只会造成幻象。

所以大家要警惕，看清楚这些剧场幻象的虚伪本质，并且要学会用自己的眼睛看世界。

以上就是培根指出的阻碍人们正确认识万事万物的四大幻象。不难看出培根说得极有道理。

经验是知识之母

培根获得知识的第一个原则就是经验认识的原则。

这个原则包括两部分，第一部分即知识是存在的反映，这是经验认识的基础。

经验之所以是经验，首先要有被经验者，就像吃东西首先得有食物一样，然后才谈得上吃，否则巧妇难为无米之炊。

这个被经验者就是外在世界，也就是自然的万事万物。

有了被经验者后，知识就有了原料。因为在培根看来，知识是存在的反映，这就像事物与其镜中之像一样。

这里要注意的是，这个存在指一切存在物，它们无不是经验的对象。

通过知识是存在的反映这一原则，知识大厦就有了坚固的基础。

当然这还远不等于获得了知识，就像得到了铁矿石不等于获得了钢铁一样，是什么将存在这一原料加工成知识呢？当然是经验。用另一句话来说就是"一切知识起源于经验"。

培根认为知识起源于经验，人要从对自然的经验观察中得到知识。这些观察也就是用我们的眼睛、鼻子、舌头、皮肤等来观察自然，简而言之就是感觉。

感觉是人们获得知识的第一个具体步骤，然后才能往其他步骤进发，得到知识，这是培根所再三强调的。他认为全部对自然的解释都由感觉开始，由感官的知觉沿着一条有规则的、谨慎的道路，达到理智的知觉，达到真正的概念和公理。

强调认识从经验开始，这就是所谓的"经验主义认识论"的原则。从这里可以看到，培根经验主义有两个中心：一是存在，二是感觉。两者结合便形成了经验，经验一旦形成便成了知识，也就是培根称之为"真正的概念和公理"的基础。

但这并不代表培根认为经验本身就是充分的知识与真理。相反，他认为如果要将经验上升为知识与真理还要走一段漫漫长路，必须对经验本身也提出一定要求。不可因为经验是知识之母就产生对它的盲目崇拜，经验不一定产生知识与真理，就像母鸡不一定都会下蛋一样。

那么，对经验到底有些什么样的要求呢？

首先应当尽量使经验更加丰富而准确。须知人的感官有时是会骗人的，例如有许多人声称看到过鬼，但可信吗？还有，医学上有所谓的幻觉，就是说人在某些情形下，例如患了某些病，就会"看到"某些东西、"听到"某些声音，可实际上它们并不存在。这种幻觉在精神病人身上最常见，但在正常人身上也可能发生。

所以当接受经验时，必须对经验本身进行考察，使之准确，这是第一。

第二就是要使经验尽可能丰富，要努力拥有更多经验。

除了这些从生活实践的感觉中获得经验的正常途径，培根还找到了另一条获得经验的途径——实验。

他认为，人们在日常生活中所得到的经验诚然重要，然而也有许多缺憾，例如人们在获得经验的过程中比较被动，常是外物给我们以经验，而非我们去经验外物，这导致所得出来的经验也比较浅显，甚至弱到我们无法知觉。由此培根主张另一种得到经验的方式，就是实验。他认为通过实验所得到的经验比平常所感受到的不但更准确，而且更深刻。

培根关于经验是知识之母的最后一点是他认为即使我们已经由经验达到了知识与真理，这并不说明可以就此把经验抛到一边。相反，这时经验又有一个重要使命——检验真理。

怎样检验呢？培根认为检验真理唯一正确的方法是经验。只有在实际的经验之中人们才能知道孰真孰假。就像物体重量与下落速度的关系，最简单的办法就是和伽利略做过的一样，用一大一小两个铁球从高处抛向地面。

理性是知识之兄

重视感觉与经验只是培根思想的一面，他还有与此相对的另一面：

重视理性。

在培根看来，经验无疑是知识之母，然而人在获得经验之后并不等于获得了知识，要将经验上升为知识还有待一样东西的帮助，这就是理性。而且理性与知识之间的关系比感性与知识之间的关系更为密切，算得上同胞兄弟，所以这里称理性为知识之兄。

这里的理性有两个主要意思，第一是表示当人类在处理一件事务、看待一样事物时，能够避免感情用事，能够冷静地、客观地、正确地看待它、处理它，这时它与"理智"的含义差不多。第二是表示一种能力，指人类不但能凭感官感受一个事物，而且能用大脑思考它，例如人们不但能看到它的颜色，听到它的声音，尝到它的味道，触摸到它的温度，还能更深刻地了解它。

培根很重视理性的作用，因为在他重视感觉与经验的同时也深深地发觉了它们的局限性。他说，那些太大或太小的、太近或太远的、太快或太慢的东西凭感官都是看不见或看不清楚的，还有那些看得太多、习以为常的东西也是这样，不能有正确的感觉。

这也许听起来有点怪，其实一点也不，只要问问大夫们，那医院里的药香是不是很难闻？他八成会睁大眼问："什么药香？我怎么闻不到？"你看，我们一踏进医院大门就给熏得皱眉的味道他成天在这里竟然闻不到！那是为什么呢？是因为经常闻，就像一句老话所说："入芝兰之肆，久而不闻其香；入鲍鱼之肆，久而不闻其臭。"

培根认为感觉的这种局限性不但使我们不能感觉，而且成为人类理解力的"最大障碍和扰乱"。

既然感觉与经验有这么大的局限性，人类该怎么办呢？培根认为这没什么大不了，因为感觉在展现其局限性的同时也提供了消除这些局限性的工具，使我们能弥补由其导致的缺憾与错误。

具体地说主要有两个工具：第一是实验，第二便是理性。关于实验前面已经说过了，现在说理性。

培根认为，由经验所得来的东西一则有其缺憾与错误，二则即使正确也不能称其为完整的知识。可以这样说，经验只是提供了知识的原料，而使知识由原料上升为真正知识的便是理性。

那么理性是如何将经验变成知识的呢？理性是用一种收集、消化，然后排列、整理之类的工作来把经验变成知识的。例如他提出的著名的"增减表法"就是如此。这个方法就是，当我们想寻找某个现象的原因，就通过观察与实验来寻找某些因素，将它们一一列出来，当这个因素增或减时，如果那个现象也随之增减，那么就可以说这个因素便是这个现象的原因。

例如某位男士，他觉得某位女士可能爱上他了，因为他觉得那晚和她在一起时，她眼睛里闪烁着幸福的光芒，甚至好像看他时也含情脉脉。但只是"好像"而已，他并没有十分把握，主要是因为那晚还有许多其他人在场，焉知她是不是对别人含情脉脉？

怎么办呢？他就可以利用一下培根的"增减表"。他先把那晚在场的朋友们都找来，请他们再去拜访她。然后他在暗中观察，如果他看到当那些人一个个进去时，她虽然高兴，但并没有什么特别的表情，然而当他一走进去，她立刻便露出了幸福的微笑，眼睛也一下放光。这就说明这位女士已爱上了该男士。

通过这些收集、消化、排列、整理之类的工作，理性便可以将经验上升为知识。

培根认为，这个用理性对经验进行加工的过程是必不可少的，就像经验是必不可少的一样。他把那些只重经验不重理性的人喻为"蚂蚁"，而把只重理性不要经验的人称为"蜘蛛"：

历来研究科学的人要么是经验主义者，要么是独断主义者，经验主义者好像蚂蚁，他们只是收集起来使用。独断主义者好像蜘蛛，他们从自己把网子造出来。但蜜蜂则采取一种中间的道路。他从花园和田野里的花朵采集材料，但用他自己的一种力量来改变和消化这种材料。真正的哲学家也应该这样。

培根这个比喻十分有趣，就是到了现在还管用。现在哲学界也有许多蚂蚁，他们大量地收集各类材料，然后用剪刀加糨糊造出一本教科书，里面压根儿没有自己的思想。另一些人则几乎不读或者极少读哲学著作，但成天想着要创造一个伟大的哲学体系，能解决所有哲学问题，甚至能解释整个宇宙。

理性固然重要，然而培根更重视经验，他再三指出，理性的作用是有限的，千万不可让理性自由化，这样就会再次陷入培根最为警惕的经院哲学的泥潭里。相反，我们应当严格地限制理性。用他自己的话说："与其给理智加上翅膀，我宁给它挂上沉重的东西，使它不能跳跃与飞翔。"

在经过以上三个程序之后，即首先冲破由于人作为自身还有社会传统等导致的幻象，然后从感性出发，再将理性与感性结合起来，将它们形成一个有机整体，就构成了一条通向知识之道。

这条"道"中的每一步都不能省略，它们都是横亘在我们通向知识宝藏路上的关隘，只有将它们一一征服，才能最后进入宝库，得到无价之宝——知识与真理。

以上就是通向知识的曲径。

培根最伟大的功绩

在追求知识与真理的过程中，培根对人类做出的最大贡献并非具体的零碎真理，而是发现了获得真理的方法。

为什么这么说呢？我们可以打个比方，有两个大夫，一个高明无比，另一个从没有临床行医，但他发明了一种新疗法，能治好过去的不治之症。请问：两人谁能救治更多的病人呢？

当然是那个发明了新疗法的人。

例如爱德华·詹纳，他发明了种牛痘的方法，每年有多少儿童因之而保住了生命？还有赛梅尔魏斯·伊格纳兹·菲利普，他找到了诊疗产褥热的方法——在他发明这个方法前，每年有无数母亲和她们新生的孩子因之死去——这方法又挽救了多少母亲和她们孩子的生命？

医学如此，哲学亦如此。为了知识与真理而奋斗的哲学家所能做的最大贡献不是一个个具体真理的发现，而是找到一种追求真理、达到真理的方法。倘若用这个方法人们能更快更好地达到真理，那么他就像医学界那些找到新治疗方法的人一样，是为知识与真理做出最大贡献的人。

培根就是一个这样的人，因为正是他为人类找到了一种达到真理的好方法。这种方法就是他的逻辑学，具体地说，是他找到的归纳法。即使最激烈地批判他的麦考利教授也称这是他"最伟大的功绩"。

演绎法是从普遍原理出发推导出个别结论的方法。例如由"天下乌鸦一般黑"这个普遍性的前提可以推导出某个乌鸦，我们姑且叫她美美，一定是黑的，尽管我从来没见过这只叫美美的乌鸦。

下面是这个推论过程完整的表达式：

天下乌鸦一般黑，

美美是一只乌鸦，

所以，美美是黑的。

这个表达式就是我们在讲亚里士多德逻辑学时讲过的三段论。

这便是演绎法。与之相对，归纳法则是由个别推导出一般的过程。不过，较之演绎法，归纳法似乎要更复杂一些。它有很多种，例如代数学中有所谓"完全归纳法"，但实际生活中的归纳法并没有这么复杂，举个例子：

太阳昨天升起了，

太阳今天也升起了，

所以，我相信太阳明天照样会升起。

这就是一个简单的归纳法样本，它就叫作简单归纳法。

显然，这种方法虽然也有归纳二字，然而并不可靠，只是一种简单的列举。培根当然也知道这点，因此它并不是培根的归纳法，他的是另一种形式的归纳法。

另一种形式的归纳法首先是一种寻求自然事物本质或者法则的方法。

既然是法则，最重要的当然是看它如何施行，就像法律一样，最重要的不是看上去如何完美，而是能否得到实施。

培根认为在我们运用归纳法之前必须注意一条基本规则，就是要重新审定命题涉及的概念。

中世纪时，某些神学家为了探讨上帝的存在以及耶稣背上的十字架有多重等问题，"创造性地"提出了许多概念，但这些概念有一个共同缺点：它们自身都是模糊一片，缺乏明确具体的规定性。

这样将导致什么样的结果呢？就是使用这些模糊概念的命题也不可能是明确的。这就像我们想建一座坚固的大厦，可是用的水泥钢筋都是伪劣产品，这样无论我们如何精心地设计、认真地施工，建出来的大厦却不可能是坚固的。因为首先它的建筑材料就不是坚固的。

或者还可以举个例子，例如你告诉一个人："赫斯是个坏蛋"，然后问他："我这句话对还是不对？"这个人当然会回答说："我怎么知道？我又不认识赫斯。"

对！就是这么回事，这就说明如要断定一个命题是对是错，首先必须认识其中每一个概念，否则一切免谈。

培根正是这个意思，他发现原来的形而上学家和经院哲学家们虽然提了一大堆命题，可它们中许多概念是模糊的。因此他的新方法的第一要务就是要对那些传统的模糊概念进行重新审定，以明确它们的含义，否则以后无论谈什么都是不知所云。

在明确概念之后就可以开始具体的归纳行动了。

培根认为，这个归纳法有三个步骤，现在结合例子来说明：

第一步当然是要搜集一些材料，这就像煮饭一样，首先得有米。

第二步是对这些材料进行加工，这就是我们用米煮饭的过程。

第三步就是从这些加工过的材料中得出结论，也就是煮成香喷喷的米饭。

通过这个例子，可以看到培根的哲学方法其实就这么简单。

当然上面的三步只是简而言之，实际上要复杂一点、具体一点，我们再来看看吧。

对于第一步，搜集材料。培根认为，这只是归纳法的一个准备步骤，但也是整个归纳法的基础。

具体而言有两样材料：一是自然的，二是实验的。培根认为这两样材料同样重要，甚至第二种比第一种更为重要，这正是培根的归纳法的优越性。

说经验材料是认识的基础这句话虽然对，但没有先进之处，因为这在培根几百年前就有人说过了，甚至对普通人都是常识般的东西。如果培根停留于此的话，便称不上伟大。但他不是！培根认为，纯粹自然的观察诚然重要，但它所能揭示的东西相当有限，而且真假混淆，不是最好的认识原料。最佳材料应当是通过实验而得到的材料。实验其实就是对经验的环境与条件加以限制，如此得到的材料等于是对自然材料进行了细致地加工。这就像两堆大理石，一堆被打磨得平平整整，另一堆则只是奇形怪状的毛坯，这样用经过加工的大理石当然更能建造出美观坚实的大厦。

第二步就是整理通过自然观察与实验得来的材料。

这就是培根归纳法的另一个突出优点。他为整理材料提供了一整套有效的方法，他美其名曰"三表法"。

何谓"三表法"？就是用"三表"来整理材料的方法，其中第一个表叫"本质和具有表"。

本质和具有表，就是说我们在研究某一现象时，首先要搜集有关研究对象的正面例证。所谓正面例证，就是有这些性质的现象。

以摩擦生热这种现象为例，大家都知道，如果摩擦一个东西，例如把一块布放在手上摩擦，过了一会儿布和手就会发热。然而这摩擦是不是热产生的原因呢？

下面就一直用这个经典例子来说明培根的三表法和归纳法是如何具体进行的。

首先，第一张表是本质和具有表，就是先找到一些摩擦发热的现象。例如用布摩擦手。用铁丝摩擦石头，或者用纸摩擦木板，等等，这些都会生热。

我们把以上这些现象一一阵列出来，就构成了本质和具有表。

造好这张表后，就到了第二张表。

其次，第二张表叫"差异表"，或者也叫"接近中的缺乏表"。它是同"本质和具有表"相对而言的。前者是找出拥有所要研究现象的例证，而它则是找出没有要研究现象的例证。例如要研究摩擦生热，在找出摩擦生热的现象后，要再找一些没有生热的现象。例如一块静立在南极的冰，或者一片随秋风飘零的黄叶，不过最好还是那些相对静止的铁丝、木板、石头之类，因为我们想知道的是摩擦是不是产生热的原因，所以得找些方便摩擦——同时可以方便地不摩擦——的东西，好作比较。

这样的反面例证是必需的，因为如果这些木片、石块不摩擦，或者停止摩擦它们也照样发热的话，就说明刚才的摩擦根本不是发热的原因。

再次，第三张表叫作"程度表"，也叫"比较表"。

做好前面两个表之后，是否说明摩擦就是产生热的原因了呢？也许有人认为可以，当然大致是可以这么说的。但培根认为这还不够，还要更有力的证实，这个更有力的证实就是程度表。

怎么弄这个摩擦生热的程度表呢？很简单。例如可以找一块布、一块木片，再加一个温度计。先测量一下布和木片的温度，然后将布在木片上摩擦30秒钟，测量一下温度，记下来，再摩擦30秒，再测量一下温度，还可以过30秒再测量一次。如果三次分别测得的温度是逐渐升高的，那就说明摩擦的确是生热的原因。但如果三次测量的温度都一样，那么就很难说摩擦是生热的原因了，也许还有别的什么神秘原因呢！

有了这三张表后就足以得出一个比较可信的结论，这也是得到真理最后的第三步要做的事。

培根认为，在正式得出结论之前还应当把上面两步中所用的各个例证进行总体的归纳分析。具体地说，是要用排斥和否定的方法，把例证中那些无关紧要的东西排除掉，只留下那些本质性的东西。例如在摩擦生热的几个例证中，除了摩擦与生热，还有木片、石头等，这些东西虽然为研究摩擦与生热关系作出了贡献，但在这里均是次要的，我们完全可以不用它们，而用别的东西来进行摩擦。

这样，我们得出结论时也应当把它们排除出去，我们不应当说成"摩擦木头是布片生热的原因"等。

在进行这样的排除之后就可以正式进行归纳了，也就是说我们可以正式做出一个肯定的、可靠的、明确的结论了。

在上面的例子里，最后归纳出的结论就是：摩擦是生热的原因。

三步到这里也就完成了，通过它们，我们可以得到肯定的结论。

这个结论就是具体的、真理性知识。

不难看出，培根真的提出了很好的寻找知识与真理的方法。培根虽然有双重人格，但这并不等于认为他的思想不怎么样。所谓"金无足赤、人无完人"，这话即使对哲学家也是成立的。所以我们对待哲学家也应当像对待常人一样，或者至少像对待其他社会精英一样，例如科学家和政治家，只要他们本质上是好的，就应当在看到他们缺点的同时，肯定他们的优点。

尤其是当他们的优点明显，为人类作出了大贡献时，就更应如此。

所以如果要为培根盖棺论定，歌德的一句话是很有道理的：

一个人的缺点来自他的时代，他的美德和伟大却属于他自己。

第十章

我思，故我在

当培根已经35岁，也就是1596年，正与南安普顿伯爵称兄道弟时，在英吉利海峡对岸的法兰西诞生了一个小生命，那就是勒内·笛卡尔。他将成为近代西方哲学的开创者，度过一个传奇般的人生。

传奇人生

笛卡尔的父亲是位贵族，还当着一个不小的官。笛卡尔生下来时，他父亲首先想到的是怎样使小笛卡尔活下来。因为小笛卡尔小得像只老鼠，皮肤白得像快要死掉的人，而且竟然小小年纪就张着口干咳。

在父亲的精心照料下，笛卡尔才得以在家里平平安安地一天天长大。

长大后，他到了一所耶稣会学校，这里的孩子们每天一大早就得起床背《圣经》，不过笛卡尔娇怯的身体使他因祸得福，老师唯恐强迫他早起会令他一命呜呼，特准他躺在床上进行早自习。这就渐渐养成了笛卡尔一个一辈子都改不了的坏毛病——喜欢待在床上。

但笛卡尔并没有因此躲在床上睡懒觉，相反，他学习很认真。对他而言床不仅仅是床，更是课桌和写字台。在这个温暖又宽敞的特殊课桌上，他阅读了大量书籍，阅读领域从希腊罗马的古典名著一直延伸到数学、神学、修辞、法学甚至医学等，其中花时间最多的还是哲学与数学。这些为他将来得以在哲学与数学两大领域建筑起两座宏伟无比的高楼大厦奠定了坚实的基础。

1612年，16岁的笛卡尔离开了学校，首先去了巴黎，投入了灯红酒绿和贵妇名媛的石榴裙下。

除了喝酒和同美女们打情骂俏，笛卡尔在这里还学会了赌博，而且几乎每赌必赢。他靠的可不是运气，而是精密的算度，这精密的算度则来自他那些高深的数学知识。

五年之后，他突然发现这种生活的可悲，于是断然离开了美女、美酒和朋友们，开始了另一种生活——军旅生活。之所以这样，就像他自己说的："我参加军队是由于一时心血来潮。"

在军队中他是个十分古怪的军人，他不要军饷，不参加军事操练，更不参战，每天睡到中午12点，只做些文书工作。而且他根本不想效忠某一个国家，他在荷兰、德国和匈牙利的军队中辗转，好像他参加的不是军团而是旅行团。

1621年，他离开了军队，此后在欧洲各地漫游，足迹遍及从波兰到意大利的广大地区。直到1628年，他终于厌倦了流浪生活，在荷兰找了一个小小的家，安顿下来。

笛卡尔在荷兰一住就是20年。这漫长的岁月里，他几乎过着与世隔绝的生活，他甚至对朋友们也隐瞒了自己的住所，只有很少几次因为生计问题不得不到法国走了几趟。

自此，笛卡尔开始了他一生中最多产的时期。他的几本主要著作，如《方法论》《沉思录》《哲学原理》等都在这个时期写成。

这也是他一生中最安宁幸福的时期,除了帮他做饭洗衣的仆人外,他总是形单影只,把所有光阴都用来进行哲学研究。不过他像在学校时一样,并非伏案奋笔疾书,而是每天花一大半时间蜷缩在温暖的被窝里,让仆人把饭菜都送到床上。

这种生活显然是不健康的,这也是笛卡尔生平的另一个奇迹,就是虽然他生下来就被认为快要死了,却一辈子都没进过医院。44岁那年他曾宣称,他从来没有"蒙受过值得称为患病的不幸"。

不过他人生的幸福也不多,例如最普通的幸福——家庭的幸福他就从来没有过,因为他终生未婚。

但这并不说明他是个在家的修士,他也有过爱情,只不过后人对这段罗曼史所知不多罢了,只知道他曾有过一段情缘,对方社会地位较低,为他留下了一个私生女。笛卡尔把这个私生女儿接到了身边,视之为掌上明珠,他全心全意地爱着她,胜过爱世上其他的一切,包括哲学。

可天有不测风云,他的女儿在5岁那年突然得病死了。笛卡尔一度因这个突如其来的打击而一蹶不振。后来笛卡尔自己也说过这是他一生最大的痛苦,令他整个一生都面临危机。然而他最后还是从痛苦中站了起来,离开了原来所居之地,搬到了莱顿城一座美丽的小城堡。小城堡坐落在一个漂亮的花园里,一年四季开着各种花儿,争奇斗艳,与青青小草相映成趣。在这里,他重新拾起笔,钻进被窝,开始了新的创作与沉思。

然而,此时发生了一个意外,使没有被痛苦打垮的笛卡尔被打垮了。

事情的起因是这样的:笛卡尔由于自己的伟大创造而在整个欧洲赢得了尊敬。尊敬他的不但有学者市民们,还有许多贵族富人,甚至不乏大使公主,瑞典女王克里斯蒂娜就是其中一个。

克里斯蒂娜女王堪称当时欧洲最有名的女士。她的名气主要来自两方面：一是她领导着一个强大的国家，17世纪的瑞典是当时欧洲最强大的国家之一。二是她十分博学，单说语言，除母语瑞典语外，她还通晓法语、意大利语、西班牙语、德语、拉丁语、希腊语等。她不但自己博学，还十分尊敬学者，她的宫廷里有许多一流的学者和艺术家。她最爱做的事情之一就是同欧洲当时的一流学者们通信，在与她通信的一长串名单中，可以看到许多如雷贯耳的名字，如伏尔泰、卢梭等。

女王早就听说过笛卡尔的大名，一直想方设法同他拉上关系。她知道笛卡尔是法国人，便将这个重任委予法国驻瑞典大使。大使不负所托，使这两位欧洲当时最伟大的人物成了笔友。其间笛卡尔曾奉献给女王一部有关爱情问题的著作。

但女王很快就不满足于单纯的笔谈，她要求同笛卡尔面谈。于是她直截了当地向笛卡尔发出了邀请。

得到女王的邀请之后，笛卡尔虽颇有些得意，但并不愿意真的到既冷又远的瑞典去，他给女王写信，委婉地拒绝了她的邀请。不过，女王可不容易拒绝，她坚持要他去沐浴她美丽的阳光，笛卡尔只得从命。

女王达到了目的，为了表达她对这位哲学家的宠爱，特意派遣了一艘军舰前来迎接他，这是1649年9月的事。

历经多日跋涉，笛卡尔终于到了斯德哥尔摩。女王热情地接待了笛卡尔，接着便给他派了差事——教她哲学。

但女王有一个毛病，她认为早晨5点钟左右脑子最灵敏，所以要哲学家这个时候来给她讲课。这对于嗜床如命的笛卡尔来说简直是要了他的命。

可女王的旨意像铁锤一样把他一辈子的老习惯砸得粉碎。从前中午12点才起床的笛卡尔如今凌晨4点就得从温暖的被窝里爬起来，到女王的宫殿里上课,等他到达时早已被冻得半死不活了。

这样的日子一天天过去,笛卡尔的健康很快就出了问题,他生病了。

这也许是他一生中第一次真的病了,也是最后一次。

几天后,1650年2月11日,清晨,窗外正飘着漫天大雪,已经病了几天的笛卡尔睁开了双眼,望了望不远的书架,那上面放着他的教材。他动了一下,似乎想站起来,要给女王上课去,然而那已经超出了他的能力。他满怀歉疚地看了一眼不远处的王宫,悄悄地离开了这个世界。

近代西方哲学的创始人

黑格尔在他的《哲学史讲演录》里讲解笛卡尔哲学时,一开篇就指出:"勒内·笛卡尔事实上是近代哲学的创始人。"可以看到,黑格尔还在笛卡尔的名字下面加了着重号,以示强调。

为什么这么说呢?黑格尔说,这是因为"近代哲学是以思维为原则的",而笛卡尔是近代哲学家中第一位这样做的人,所以理当是近代哲学的鼻祖,这里的近代哲学当然指的是近代西方哲学。

黑格尔这样说主要是他自己的哲学恰恰也是从思维出发的。但即使从另一个角度讲,笛卡尔也是这样的创始人。这另一个角度就是哲学史上唯物主义与唯心主义相对立。从这个角度上看,笛卡尔仍然是当之无愧的近代哲学之父。

之所以这样说,是因为近代哲学这两大互相矛盾的体系都是从笛卡尔的哲学里诞生的。正如罗素所言,笛卡尔身上有一种动摇不决的两面性:一面是他从当时的科学学来的东西,另一面是他从学校里学来的经院哲学,这种两面性让他陷入了矛盾。但这也使他的思想非常丰富,非任何完全合乎逻辑的哲学家所能及,正是这样的自相矛盾把他造就成两个重要而背道而驰的哲学流派——唯物主义与唯心主义的共同源泉。

一切从怀疑开始

笛卡尔最有名的命题当然是大家熟悉的"我思,故我在",但这并不是其哲学的出发点,他一切哲学理论的开端乃是四个字:怀疑一切。

或者换言之,一切从怀疑开始。

哲学家们在论述他们的哲学之前总是习惯于将某些命题作为基础,然后在这些命题之上构筑思想大厦。而这些作为基础的命题并没有经过证明,因此实质上只是一种假设。

不但哲学家们如此,普通人也得如此,即在做出某种判断之前总得有判断的基础,然后才在这个基础上建立起自己的判断。

你也许会问:这是真的吗?

我要回答:当然是。我们没有发觉那些判断的基础就像我们在不知不觉中运用了三段论一样。举个例子:我们给了一个乞丐 10 块钱,他感激地连说:"您真是个好人!"这句话就有一个基础命题作为他下判断的基础,这就是"您是个人"。

这本是哲学界与日常生活中最常见的现象,但笛卡尔认为,这样做是不对的,因为那些人们视之为基础的理念很可能只是一种成见,并非真理。

对于这些可能是成见的东西,当然必须加以怀疑。又由于到处充满了这些成见,因此,我们必须对一切都加以怀疑。

笛卡尔的这种想法也许会令大家感到不解,对它也加以怀疑。这固然是可以的,但为了更好地怀疑他,应当先好好分析一下他。

首先,人们在做出判断之前总将某些东西作为判断的基础,并且把它看作不言而喻的真理。这对吗?

这是对的。如果大家不信,请随我分析一下吧。

现在我说这样一句话：王蒲是个哲学博士，王常是个文学硕士。大家认为这两句话对吗？或者哪句对，哪句不对？

这没法做出判断，除非你认识这两个人。事实上的结论是：前面一句是对的，因为我认识王蒲，他的确是哲学博士，后面一句是错的，因为我并不认识一个叫王常的人。

也就是说，这两句话的基础是这两个人的存在与否。而且事实上他们的存在与否是不确定的，所以如果我们在对这两个人的存在与否做出正确判断之前就做出结论，那就很可能犯错误。

不但普通人在说普通语句时如此，哲学家们在得出哲学命题时同样如此。例如大家最常听说的一个命题：物质决定意识。对于这个命题，大家也许认为是不言自明的。然而它也有其基础，那就是必须存在着物质与意识这两个东西，然后才能谈它们谁决定谁。这个物质与意识的存在就是这个命题视之为基础的前提，或者称为假设。

对其他的哲学命题我们也可以做出相似的分析，可以得出其作为基础的命题。

笛卡尔认为，对于这一切命题，我们都可以加以怀疑，所以他在《哲学原理》中开宗明义地说："因为人们生下来的时候是儿童，早在能够充分运用理性之前，已经对感性事物做出各式各样的判断，所以有许多成见摆在那里作梗，使我们不能认识真理。看来我们只有一种办法摆脱这些成见，就是在一生中有那么一次把我们稍微感到可疑的东西都来怀疑一次。"

从笛卡尔的话中可以得出这样两个结论：一是我们判断中有极多是成见，因而必须对这一切都加以怀疑；二是我们不必怀疑一切，而只要怀疑那些"稍微感到可疑的东西"。

这两个结论所凸显的正是笛卡尔怀疑论的精髓。因为笛卡尔的怀疑论有两个要点：一是尽可能地对一切加以怀疑，二是并非绝对的怀疑主义。

第一部分前面已经说过，就是无论常人还是哲学家们，他们所做出的判断之中都有太多的假定，我们应当对这一切加以怀疑。换言之，就是我们在做出结论时，要尽可能地不做任何假定，同时尽可能地怀疑一切。

结论的第二部分则是为了免除对笛卡尔怀疑论的一个致命误解。

哲学史上有一群怀疑论者如皮浪，其特点是对一切都加以怀疑，因而认为一切都是不确定的，对一切都既不能肯定，也不能确定，甚至"一切都是可以怀疑的"这个命题本身也是如此。

这种怀疑论的特点是为怀疑而怀疑，从怀疑出发，以怀疑结尾。

倘若依据这种观点，那么一切哲学包括笛卡尔自己的哲学就都成了问题。其必然结局是自己打自己嘴巴，或者什么也不能说。就像那个笑话中所说的一样：

某个人断然说："这个世界上没有好人。"
人就问："那么你自己是不是好人呢？"
他便无话了，因为他不愿承认自己不是好人。

但笛卡尔并非如此。他压根儿不是怀疑论者，他的怀疑实质上只是一种达到目的的手段，而这个目的并非怀疑，而是肯定。不是为怀疑而怀疑，因此没有必要把旧意见一律指为虚妄，而是为了得到某些能够确信的东西。

这个从怀疑走向确定的过程就像从沙子里淘金一样，以笛卡尔自己的说法，只是为了使自己得到确信的根据，把浮土和沙子挖掉，以便找到磐石和硬土。

从怀疑里寻找可以确信的东西,这既是笛卡尔怀疑论的目的,也是其自然的归宿。

那么笛卡尔到底从怀疑中得到了什么可以确信的东西呢?这正是下面要讲的内容。

"我思,故我在"

"我思,故我在"是笛卡尔最著名的哲学命题,但不是他整个哲学的出发点。因为"我思,故我在"有一个基础,就是怀疑。他是从尽可能地怀疑一切而后走向"我思,故我在"的。

而且他的怀疑并不是为怀疑而怀疑,而是为了得到那些可以确信的东西而进行的怀疑。那么,他究竟是如何走到这一步的呢?

下面将分两部分来分析这个问题:一是笛卡尔到底怀疑什么?二是他从怀疑中得到了哪些可以确信的东西?

笛卡尔各种各样的怀疑之中,第一个怀疑的就是感觉。他认为,人的感觉是非常值得怀疑的。就他自己来说,他此时正穿着睡衣坐在火炉边,对这个能不能怀疑呢?他说能。例如他昨天在梦中感觉自己正坐在火炉边,可实际上他正一丝不挂地躲在被窝里睡大觉。还有,有时候我们看到远处宝塔的塔尖是圆的,可它实际上是方的,这就是感觉的可疑。

笛卡尔认为,人们不但对自己身体的感觉可以怀疑,连对自己身体的存在与否都可以怀疑。以"庄生梦蝶"的故事为例,庄子一天夜里梦见自己变成了蝴蝶,在蓝天白云下飞来飞去,真是痛快极了。第二天早上他醒过来,记起了这个梦,他不禁自问:"到底是我梦见自己变成了蝴蝶呢,还是一只蝴蝶正梦见它变成了我?"

感觉的这种易受怀疑并不奇怪,但那些看上去比感觉更可靠的东西呢?例如数学这种不依赖于主观感觉的东西呢?

笛卡尔认为那也是可以怀疑的。例如 1+1=2 说不定也是错的,只是哪个魔鬼的魔术让人产生了对的幻觉而已。

这样,不但我们的所见、所想,甚至我们自己的躯体连同那些我们视之为最可靠真理的数学都是可以怀疑的。其他东西,如外界物体,甚至外在世界的存在本身等,我们都可以做出相似的怀疑。

总之,一切都是可疑的。

但这是不是说明一切真的是可以怀疑的呢?笛卡尔认为不是,因为即使这一切都是可以怀疑的,但有一样东西是怎么也不能怀疑的,那就是人的思维。

笛卡尔认为,即使上面的一切,从世界万物到我们自己的身体,均为虚,但有一样东西是绝不可能虚的,它必是实实在在存在的,这样东西就是我们的思维。他说:"当我要把一切事物都想成是虚假的时候,这个进行思维的'我'必然非是某种东西不可。因此我认识到'我思,故我在'这条真理十分牢靠、十分确实,怀疑论者所有最狂妄的假定都无法将之推翻。于是我断定我能够毫无疑义地承认它就是我所探求的哲学的第一原理。"

这段话就是笛卡尔对他著名的"我思,故我在"的阐释。他这段话的意思是这样的:人们可以否定我们思维着的任何东西,例如看到的花草树木、听到的溪水潺潺,或者摸到的柔软肌肤,甚至想到的上帝神灵,这些看到、听到、摸到、想到都是思维活动,可以否认这一切存在于这些思维活动中的东西,然而有一样东西却无法否认,这就是思维本身。

大家明白笛卡尔的意思了吧?他是说:大家尽可以什么都否认,

说你看到、听到、想到的，甚至你自己的身体，都像庄子所说的一样是梦在作怪，弄不好你乃是一只做梦的蝴蝶，然而你总得承认毕竟还有一个什么东西在作着这些否认，例如幻觉，你可以否认你面前的这堵墙是真实存在的，但你不能否认你在作着这个否认，在这一方面而言，它同你承认这堵墙是真实的没有本质的区别，即都有一个什么东西在"认"，只是一个是否认，一个是承认而已。而这个"认"就是思维。

这样笛卡尔就得出了结论：无论我们怎么否认一切，但有一样东西是我们绝不能否认的，那就是"认"本身，也就是"思"。

笛卡尔这种思维方式颇有我们现在所谓的发散性思维特色，这是一种从别出心裁的角度进行思维的方式，是典型的创造性思维。它能让我们在探索思想的迷宫中"山重水复疑无路，柳暗花明又一村"。例如有这样一个故事：爱迪生在试验什么东西能做灯泡里用的发光丝线时，曾试验了上千种都不行，他的助手们都有点灰心丧气了，说既然失败了上千次，那就不用再试了。爱迪生反驳说："什么失败了一千次？是成功了一千次，因为我们已经成功地知道了那一千样东西不能用作灯丝！"

这就是发散性思维，笛卡尔实际上也是用他的发散性思维找到了一个怎么也不能否认的东西，并将之看作其哲学的第一原理。

不得不说笛卡尔是有道理的，因为正如他所言："我思，故我在。"这一个认识是第一号最确定的认识，任何一个有条有理地进行哲学推理的人都会明白。

笛卡尔这句话等于是说，那些连这个"思"都否认的人乃是彻底的怀疑主义者，甚至是蛮不讲理的人。

将"思"肯定之后，笛卡尔便开始进一步推理，他说，既然思是肯定无疑的，那么也就肯定无疑地存在着一个思的主体了，这个主体当然是"我",是"我"在思。

这个"我",便与"思"一样,成了笛卡尔哲学的另一个基础。

得出"我思"之后,笛卡尔得出了另一个结论:我在。

这个结论是如何得出来的呢?初看上去,好像这是一个被简化了的三段论:因为我思,所以我在。笛卡尔由思维推导出了存在。

然而这恰恰不是笛卡尔的观点。他认为并不是由"我思"推导出"我在",而是"我在"直接地蕴含于"我思"之中。

什么是"直接地蕴含"呢?可以打个比方。例如我现在说一句话:"王锋是个好同志。"接着我又问:"你猜王锋是不是人?"你八成会不屑地说:"你真傻,王锋既然是个好同志,那么当然是个人呗,还用问?"这也就是说,"王锋是个人"这个判断乃是存在于"王锋是个好同志"这个判断之中的。所以,当你断定王锋是个好同志时,也自然而然地肯定王锋是个人了。

这就是说,"王锋是个人"这个命题是直接地蕴含于"王锋是个好同志"这个命题之中的。

"我思"与"我在"的关系也一样,当"我思"推导出之后,"我在"就自然而然地得出了,这里不需要任何进一步的推导,也不能进行这样一种推导。因为如果这样推导的话,就是说由"我思"去推导"我在",这会让人觉得存在乃是包含于思维中的,而这是不成立的,这种推导也不能成立。

那么存在与思维在这里是一种什么样的关系呢?这就比较复杂了,在此不必去做更多论述,只简单地说:思维与存在之间具有某种形式的直接同一性,两者是统一的、不可分的。当然这里的同一不是等同,而是有差别的同一,但这种差别并不妨碍它们的同一。正如黑格尔所说,作为主体的思维就是思维者,这也就是我;思维就是内在地与我在一起、直接与我在一起的，同时这也就是认识本身，而这个直接的东西恰恰就是所谓的存在。

这样，笛卡尔就由"我思"引出了"我在"，从而得出了他那个著名的"我思，故我在"。

在推究出"我思，故我在"后，笛卡尔继续用他那富于创造性思维的大脑进行思辨，由之不但得出了"我"的存在，而且得出了神与万物的存在。

上帝与世界为何存在

笛卡尔在得出"我思，故我在"之后，得意之余，禁不住自问了一句：为什么"我思"是如此的毋庸置疑呢？

想了一会儿，他脑袋一拍、恍然大悟："这个'我思'之所以如此明了，原来是因为当我设想它、考问它时，它都是那样地明白，以至于对它的任何怀疑都会是不近情理的！"

至于为什么这样，我们在前面的分析中已经说过。

于是，他得出了这样一个结论：凡我们能够设想得很清晰、很显然的一切事物都是真的。

这就是他得出的又一个根本性结论，由之他将进一步得出许多结论，其中第一个就是上帝的存在。

下面就来看他是如何得出上帝存在的证明的吧。

笛卡尔认为，首先人的心中都有一个关于最高本体的观念，它是全知的、全能的、全善的，一言蔽之，即最高的、绝对的完美，这个观念清晰地存在于我们心中。

对此，大家可能要问：为什么我们的心中有一个关于绝对完美的最高本体的观念呢？说实话，我并不觉得我的心中有哩！如果你这样问，那我就被你问得张口结舌、不知如何是好了！因为这只是一种信仰，是没有道理可言的。关于这下面还要谈。

其次，我们知道自己并不是完美的。因此这个绝对的、最高的完美并非我们自己。

再次，这个最高的完美也不可能是由我们自己来产生的，因为我们不是完美的，而不完美者不可能产生完美者。

现在再联系上面那个结论：凡我们能够设想得很清晰、很显然的一切事物都是真的。

笛卡尔将上面的"首先、其次、再次"合并到一起，就得出了结论：这个最完美者对于我们的心灵而言是很清晰、很显然的，他明明白白地存在于我们的心中。所以，他必然是存在的。

而这个必然存在的最高的、绝对的完美是什么呢？

笛卡尔认为，当然是上帝！

就这样，笛卡尔证明了上帝的存在。

这就是笛卡尔所谓关于上帝存在的本体论证明。其实在他之前的奥古斯丁和安瑟尔谟等人已经用过，不过笛卡尔用得比他们稍微好一点。

还可以看到，笛卡尔的推论赖以存在的基础就是所谓的思维与存在的同一性。可以把这看作他哲学的基础。前面当他分析"我思，故我在"时运用的就是这个基础理论，现在再次运用了，后面他还会运用。

这种证明方式是否有道理呢？这是个既易又难回答的问题，显然这是一种唯心主义观点，如果像有的人所做的一样，将标签一贴就证明它是错误的了。那么这就很容易证明。

但事实上这算得上是一种证明吗？大家可以自己做出判断。

笔者想说的只是：笛卡尔是一个比我们绝大多数人都要聪明的人，

他的任何思想必有其原因，必有其深刻的道理，而这种道理未必是那么容易了解的。我敢说一般人，包括批判者们，都难以理解他，他们只是根据字面的含义进行所谓的批判。

笔者自己经过一番努力思考之后，认为像笛卡尔这个上帝存在的本体论证明以及思维与存在的同一性等这类理论的基础，即我们思维中感觉明白地存在的东西就一定实际存在，以及前面谈过的为什么我们心中就得有一个关于最高的、绝对完美的本体的观念，这些问题实际上是不可能进行充分证明的，它们对于哲学与哲学家而言就像 1+1=2 一样，是一些最基本的常识，或者仅仅是约定，是没有道理的。就像笛卡尔自己所言："虽然这是完全不能证明的，但是人人都自然而然地肯定。"

这里或可以用另一句话来说明：这是一种信仰，就像一位数学家无须证明何以 1+1=2 或者为何"2"字写成一个弯钩一样，一位笛卡尔派的哲学家也无须证明为何清晰地思维的东西就是存在着的东西。

证明上帝存在后，笛卡尔又开始了另一个证明：万物的存在。

这个证明是接着上面来的，因为笛卡尔认为，人必须从神的存在引导出一切创造物。那么来看看神是如何引导人的吧。

首先，笛卡尔在《哲学原理》第一部中提出："凡是神启示我们的，我们就必须相信，不管我们是不是理解。"为什么人要这么服从于神呢？当然是因为较之于神，人真是太幼稚、太无知了，所以对那么神圣高明的神的启示根本没有资格质疑。

紧接着笛卡尔又提出了另一个观点：神不但本领大，而且还很诚实善良，也就是说，神绝对不会欺骗我们。这句话的意思是什么呢？就是说，凡神启示我们什么，那就肯定是什么，绝对假不了。那么神到底给了我们什么样的启示呢？

笛卡尔认为，神给我们的启示就是：神令我们强烈地、清楚地相信万物的存在、世界的存在，按他的说法，是广延、运动、时间、空间的存在。

这样结合上面两步，世界当然也就存在了，对此作为人的我们不应，也没有资格存有一丁点儿怀疑。

这个证明还算清楚吧？但我相信大家还不一定全懂，这不是因为我们的理解力不行，而是因为笛卡尔不让我们去懂，他不让我们去问这样一些更为本质的问题：

为什么我们清楚地思维到了的就一定存在？我们真的清楚地思维到了有一个最完美的神吗？神真的启示我们，令我们强烈地、清楚地相信万物的存在吗？

笛卡尔说，这些问题可以一言以蔽之：信仰而已！是"完全不能证明，也不必证明的"。

但正因为只是信仰，也可以反过来不信仰：即我们可以压根儿不相信神的启示，压根儿不认为我们没有资格考问神的启示，压根儿没有感到上帝启示了我们万物的存在！

我相信许多人有这样的不信仰，而且笔者认为笛卡尔虽然高明，但在谈到对神的存在之类的证明时，比托马斯·阿奎那要逊色一些。

这里要顺便补充几句，讲一下笛卡尔另一个也相当著名的理论——天赋观念论。

前面当我们分析上帝的存在时，笛卡尔称我们心中有一个强烈的观念，相信存在着一个最高的、绝对的完美；在分析世界的存在时，他又说我们强烈地、清楚地相信万物的存在、世界的存在。这些相信换言之就是一些观念。

这时候，一定会有人问：人这些观念是从哪里来的呢？人如何会有相信上帝与世界的存在这类观念呢？

对这个问题，笛卡尔也作了回答，他说，这些观念当然不能来自感觉，因为感觉是不可靠的，那么，它来自哪里呢？首先，它当然来自我们的心里。不过这等于没说，谁都知道，问题是谁将它放到了我们的心里？对这个棘手的问题，笛卡尔如此回答：是"天"将这些观念置于我们心中的，这个天，当然也就是神。但笛卡尔在这里更强调了天赋的另一个含义：自然性，即这些观念是我们心中本来就有的，是自然存在的。在这里并不强调是什么将它们置于我们心中，而是强调它们是本来就有的，是心灵自身的永恒概念，这就是天赋的精确含义。

形同陌路的身心

上面谈过了上帝和物质世界，还有一个对象没有谈，就是人自身。在笛卡尔眼中，人应该是怎样的呢？

笛卡尔在《哲学原理》第48节中说过："我只承认两类事物，即：一类是思维的东西，另一类是与广延相联系的东西。"不难看出，他所说的这两类东西其实就是我们现在所说的意识与物质，因为所谓广延也就是形体之类，即物质。

笛卡尔认为这两类实体"一种实体可以不依靠另一种实体而明白确定地得到理解"，它们之间并不互相需要，它们相互独立，都是自在自足、自成一体的。因此它们之间的关系就是——没什么关系。

为了更清楚地理解这样的观点，先得把这两类没有关系的实体运用到我们人身上来。

对于人而言，这个思维当然就是人的思维，而与广延相联系的就是人的肉体。

那么，笛卡尔认为人的肉体与思维，或者说身体与心灵之间，是什么样的关系呢？

笛卡尔在这里找出了一个独特的关系：身心二元论。

这个"身心二元论"的大体意思就是上面笛卡尔所讲的两类实体的关系——没有什么关系，即人身心的关系也是没什么关系。

笛卡尔就是干脆地告诉我们：人的身体是身体，心灵是心灵，两者之间是你不管我，我不靠你，大家井水不犯河水，风马牛不相及。

这个观点的薄弱之处显而易见，因为他说身体与心灵无关，也就是说身体不能决定心灵想什么，心灵也不能决定身体做什么，这完全违背了我们的常识。

生活中我们每时每刻都在感受着身心的相互作用，例如我的头不小心碰到了桌角，痛得我眼冒金星，大喊一声"哎哟"。这就是身作用于心。我看到地上有张花花绿绿的纸片，心就想："说不定是张百元纸币呢！捡起来看看吧。"于是，我的腿就向前迈步，我的腰就弯下去，我的手就将纸片拾了起来，这一系列动作配合得天衣无缝，这就是心对身的作用。

由此可见，笛卡尔的身心二元论现在看简直荒唐。

笛卡尔当然不傻，岂不知其论点的这个毛病？于是他就必须解决这些问题。

第一个方法是将神作为中介。他说，之所以当我们的心里产生某种意欲时身体会有相应的行动，是因为有神当中间人。可以打个这样的比方：当我们的头碰上了桌子角时，那个神知道了，就赶快对心说："快痛、快痛！"神的话当然是要听的，于是我们的心就感到痛了。还有，当心知道前面那张花纸片可能是张纸币时，神也立即知道了，赶快对身说："快去拾起来！"神的话身也是要听的，就去拾了。可是由于神是感觉不到的，所以我们总以为是身和心两个东西在互相作用。

笛卡尔的第二个方法不是用神，而是用一个叫作"松果腺"的东西在身心之间当媒介。

笛卡尔也许是觉得借用神来做这样的事未免太小觑了神，为此，笛卡尔便开始找另外在身心间充当媒介的，它就是松果腺。

为了找到一个新媒介，笛卡尔认真研究了一番人体解剖学，费了九牛二虎之力，终于在尸体的脑袋里发现了一个叫松果腺的东西，他就像阿基米德在澡堂子里发现浮力定律一样，兴奋地大叫起来："我找到了！我找到了！"

找到松果腺之后，笛卡尔认为一切问题就迎刃而解了。他说，松果腺这东西非常奇妙，它就像一个最忠实的跟班一样，随时听候身体与心灵的差遣。当身体部分有所变动时，它便立即将这消息传递给心灵，由它去产生各式各样相应的反应。例如，如果头被桌子角撞了一下，松果腺便立即将这个不幸的消息传递给心灵，心灵便产生了"痛"这个感觉，在笛卡尔看来，这就是思维的一种形式。与此相似，当心灵感觉前面那张纸片是张百元纸币时，松果腺也会飞快地将这消息传给身体，身体便去拾纸币了。

用这个办法，笛卡尔认为就彻底解决了身心二元论所遇到的诘难。

可以看到，因为找到了这个松果腺，笛卡尔的身心二元论至少在形式上能自圆其说了。

经过这样的自圆其说之后，我们看到，在笛卡尔的二元论里，身心还是一点直接关系也没有，就像两个吵得天翻地覆的同胞兄弟一样，虽然就住在隔壁，却已经形同陌路。

讲完了笛卡尔的二元论之后，关于他的哲学体系已基本介绍完了。

最后我们来讲一个前面没有讲清楚，但非讲不可的问题：为什么说笛卡尔是近代哲学两大对立流派的鼻祖？

笛卡尔是个二元论者，认为物质与精神之间、身与心之间互不相干。

它们如何不相干我们已经说过了，那么现在还有一个问题，就是笛卡尔到底如何看待身与心、物质与精神的呢？

首先，我们来看看笛卡尔是如何看待心的：他认为我们的心灵有一个完全独立于身体的本性，因此也绝不会与身体同死。

还有，当笛卡尔说"我思，故我在"时，他是从"思"出发的，然后得到了"我"的存在。而他这个"我"又是个什么样的"我"呢？他认为："我"是一个实体，这个实体的全部本质或本性只是思想，并不需要任何地点以便存在，也不依赖任何物质性的东西，因此这个"我"，亦即"我"赖以成为"我"的那个心灵是与身体完全不同的，纵然身体并不存在，心灵也仍然存在。

这样，笛卡尔把人当作了一种精神性而非物质性的存在，并视之为人的本质。

他的这方面的思想后来被马勒伯朗士等人继承，并加以改造，变成了彻底的"唯心主义"思想。

这个改造其实并不难，就是把笛卡尔有唯物主义嫌疑的松果腺去掉，不但把神看作唯一的实体，还看作身与心的主宰，并且在身与心之间，又把心提高为肉体的主宰，这样二元论中唯物主义的水分就被挤得一干二净了。

然而前面也讲过，在强调"我"是精神性的东西时，笛卡尔的身心二元论又认为身体是一个完全独立运作的东西，它不依赖于心灵，也不受心灵的控制。换言之，精神并不能决定物质，物质是独立自由的，这分明又是唯物主义思想。

另外，笛卡尔还有一个趋向，用黑格尔的话来表达就是，笛卡尔把有机体、动物看成机器，认为它们是被别的东西推动的，并不包含主动的思维原则。这句话简而言之就是认为人是机器。这个观点对后来的唯物主义者产生了巨大影响，例如法国启蒙时期的唯物主义者拉美特里就有一句名言："人是机器。"

另一个唯物主义者赫胥黎也说过这样的话："我赞同笛卡尔的见解，人的身体，以及其他一切生物体，都只是一架机器，它的每一种运动（物质的和精神的）或迟或早将会用机器的原理加以说明。"

给笛卡尔的唯物主义思想之芽浇水施肥，精心灌溉，令其长成参天大树的则是伟大的斯宾诺莎，下一章马上就要讲他。

总而言之，笛卡尔之后，无论是唯心主义者还是唯物主义者都从他的思想里找到了锐利的武器，而他自己也因此成了这两个势不两立的哲学思想之父！

第十一章

万象归一

笛卡尔之后我们来讲巴鲁赫·德·斯宾诺莎。

斯宾诺莎是西方哲学史上最伟大的人物之一,他被称为哲学家的哲学家,他的哲学也是哲学中的哲学。由此,我们可以想象斯宾诺莎的人生注定不会普通。

斯宾诺莎是个犹太人,这似乎决定了他的一生将像犹太人这个民族一样,多灾多难。

社会弃儿

1632年,斯宾诺莎出生于荷兰名城阿姆斯特丹。他的父亲是一个成功的商人,曾是当地犹太人公会的会长,还做过阿姆斯特丹犹太人学校校长。但6岁时斯宾诺莎的母亲就去世了,这给他的心灵带来了巨大的创伤,也许他成年后那深深的孤独感就是从这时候起形成的。

稍微长大后,斯宾诺莎开始上学,虽然他进了一所传统守旧的犹太教会学校,但是他在学校里表现出色,展现了很强的领悟能力,有老师宣称他将成为阿姆斯特丹最出色的拉比。17岁时他的哥哥死了，斯宾诺莎成了家中独子，父亲将他视为家里未来的支柱，把他引入了阿姆斯特丹的商人圈子里，他不久就成了商界新星。

但斯宾诺莎并不安于成天同金钱打交道，他这时候已经把心思转向了哲学，经常和一帮朋友讨论哲学问题。

正在这个时期，热衷于哲学的斯宾诺莎遇到了丹·恩德，这对他产生了重大影响。

恩德先生在当时的阿姆斯特丹算有点儿名气，他从事过各种各样迥然不同的职业，像外交官、书商、医生等，据说他还是一位杰出的语言学家和热烈的怀疑论者。他最后改行做了教师，在阿姆斯特丹开了一所学校。他教学的内容可谓包罗万象，从数学、物理、医学直到文学、哲学等都有。

不但如此，他还有一个漂亮的女儿，斯宾诺莎对她一见钟情，向她求婚。这次求婚遭到了无情的拒绝，这对斯宾诺莎的打击很大，使他的思想发生了大改变。

此前斯宾诺莎在犹太教会学校时曾是勤奋的学生和虔诚的犹太教徒，然而到了恩德先生的学校后，他的思想不知不觉发生了改变，变得对本民族的宗教不那么热衷，反而开始阅读一些异族思想家如布鲁诺的作品。他如饥似渴地吸收它们，仿佛它们比《圣经》还要神圣。

同时，恩德先生是个出了名的不敬神之人，还很大方地把这些思想传给弟子们，因此许多教徒，无论是基督教徒还是犹太教徒，都将他视为敌人，他们一直处心积虑地要使他的学校关门大吉。最后他们成功了，市政府下令封了他的学校。恩德也被迫离开了阿姆斯特丹，后来他到了法国，在那里参加了反路易十四的活动，最终被送上了断头台。

斯宾诺莎和老师一样，不但有异端思想，还毫不隐讳地宣扬出来：

他公开说他不相信人的灵魂不灭，说灵魂就像生命一样，生命完了，灵魂也就消灭了；还说压根儿没什么天使，所谓天使只是人的幻想。他甚至付诸行动：他不再履行犹太教的各种仪式，包括神圣的安息日。

他的这些行动在犹太人中间激起了公愤。先是几个犹太长老找到斯宾诺莎，对他说，只要他在表面上保持对犹太教的忠诚，他们将给他一笔丰厚的年金，但斯宾诺莎视金钱如粪土，断然拒绝了。

犹太教会看到他敬酒不吃，便断然决定给他吃罚酒。于是，1656年7月27日，在阿姆斯特丹的犹太社区发生了这样一幕：

一只巨大的号角在犹太教堂的屋顶上发出沉闷而响亮的呜呜声，好像寡妇哭丧，一听就知道不是好消息。

教堂里面烛火辉煌，整个教堂像梦境一般，许多身穿黑衣服的人肃立着，神情分外严肃，仿佛在宣誓向不共戴天的敌人复仇。

一个白发苍苍、胡子修长的老拉比，捏着一张大纸，以极其严肃的声音宣布将斯宾诺莎革出教门，断绝以色列人与他的一切关系，还要让他白天遭到诅咒，晚上也遭到诅咒；让他躺下遭到诅咒，站起来也遭到诅咒；出门遭到诅咒，进门也遭到诅咒，还宣布任何人都不得同斯宾诺莎交谈、通信，更不准任何人帮助他，不准任何人和他同住一屋甚至走近离他四腕尺以内的地方，也不准任何人阅读由他亲笔书写或口授的任何文件。

从这天起，他成了世界上最孤独的人，这是1656年的事，他才24岁。

就这样，斯宾诺莎被迫离开阿姆斯特丹，先住到了郊区小镇一栋房子的阁楼里。在这里他把自己的名字改为"本尼迪克特"，由于父亲已公开声明同他断绝父子关系，他没有了经济来源，只好自谋生路，做起打磨镜片的工匠。

从前西方人眼镜上用的玻璃片都是要用手工打磨的，要将一块毛玻璃打磨得平滑无比、没有一丝瑕疵可不是件容易的事，那时戴眼镜是一种时髦，就像今天染头发一样，先生小姐们都爱在鼻梁上架副金边眼镜，所以磨镜片是一门好职业，一个人可以解决一家人温饱，何况斯宾诺莎是孤身一人。

如果斯宾诺莎成天磨镜片，由于他手艺很好，完全可以不愁吃穿。但他没有，他只是在快没钱时偶尔磨一下。据当时比较熟悉他的一个人说，他"每个季度都要仔细算一次账，以便能把钱不多不少正好花到年底。他对房东说，他就像一条蛇用嘴咬住了尾巴，意思是说到年底他剩下的只有一个零"。

由于只挣吃饭、不挣穿衣的钱，斯宾诺莎的衣服之破旧正可用"褴褛"二字来形容，可以说阿姆斯特丹街头的乞丐也比他穿得好三分！

在奥特德克住了4年后，他搬到了一座叫莱茵斯堡的小城，它距荷兰的大城莱顿不远。据说是因为他的房东搬到了这里，斯宾诺莎就跟着搬来了。

他共在莱茵斯堡住了3年，从1660年到1663年。这3年里斯宾诺莎尽量过着与世隔绝的生活，除了偶尔出去呼吸一下新鲜空气、顺带买点儿生活必需品，或者磨了镜片拿出去卖掉，他几乎足不出户，整天窝在他那间小小的阁楼里沉思与写作。在这几年里他主要写了《笛卡尔哲学原理》和《知性改进论》。第一本书1663年在阿姆斯特丹问世，原文是拉丁文，一年后出版了荷兰文译本——这也是斯宾诺莎用真名发表的唯一作品。至于后面这本书，他可没想出版，因为正当他有这个想法时，一个叫科尔巴赫的人因发表了同斯宾诺莎相似的观点被判了足足10年徒刑，不久便死在狱中。这前车之鉴足以令斯宾诺莎将作品束之高阁了。

除了写作与沉思，这段时间斯宾诺莎还有一样可怜的娱乐活动。

他的阁楼，像所有无人理睬的阁楼一样，生活着不少蜘蛛，它们是这位哲学家唯一的伙伴，每天看着他写作。久而久之斯宾诺莎便对它们产生了一缕温情，仿佛它们是他的孩子。每天，在沉思得头脑发胀、写得手腕发酸时，他便会抬起头来，看看他的蜘蛛们，要是它们织成了一张网，他就会像自己写出了一篇好文章似的，高兴得咧开了嘴——这恐怕是他唯一有笑的时候了。

1663年，斯宾诺莎迁居到了海牙郊外的小城沃尔堡。从这时候起他就开始全力撰写经典之作《伦理学》。如斯宾诺莎自己所言，他写这本书是要"考察人类的行为和欲望，就如同我考察线、面和体积一样"。为什么用这个看着有些奇怪的比喻呢？这是因为当斯宾诺莎分析这些高深的哲学问题时，所用的方法同一般哲学家简直有天壤之别，他用的是一种类似几何证明的方法，读起来十分别扭。

不过他没有一口气将《伦理学》写下去，两年之后他便转而全力以赴地写另一本书《神学政治论》，它同《笛卡尔哲学原理》和《伦理学》一样并称斯宾诺莎三部最重要的著作。它也是斯宾诺莎的成名作，1670年匿名出版，但很快就有人知道是他写的，于是他一夜成名。

不过这成名并不只意味着荣誉。由于书里有大量异端思想，又涉及了当时敏感的政治问题，所以一经面世，那诅咒之音较之赞美之声一点儿也不少。面对这些谩骂，就像面对赞美一样，斯宾诺莎一般是不大理会的。不过当一个叫阿尔贝特·伯格的年轻人，据说曾是他的学生、现在则是一个最虔诚的天主教徒，写信来质问他时，他回信反驳了一下，信中不乏深刻的哲理。

来信是这样的：

你以为你终于发现了真正的哲学。你怎么知道你的哲学是过去、现在、将来世界上所有哲学中最好的呢？且不管将来还会出现什么，你是否已经研究过了在这里、在印度、在世界各地所教授的全部古代和现代哲学呢？就算你把它们全都看了一遍，你又怎么知道你选择的是最好的呢？……你怎么竟敢把自己凌驾于主教、先知、使徒、殉道者、学者和忏悔者们之上呢？你是地球上的一条可怜虫，甚至可以说是供虫子吞噬的灰尘。……

下面有许多谩骂之词，就不值得引用了。对此斯宾诺莎是这样回答的：

你以为你终于发现了最好的宗教，或者说最好的老师，并对他们深信不疑。你怎么知道他们是过去、现在、将来所有宗教老师中最好的呢？你是否已经研究过了在这里、在印度、在世界各地所教授的全部的古代和现代宗教呢？就算你已经把其他教很好地看了一遍，你又怎么知道你选择的是最好的呢？

这几句貌似玩笑的话里实际上蕴藏着极为深刻的道理，其核心是一种伟大的宽容精神，我可以用这样一句话来表达它：在您充分了解一种思想并且能充分地断定它是错的之前，请认为它是对的。

就在《神学政治论》出版的这一年，斯宾诺莎由沃尔堡又搬到了海牙市内，这是因为一个朋友邀请了他。这个朋友就是当时荷兰三级议会议长、实际上的荷兰共和国大议长扬·德·维特。他在沃尔堡认识了斯宾诺莎，立即对他的学问和人品产生了由衷的敬意，而斯宾诺莎也在他身上感受到了一位优秀统治者的品质。不久他们就成了好朋友。斯宾诺莎当初搁下《伦理学》的写作，转过头来花费整整 5 年宝贵光阴写作《神学政治论》，一个主要目的就是为了替自己的朋友说话。

但他的目的有没有达到就难说了，因为两年之后维特就在海牙街头被一伙被煽动起来的市民杀死了。那些煽动者就是教士们，他们一方面说维特是个不信基督的大异端，另一方面又说荷兰之所以在与法国人的战争中失败，主要就是因为他在捣蛋，他是罪魁祸首。

朋友的死令斯宾诺莎伤心欲狂，他甚至想冲出去同那些暴民拼个你死我活，据说是因为房东太太将他锁在房间里，他才没有去成。

虽然身为高官的朋友死了，但这时的斯宾诺莎已不同往昔，他不再是籍籍无名之辈，他成了荷兰乃至整个欧洲的名人。许多人慕名而至，想一睹这位能写出《神学政治论》的伟人的风采。据斯宾诺莎的一个传记作者说，斯宾诺莎这时候简直成了海牙的名胜古迹，那些来海牙旅行的人纷纷把参观他住的房子当作一个旅游项目，要是能同他聊上几句，会叫他们高兴得睡不着觉。这样的功成名就确实给斯宾诺莎带来了不少好处。

首先是金钱上的好处，许多认识了斯宾诺莎的人，看到这位伟大的生活如此清苦，不禁流下热泪，硬是要"帮助帮助他"，例如他的朋友维特认识他后，便从国库里拨给他一笔年金。又有一位大富翁，他先是要给这位哲学家一大笔钱，但被拒绝了，他又要在遗嘱中将自己的全部财产送给他，斯宾诺莎当然不会要，最后在临死前，他还是在遗嘱中要送给斯宾诺莎一笔不小的年金，斯宾诺莎仍拒绝了，后来勉强要了一部分。甚至连法国国王路易十四也听说了斯宾诺莎的大名，也想给他一笔年金，斯宾诺莎当然拒绝了。

成名的另一个好处是得到了一些出色的朋友，例如亨利·奥顿伯格，他是大名鼎鼎的英国皇家学会的秘书；惠更斯，一位杰出的科学家；冯·切恩豪斯，一位贵族；路易斯·迈尔大夫，还有富翁德·弗里斯，等等。此外还有一个人，就是在学术上也许与斯宾诺莎同样伟大但在品格上却远逊于他的莱布尼茨，他在斯宾诺莎这里住了整整一个月，却声称说只见过一面，而且斯宾诺莎只给他讲过几件趣闻轶事。

最后，当1672年法国与荷兰兵戎相见时，法军统帅孔代亲王也听闻了斯宾诺莎的大名，去信请他往兵营一晤。斯宾诺莎也许是想乘此机会劝法国人与荷兰化干戈为玉帛，便在同荷兰政府谈过后，到法国兵营去了。这一去可惹了大麻烦，那些嫉恨他的人乘机大肆造谣，说他去是要把荷兰卖给法国人。他回来后，便有一些市民鼓噪着要杀了他，他的朋友维特当初就是这么丢命的。

然而斯宾诺莎毫不畏惧，他是位哲学家，不会害怕死亡；而且他只是位哲学家，岂会害人呢！市民们明白过来，于是放了他。

这时已经是1673年，这年他41岁，对于普通人，这时正当壮年，是一生中精力最旺盛的时节，然而对于斯宾诺莎，他却已经是日薄西山。他可怜的肺从来就不健康，磨制镜片时，那些吸入的玻璃粉末更进一步伤害了它，它变得一天比一天虚弱。

1677年2月21日，斯宾诺莎因病离世。

这就是一位伟大哲学家孤独的一生。

斯宾诺莎的哲学是相当晦涩的，甚至有专家说只能研究，不能阅读，主要是因为他的写作风格与众不同，是一种几何学的论证方式。如果超越这种方式，就他的思想本身而言，还是不难理解的。

下面，我们先从他对世界的整体理解入手来了解他的思想。

斯宾诺莎的大一统

斯宾诺莎对于宇宙有一个最鲜明的观念：宇宙是一个整体，要想把握宇宙就必须首先把握这个整体，而不是其各个部分。为此他做过一个有趣的比喻：

假如有这么一条小寄生虫，它想看看世界是什么样的。于是它便开始看了，它看到了什么呢？它看到周围有许多红色的一块块的东西，就像我们看到的岩石或山峰一样，这些东西其实就是血粒。由于这条寄生虫并不知道世界上除了血液还有什么别的东西，所以在它看来，每一滴血都是一个独立的整体，而世界就是由这些血粒构成的。它根本没有想到这些血粒其实只是整个血液的组成部分，它的特性也是由血液的整体特性所决定的。斯宾诺莎还进一步说，不但血粒只是血液整体的组成部分，就是血液整体也只是整个人体的组成部分，它们的特性也是由整个人体的特性来决定的，我们要理解血液的特性也须根据整个人体的特性来理解。

　　进而言之，我们人之居于整个宇宙，就像那条小寄生虫居于血液中一样，只是整个莫大宇宙的一个微小之极的组成部分而已。因此人如果想要理解自己、理解周围的事物，绝不能像那条小寄生虫一样认为世界只是血粒，而要把我们所看到的一切，包括我们自己当作一个更大的整体的一部分，并且依据这个整体来理解事物。这也就意味着宇宙是一个整体，因此必须先从宇宙整体入手认识宇宙及其中的万物。

　　这个从宇宙的整体入手，用斯宾诺莎自己的话来说，就是从"神"开始。因为他认为宇宙的另一个名字就是神，或者是实体。

　　斯宾诺莎的哲学常被人冠以一个标签——泛神论。之所以如此，是因为他认为实体、神与自然是三位一体。

　　这三个概念中的两个是无需分析的，神就是上帝，自然就是自然。但实体又是什么呢？

　　关于实体，斯宾诺莎首先指出，当我们理解实体时，只能通过实体自身去理解，而不能通过别的东西。这同我们通常理解一个事物，或者定义一个概念的方法截然不同，往常当我们要理解一个未知的事物时总得借助他物。举个例子：假设我没见过鸭嘴兽，您想让我知道它是什么样的，您就会说："鸭嘴兽就是一种像鸭子又像小野兽的动物，它长着鸭子那样的嘴巴，却有一身老鼠似的毛。"这样，您就通过鸭子和老鼠使我了解什么是鸭嘴兽了。另外，对一个事物进行定义的最普通方法是"属性＋种"，例如定义人，通常所用的概念就是"人是能制造工具的动物"，能制造工具是属性，动物是人所属的物种。

用这样的方法定义普通事物是管用的，但斯宾诺莎认为用来定义实体就不行了！因为不能通过任何别的东西去理解实体，要理解实体唯一的方法是通过实体自身去理解。也就是说，如果把实体当作鸭嘴兽，我们只能说：鸭嘴兽就是鸭嘴兽。这还能理解吗？

斯宾诺莎说"能"，他靠指明实体许多特有的属性让我们大致了解了它究竟是什么样的东西。

实体的第一个特性：实体是自因的。

这个"自因"的意思：对于实体而言，它自己是自己产生的原因，不是由任何别的什么东西产生的。

实体的第二个特性：实体是唯一的。

斯宾诺莎认为如果有多个实体，那么就会出现实体之间关系的问题，出现一个实体要依赖于另一个实体、靠另一个实体来说明等情况，这是同实体基本特性相矛盾的，所以不能成立。

由这第二个特性便带出了实体的第三个特性：实体是不可分的。因为实体如果是可分的，那么它就会像雨后春笋一样，生出许许多多小实体，这同实体的唯一性当然是矛盾的，所以实体不可分。

实体的第四个特性是无限。这也好理解，因为有限就意味着受限，一个有限的东西必然要受到什么东西的限制，甚至被什么东西所产生，而这是同实体的基本性质相矛盾的，所以实体必然是无限的。

实体的最后一个特性：实体是永恒的。这同自因是相联系的。因为实体是自因的，所以它没有产生的一天，也没有毁灭的一日。因为如果它有产生的一天或灭亡的一日，就必然可以问：那么是什么产生了、又是什么灭亡了实体呢？所以，实体不能有产生与灭亡的一天，也就是说，实体是永恒的。

谈完了何为实体以及它到底有什么特性之后，我们再来谈斯宾诺莎另一个主要的观念：实体就是神，神即实体。

实体即神，这是斯宾诺莎的一个主要观念。要理解这一点首先必须理解神。

这其实没有什么难理解的，只要看上面斯宾诺莎对实体属性的分析就可以知道，那些自因、不可分、永恒等，哪个不是神才有的特性？所以他在对实体进行定义时，就把它当作了神。

接着，斯宾诺莎又把他的实体学说归结到一个我们熟悉的东西：自然，也就是说神即自然，这便是他有名的"泛神论"学说。

斯宾诺莎坦率地承认他的上帝观与自然观同其他基督徒有根本性的差别，因为他对上帝的主要看法是认为万物都存在于上帝之中，且与上帝同在。这句话从字面上可以作这样的理解：自然存在于上帝之中，就是上帝像一个巨大无比的包裹一样，将万物包裹在里面。同时，这包裹也是万物之一。

这听起来也许有点怪，但实际上斯宾诺莎恰恰是这个意思。他关于万物与上帝的一个基本观念就是如此，他认为万物存在于上帝之中，反过来说，也就是上帝存在于万物之中。这种观念的根本特征是不将上帝与自然分开，认为上帝与自然是一体的，神即自然。

这个"神即自然"是不是指属于自然中的东西，例如日月星辰、我们人类乃至花草树木、蛇蝎虫豸等都是神的组成部分呢？倘若如此，那么在斯宾诺莎看来，神不就是宇宙的同义词了吗？

但这样的观点斯宾诺莎是绝对否定的，他的上帝虽然可以说就指自然，然而他这个自然根本不是那些人们所看到的自然万物，如日月星辰、人、花草树木、蛇蝎虫豸之类，而是指自然存在于上帝之内，自然规律就是上帝的意志。可以把这句话看成是斯宾诺莎对自然与上帝关系的最终判断。

为了理解这样的思想，要借用一下数学里的集合论。数学中两个相关集合之间有三种关系：子集、并集与交集。子集就是一个集合的全部是另一个集合的一部分；交集是两个集合互不是子集，但有一部分内容是共同的；并集则是指两个集合的内容完全一样。

从前面的说法可以明确排除神与自然之间是交集的关系，因为自然存在于神之中。现在神与自然之间可能是并集，即完全一样，或者是子集，即自然是神的一部分，然而神却有的不在自然之内。

那么，神与自然之间到底是一种什么样的关系呢？

这是一个大难题，为了回答它必须先联系斯宾诺莎其余两个理论：一个是属性与样式的理论，另一个是有关个体事物即具体的自然万物的理论。

先来看第一个属性。在斯宾诺莎那里，属性主要是两个：思维与广延。这个思维与广延实际上就是指我们常说的物质与意识。

进一步地，在斯宾诺莎这里，思维、广延与实体三者都是同一的。

斯宾诺莎认为，实体有两个本质——思维与广延，但实体的本质并不高于实体本身，实体本身同样不高于实体的本质，实际上实体就是其本质，两者是同一的。

同时对于实体还可以用两种方式去看：既可以将它看作是思维，也可以将它看作是广延，这两者当中每一个都是实体的整个内容，只是用不同的方式去看同一个对象实体而已。

这样一来就说明在斯宾诺莎这里实体既与思维是同一的，又与广延是同一的。那么剩下的一个问题：思维与广延之间是什么样的关系呢？

这从一个简单的逻辑公式 A=B，且 A=C，所以 B=C，就可以推出来，思维与广延也是同一的。这正是斯宾诺莎一个极为重要的观点，这个观点就是所谓思维与广延的同一性，换言之是思维与存在的同一性，也可以说是物质与精神的同一性。

可以用 5 角钱硬币打个比喻，同一枚 5 角钱硬币，从一面看是国徽，从另一面看却是梅花。但它们实际上是同一枚硬币。可以将硬币比作实体，国徽比作广延，梅花比作思维，从一面看去，硬币是国徽，即实体是广延，而从另一面看去，硬币又是梅花，即实体又是思维了。

既然如此，思维与广延之间也就根本没有决定与被决定的关系。

在此基础上，斯宾诺莎进一步认为，思维和存在不但是同一个实体，它们还有一个共同的本质——神。思维的本质是神，广延的本质同样是神。

不但如此，如前所言，实体的本质是思维与广延，同时实体也只是思维与广延，思维与广延的共同本质是神，同时它们也就是神。

这样一来就得出一个"大统一"：神、自然、实体、思维与广延，都是同一的，用那个 5 角钱硬币的比喻来说，都只不过从不同的面上去看同一个 5 角钱硬币而已！

从这个角度上说，人们认为斯宾诺莎是一个无神论者，因为他将神与自然、广延这些物质性的东西统一起来，视神如自然——换言之是视自然如神，所以人们也称他的思想为"泛神论"，甚至称这种泛神论为一种特殊形式的唯物主义和无神论。

然而这也许恰恰不是斯宾诺莎的真意。因为在斯宾诺莎的眼中，他的自然与人们平常所称的由具体自然万物等构成的自然是根本不同的，他的自然并不是一个物质体，而是一个思维或精神体。从这个角度来看，很难说斯宾诺莎是一个不折不扣的无神论者，而是如黑格尔所说：

> 斯宾诺莎主张，我们所谓的世界是根本没有的；世界只不过是神的一个形式而已，并不是自在自为的东西。世界并没有真正的实在性，而是一切都被投进了唯一的同一性这个深渊。所以并没有什么东西具有有限的实在性，有限的实在性是没有真理性的；在斯宾诺莎看来，只有神才是存在的东西。

换言之，斯宾诺莎的"大一统"是将一切统一在神之内，只有神是唯一存在的，其他一切都是不真实的，也可以说并不存在，只是神所折射出来的幻象罢了。

总之，在斯宾诺莎这里，一切都归于神，用一个词来说，就是"万象归一"。

不自由的人

上面是斯宾诺莎对世界的理解，下面再来看他对人的理解。

关于人，斯宾诺莎主要分析了两个对象：一是人的自由意志，二是善与恶。

先来看自由意志。

前面说过，斯宾诺莎主张我们所谓的世界是根本没有的，世界只不过是神的一个形式而已，世界并没有真正的实在性，只有神才是存在的东西。

这也就意味着这个世界的一切运动必须遵循神的规则。在斯宾诺莎这里，这个规则就是自然规律。世界万物当然必须遵循这个规律。

进一步地，斯宾诺莎指出，人作为万物之一，他的一切行事也必须遵循这个规律。

这就导出了斯宾诺莎一个关于人的十分重要的观念：人的所谓自由意志是并不存在的。因为人的一切行为都是由上帝的意志早就决定了的，是按照自然规律而行事的。也就是说，无论我们做哪件事情，以及这件事无论是做还是不做，或怎么做，都是上帝早就决定了的，是沿着一条预定的轨道而前进的。

听到这个观念，可能会有人说："瞎扯！谁说我没有自由意志？我现在有一个自由意志：我本来想买你这本书，现在我不买啦！"说罢，您再反问我："这是不是我的自由意志呢？"

这句话听起来十分有力，但斯宾诺莎同样会有一个让您这话变得无力的理由。

这个理由并不复杂，就是人之所以认为自己是自由的，有自由意志，是因为人们只意识到了自己的意愿和希望，却没有认识到是什么原因引导人去产生这些意愿和希望的。更具体地说，就是人们没有想到令其产生"自由意志"的正是上帝！正是他令人有这样的意愿与希望，并如此行事！

例如，《三国演义》第99回，司马懿引兵到长安去拒敌，他派了郭淮、孙礼去救武都、阴平二城，并乘机偷袭孔明后路，以为这是出其不意、攻其不备，蜀兵势必大乱。郭淮、孙礼便依计而行，路上还对司马懿这个妙计赞叹不已。可正当他们赞叹司马懿，以为这下蜀兵完了时：

忽然一声炮响，山背后闪出一支军马来，旗上大书"汉丞相诸葛亮"，中央一辆四轮车，孔明端坐于上；左有关兴，右有张苞。孙、郭二人见之，大惊。孔明大笑曰："郭淮、孙礼休走！司马懿之计，安能瞒得过吾？他每日令人在前交战，却教汝等袭吾军后。武都、阴平吾已取了。汝二人不早来降，欲驱兵与吾决战耶？"

这段话有什么哲学意义呢？它正表明了人的"自由意志"的实质。这里可以把人比作司马懿和孙、郭二将，而将孔明比作上帝。司马懿和孙、郭二人正是认为自己有"自由意志"，他们按自己的意愿行事：去偷袭孔明后路，以为这是攻孔明之不备。然而事实上呢？孔明对他们的意愿知道得一清二楚，甚至是有意使他们这样做的。

斯宾诺莎认为：当人在做什么事时，以为是凭自己的"自由意志"行事的，无论什么力量，包括上帝，也束缚不了，其实这正是中了上帝的计，因为正是上帝使人这样想、这样做的！这就是人的自由意志的实质！

斯宾诺莎做过一个比喻，他把那些自认为有自由意志的人比作一块在空中飞行的石头，以为可以决定自己运行的轨道和落下的地点。

善与恶的幻象

与斯宾诺莎认为人无自由意志相联系的另一个观念，是认为人所称的善恶和自由意志实质上是一回事，都是一种幻象。

这是我们可以相当容易地从上面的那段话中推论出来的。因为人既然没有自由意志，也就是说，他所做的任何事情其实是上帝早安排好了的，人就像那块空中飞行的石头一样，以一个什么样的轨道，在什么地方落下，全是身不由己。

于是可以得出这样一个结论：既然人做的什么事都是上帝早决定

了的，那么也就是说，人做的任何恶事和善事其实都不是他自己想做的，而是上帝决定要他做的，甚至可以说，是上帝借他之手而做的！

上面这样的结论是从斯宾诺莎的说法中合乎逻辑地得出来的，面对这样的诘难，斯宾诺莎又如何辩解呢？

首先，斯宾诺莎当然也知道他的理论势必会得出类似的结论，并且也早作了相应的回答，他的中心意思就是所谓善恶只是人以自我为中心的看法。

斯宾诺莎认为，说善道恶只是人类才有的事，至于上帝，他是不可能这样做的，在他那里，无善亦无恶。总而言之，善与恶只是人类的幻象而已！

人生与幸福

上面说了，斯宾诺莎认为，善与恶只是人的幻象，对于神而言，无善亦无恶。于是那些坏人马上会借口说："既然无善亦无恶，我做了恶事也是上帝叫我做的，那么，我们现在就去干坏事。"

这样，斯宾诺莎就面对着一个不是理论而是实践的问题：如何实践地度过人生？

他可以在理论中断言无善亦无恶，然而在实践中却须弥补这一点，如果在实践中也仅依此而行，他必定会陷入可怕的泥潭，使他的哲学沉入这个泥潭里永世不得翻身。

原因很简单：斯宾诺莎这样的理论如果直道而行所产生的恶劣影响，绝不会亚于希特勒的种族主义思想。

斯宾诺莎无疑避免了这样的后果，他如今还得到这么多哲学家的认同就是一个明证。

他是如何避免的呢？他是分两步解决这个问题的：首先分析了恶，

其次，这也是主要的，告诉了人们应该如何幸福地度过人生。

斯宾诺莎指出，所谓恶只是一种否定、欠缺、有限性等，而实体则是完满的、无限的，所以它们根本不属于实体，甚至不是真实的，而只是因为人的理智欠缺所致的后果。所谓无善亦无恶只是对神而言，对人而言，由于人不是完满的神，其理智必有所欠缺，所以必会产生善恶之分。这也就是说，人类尽管没有绝对的善，也无绝对的恶，然而这相对的恶与相对的善却是有的，这也就意味着人类是有善恶之分的。

有了这个做思想基础之后，斯宾诺莎紧接着连续地提出了一系列有关人生的看法，这些看法有些是颇为动人的。

首先，斯宾诺莎认为，他之所以研究哲学，是为了达到最高的人生完美之境。

那么如何达到一个完美的人生呢？斯宾诺莎对这个也作了十分认真的回答。他的《理智改进论》的《导言》全名叫《导言：论哲学的目的》，实际上也可以叫作《导言：论人生的目的》，如前所言，他指出了其哲学是为了达到最高的人生完美之境。不但如此，他还述说了如何达到这完美之境。按他的说法，"这就是说，我要探究一种东西，一经发现和获得之后，我就可以永远享有连续的、无上的快乐。"

"这种东西"当然也就是一种方法。这种方法有两个核心之点：一是要放弃"尘世的幸福"，二是要从自然中求得知识。

关于第一点，即斯宾诺所指的"尘世的幸福"，就是我们这些普通人平常所指的那些东西，例如财富、美女、权力等。斯宾诺莎认为它们是幸福的人生的最大敌人，他说："对于荣誉与资财的追求，特别是把它们自身当作目的，是最足以令人陷溺的，因为它们被当作至善看待。"

而倘若人真的这样"陷溺"了，他就甭想得到真正的幸福。

为什么呢？其中有两个原因：一是人在追求金钱、美女等时，如果得不到，那就会感到沮丧，从而陷入极大的痛苦。二是因为即使得到了满足，这种满足也只能持续极短的时间，因为我们必会有新的渴望，即渴望更多的财富、更美的美女，如此，则又陷入了新一轮痛苦之中，如此循环往复直至人生的终点。请问：这样的人生可能幸福吗？

当然不可能！

正因为陷入对世俗的金钱、美女之类的追求于人生的幸福是无益的，所以我们当然要避之唯恐不及。

但要想获得人生的至善之境光靠避开世俗之乐是不行的，还得自己掌握一门本领。这本领，斯宾诺莎说，就是知识。只有在追求知识的过程中人才可能得到真正的幸福。

综上所言，斯宾诺莎所称的"幸福之路"是：为了达到人生的至善完美之境，人必须放弃财富、美色等世俗的追求，从自然中获得知识，并且不但要使其个人如此行事，而且要帮助他人，令他人乃至整个社会都如此行事。

斯宾诺莎这个获得知识也可以用另一个词来表达，就是"理智"，因为在他看来，只要人们有了理智，就能"成功地、无误地并尽可能完善地认识事物"，也就是获得知识，两者本质是同一的。

斯宾诺莎说，如果我们做到了这点，即既能勇敢地隔绝一切世俗之乐，又拥有理智与知识，就能"永享无上之幸福"了！

只是，古今中外，有几个人能做到呢？

这样说来，这个世界能"永远享有连续的、无上的快乐"的人真是太少了！斯宾诺莎自己也深深了解这点，所以他有一段话，不但说出了这种"幸福人"——他称之为"贤达者"——是怎么样的人，还指出了做到这点是多么难，他说：

贤达者，唯其是贤达者，就极少心神扰动的时候；他通过某种永恒的必然性意识到自己、上帝和万物的存在；他的生命永远不会终结，他始终享受着心灵的满足。如果说，我所阐述的通向这个境界的道路十分艰难，它毕竟还是可以被发现的。当然，既然很少有人找到它，这说明得到它肯定是困难重重的。因为，如果得救之路近在咫尺，可以轻易找到，怎么会有那么多人实际上都忽视了它呢？不过，一切绝好的事物总是既稀有，又难得的。

斯宾诺莎就是用这段话作为他的不朽著作《伦理学》之结尾的。笔者也用这句话作为这一章的结尾吧。

第十二章

两栖明星的两种哲学

1688年，英国爆发了光荣革命，这是一次不折不扣的光荣的革命，因为它没有流一滴血，却取得了伟大的胜利。

在此之前，英国经历了一个苦难的时期，内战频仍，杀人无数。在不列颠岛，上至国王，下至百姓，无不流下了热血。

约翰·洛克的人生与英国这一时期的历史息息相关，他从头至尾经历并一度积极地参与了这场主要发生在国王与人民之间的斗争，并且从它的鲜血里汲取了大量的营养，培育出了他伟大的思想。

哲学与政治的两栖明星

洛克生于1632年，这时正值查理一世统治时期。查理一世曾用花言巧语从国会弄到了35万镑巨款，然后再也不召开国会，一直进行了11年无国会统治，洛克就出生在这期间。

然而，贪得无厌的查理一世并没有因此而满足，他成天只想着搜刮民脂民膏，忍无可忍的百姓正准备揭竿而起，所以洛克后来说："我刚在世界知觉到自己的时候，就发现已经置于暴风雨之中。"

还是牙牙学语的小孩时，洛克的母亲就离开了他，家里就只剩下父亲和一个哥哥。他的父亲是一个乡村律师，也是一个彻头彻尾的革命派。1642年，当查理一世向国会宣战，内战终于爆发时，他立即加入了国会军，骑着自己准备的战马，向国王军冲去。这场战争的结果就是查理一世被宣判为"暴君、叛徒、杀人犯、国家之公敌"，并被公开斩首。这是1649年的事。

此前3年洛克进入了著名的伦敦威斯敏斯特中学，1652年中学毕业后进入了牛津大学。

虽然这时候国王已经死了，但英国并没有因此获得自由。那时英国实行了清教徒式的高压统治。这种统治将整个英国变得像一座教堂一样，到处笼罩着压抑的气氛。洛克就是在这种气氛里走进大学的。

这时他已经是一个20岁的青年，正是头脑最活跃的时期，但他进的是基督教会学院，他在这里感到乏味极了，后来他写信给一个同学说，他上大学尽是浪费时间，简直一无所获。

大学刚毕业，洛克的父亲和哥哥就相继去世，这让他彻底成了孤家寡人。

他后来当了牛津大学的老师，也许正是为了排遣心中之痛，洛克找到了一件他可以全心全意做的事——科学研究。

他用同时探索许多领域来表达他对科学的热爱，如医学、物理学、化学、气象学等，尤其在医学上造诣非凡，通过这样的途径他还同一大帮著名的医生和科学家成了好朋友。

例如波义耳，他是当时英国最有名的科学家之一，堪称近代化学与物理学这两门自然科学的主体学科的奠基人，他与一群杰出的朋友建立了英国皇家学会。1654年，他来到牛津并在那里生活了14年。当时正在牛津大学做老师的洛克不久便成了他的好朋友，洛克经常虚心地向这位伟大的科学家请教，把他自己的科学观测结果和科研成果送到波义耳面前。

除波义耳外，当时另一位伟大的科学家艾萨克·牛顿同样成了洛克的朋友。

1668年，36岁的洛克成了英国皇家学会的一员，还被委任为"实验考察指导委员会"的委员。

洛克在自然科学研究上表现不错，在医学上更是成就非凡，是一位极高明的医生。他获得过正式的医学学位，还得过这方面的奖金，但由于他实在太忙了，所以没空用他的本事来治病救人。

虽然他没有挂牌行医，广大普通患者不能从他的医术那里得到好处，但还是有某些患者亲身体验了他的高超医术。

这些人中最得利的首推当时英国的国家主要领导人之一阿希利勋爵及其家人。

洛克先是治好了勋爵本人一种经久不愈的怪病，救了他的命，勋爵感激之余，请求洛克离开牛津到伦敦去，做他的秘书兼家庭医生。

洛克答应了，这是1667年的事。从这年起，洛克就将自己的命运同阿希利捆绑在了一起。洛克答应的主要原因是阿希利所代表的正是当时反对王党的民主力量，也是洛克的父亲为之奋斗的一方。

做了阿希利的家庭医生后，勋爵的家人就成了洛克高明医术的受益者。例如阿希利的媳妇生孩子时，给她接生的便是洛克，虽然他此前这个方面一窍不通，但凭着他高明的医学直觉，他完成得很好。

这个孩子就是后来的第三代索尔兹伯里伯爵，他是英国一位相当重要的哲学家，特别是伦理学家，长大后他还引以为荣地称：不但他自己是伟大的洛克接生的，就连他父母的婚姻也是洛克撮合的呢。

还有一次，阿希利的胸腔里长了一个大肿瘤，洛克竟然打开了他的胸腔，成功地将肿瘤切除干净了！就是在今天，那也是奇迹一般的手术，得要高水平的大夫，凭着先进的手术器械才行，可哲学家洛克在300多年前就凭着一把简陋的手术刀完成了。

下面来介绍一下阿希利勋爵，这个人的一生在很长一段时间内是与洛克连为一体的。

克伦威尔死后，在蒙克将军主持下，在外流亡十多年的查理一世的儿子在一大群保王党人护送下回到了英国，继位称王，是为查理二世。

登上王位后，查理二世开始报复，大肆抓捕杀害那些曾审判他父亲的人，甚至将克伦威尔的尸骨都从坟墓里挖出来砍头示众。他还大力扩张王权，为此他同王权最主要的敌人国会展开了斗争。在国会领导反抗查理二世的正是阿希利，他是坚定的国会派，领导国会议员们反对国王复辟君主独裁的企图。

虽然阿希利是国会派的领袖，然而由于在他所处的时代君主已然不是专制的了，因此阿希利并没有因为他的反君主专制立场而不能升官发财。他先是被任命为大法官，这是英国最受人尊敬的要职之一，又在1672年被封为索尔兹伯里伯爵。他还领导反君主专制的人起来同国王斗争，这些人联合起来组成了一个叫"辉格党"的集团，而拥护君主的人则组成了一个叫"托利党"的集团，这两个党成了英国政坛"两道亮丽的风景线"，如现在英国的保守党和工党一样，轮流坐庄。

阿希利青云直上时，他的得力助手洛克自然也得到了好处。阿希利后来做了贸易和殖民委员会主席，这是掌管大英帝国庞大殖民地的美差，他将洛克也拉进去，洛克在里面做了一个不大不小的官，阿希利还几乎所有事情都与洛克商量。

当洛克与阿希利一起在政治风浪中搏斗时，他还将一部分精力投入了哲学研究。1671年左右他开始写作不朽经典《人类理解论》，这本书耗费了洛克将近20年的光阴。

到了1682年，由于涉嫌反对国王查理一世，国王下令逮捕阿希利，不过他手眼通天，在逮捕他的警察到来之前逃之夭夭，溜去欧洲大陆了。

这时洛克仍兼任牛津大学的老师，迫于查理二世的压力，牛津大学只得让洛克主动辞职。

本来阿希利逃走后，洛克并没有离开的意思，被牛津赶走后，国王的密探们更加像猫头鹰似的窥视着他，时刻准备找个理由把他送进伦敦塔，于是他被迫逃往荷兰。

他在荷兰待了将近6年，写了许多著作，如《教育漫话》《论宗教宽容的书信》（第一封）等，当然最重要的还是《人类理解论》，《人类理解论》已经断断续续地写了十多年，不过由于俗务冗杂，进展一直很慢，现在洛克终于摆脱了俗务，能够全身心投入对人类理智的伟大探索，并取得了较快的进展，在1687年基本完成了全书。

正当洛克安适地待在荷兰时，英国国内的局势却经历了一场暴风雨般的变动，在詹姆斯二世的统治下英国政局一片混乱，忍无可忍的英国人酝酿了另一场革命，把詹姆斯二世赶到了法国。这就是1688年11月爆发的"光荣革命"。

詹姆斯二世一跑，国会便宣布英国王位已经空缺，正式邀请威廉和玛丽登基为王，威廉称国王，即威廉三世；玛丽称女王。

这个威廉是詹姆斯二世的女婿，同时也是荷兰执政，支持他的人便是曾由阿希利领导、洛克所属的辉格党人。他成为国王后，那些流亡的辉格党人自然满面春风地回到英国，其中就有他们最重要的理论家洛克。

回国后，洛克已经57岁，他主要做了三件事：一是为了感谢他的劳苦功高，他被委任为英国上诉法院一个不小的官。二是参加了论战活动，写了不少文章为英国的新政治制度辩护。第三当然是哲学的沉思与创作了，回英国的第二年，他终于出版了业已完稿的《人类理解论》，它将被称为人类"思想编年史上的伟大的独立宣言"。

《人类理解论》出版后，虽然在一些地方遭到了固守着旧理论的保守派们的激烈反对，例如牛津大学的权威们就集体起来谴责它。然而群众的眼睛是雪亮的，它一经面世，立即像投入湖面的一块大石一样，激起千重巨浪，英国各地一时洛阳纸贵，不久它又被译成了欧洲各国文字，像一阵春风吹遍了欧罗巴大地。

从此，洛克作为一位伟大的哲学家在历史上的地位便坚如磐石。

但此后，由于肺结核日趋严重，洛克只得辞去公职，退隐到一座小小的乡村别墅，在那里他一面同病魔搏斗，一面顽强坚持写作。

洛克生命中的最后几年就是在这样的顽强创作中度过的，除了那本巨著，他还写了许多其他著作，其中就有分别写于1690年、1692年的《论宗教宽容的书信》中的两封信，在这里他力图将宗教信仰建于理性的基石之上，从而提倡信仰自由、宗教宽容。

1704年10月28日，洛克，这位伟大的哲学家、世纪的智者、仁义的人，丢下尚待他的著作来改进的世界，溘然长逝。

简单又深刻的洛克哲学

黑格尔在评论洛克的哲学时，说了这样一句话："洛克的哲学无疑是一种很易了解的、平凡的哲学，正因为如此，也是一种通俗的哲学。"

这个评论的后面一句话也许不那么恰当，然而它的前两句却是十分恰当的。的确，相对于前面我们讲过的几乎所有哲学家，洛克的哲学是相当容易了解的。如果说我们下面将要讲的康德与黑格尔的哲学是深不见底的大西洋，那么洛克的哲学就是水平如镜、清澈见底的多瑙河了。

当然笔者绝没有轻视洛克的意思，相反，洛克的哲学完全不亚于黑格尔或者康德的哲学，也正如黑格尔所说：

>洛克的哲学是很受重视的，总的来讲，它现在还是英国人和法国人的哲学，并且在一定意义下，也还是德国人的哲学。

思想是深奥难懂还是明白畅达与其价值、真理性等都毫无关系，就像一篇文章的字数同它的好坏没有关系一样。对于学习哲学的人来说，先不要一头钻入黑格尔、康德、海德格尔等人的思想的深海，否则可能不但捞不到哲学的珍宝，反连自己的思想都丢了。倒不如先在洛克清澈的思想之溪里洗个澡，一则溪水毕竟也是水，而且是干净清澈的水，就像洛克的哲学毕竟是哲学且是简明而有益的哲学一样；二则可以在这浅水里学习泳技，以后就可以钻入黑格尔、康德他们的思想之海了。

洛克的哲学有一个显著特点，就是可以分成两大分支：第一支是他的认识论，第二支是他的政治哲学，这两者不相上下，都在西方哲学史上拥有崇高地位。

我们先谈洛克的认识论。

虚无的天赋

正所谓不破不立，洛克认识论所关注的第一个问题就是破除一种错误的认识论——天赋观念论。

关于天赋观念前面已经讲过，笛卡尔说，当我们分析上帝的存在时，我们心中就有一个强烈的观念，相信存在着一个最高的、绝对的完美；在分析世界的存在时，他又说我们强烈地、清楚地相信万物的存在、世界的存在。这些相信换言之就是一些观念。

那么，人这些观念是从哪里来的？人如何会有相信上帝与世界的存在这类观念呢？

对这个问题笛卡尔做出了回答，他说，这些观念当然不能来自感觉，因为感觉是不可靠的。那么它来自哪里呢？笛卡尔答道：是"天"将这些观念置于我们心中的。具体而言，这些观念是人心中自然存在的，是心灵自身的永恒概念，是本来就有的，因此不需要后天学习。

洛克反对天赋观念论主要就是把矛头对准了笛卡尔。他进行反击的方法是对天赋观念论用来论证存在天赋观念的证据一一进行驳斥。

天赋观念论的第一个论据是"普遍同意说"。天赋观念论者认为某些观念是全人类共同拥有、普遍同意的，因而可以说这些观念是天赋的。

对此，洛克毫不客气地说：根本没有什么观念是全人类普遍同意的。例如那些刚生出来的婴儿不懂所谓的天赋观念，没有受过教育的人也不懂，所以他们心中当然也没有这些所谓的天赋观念。

天赋观念论者于是反驳说：虽然新生婴儿不懂这些观念，但其实这些观念仍在他们心中，只是他们自己不知道而已。洛克回答说：说一个观念存在于一个人心中而同时又说他自己并不知晓，这是自相矛盾的。他认为："心灵具有某个观念"同"心灵知觉某个观念"两者的意思是相同的，因此，如果说一个观念在心灵之中而心灵又不知觉它，那么当然就是自相矛盾的，就像一方面说这个茶杯在桌子上，同时又说它并不在桌子上一样荒唐。

洛克深知事实胜于雄辩的道理，他列举了许多来自世界各地生动的生活实例来表明不存在全人类普遍同意的观念，例如有的民族以尊老爱幼为美德，有的民族却杀掉老人甚至吃婴儿，并且认为这没什么不道德。

天赋观念论者眼中最为重要，也最有力量证明"天赋观念"存在的就是有关上帝的天赋观念。对这个天赋观念该怎么办呢？洛克当然不能够像前面一样否认，如果让人觉得他的否认乃是否认了上帝，那他麻烦就大了，而且洛克自己也还是一个基督徒，当然认为上帝是存在的。不过他却否认上帝的观念是天赋的，也就是说，他不承认人一生下来心中就有一个上帝的观念。因为既然上帝给了人类认识事物（包括上帝）的能力，那么就不必要再把这个观念印到人类的心上去。

洛克还指出，基督教的上帝观念并不是人人都有的，例如异教徒的上帝就不是基督教的上帝，无神论者们则根本就不承认有上帝，有的民族则完全没有上帝的观念。所以，上帝的观念乃是经由后天培养而成的，压根儿不是天赋的。

经验与知识的起源

既然没有什么天赋观念，那么便出现了另外两个问题：一是人心中的观念是从哪里来的呢？因为人心中的确是有观念的。二是在没有形成这些观念之前，人们的心灵又是怎样的呢？

关于这两个问题，洛克的回答简明扼要：人的观念是从经验而来的，而在得到这个经验之前，人的心灵乃是一张白纸，空无所有。既然空无所有，就可以绘上任何东西，这些东西就是知识，而那个在白纸上面绘画的就是经验。

于是现在的问题：经验到底是如何在人类大脑这张白纸上绘上知识的图像的呢？

在回答这个问题之前，先来看洛克一个有特色的理论：二重经验论。

洛克认为人类有两种经验：一种是外部经验，一种是内部经验。所谓外部经验就是感官，也就是眼、耳、鼻、舌、皮等被外物作用而产生的感觉，例如亮堂堂、响当当、香喷喷、硬邦邦等。洛克认为这个外部经验是人类知识的主要源泉，大部分知识来自它。内部经验则是指心灵反省自身内部活动而得到的各种观念，因此也称之为反省观念。诸如怀疑与相信、推理与直觉、意欲与厌倦等，都是反省观念。

洛克认为，通过这两种经验人们就能获得知识，同时也可以说，只有通过这两种经验人类才能获得知识，无论什么样的知识都是，从花儿是红的这种最浅显的知识到最深奥的哲学沉思无不如此。

于是，对于上面那个问题——经验是如何在人们的大脑这张白纸上绘画的这个问题就迎刃而解了：它是通过感觉与反省，或者说外部与内部经验两者将知识绘在人们大脑上的。

那么洛克的外部与内部经验之间有什么样的关系呢？外部经验就是外界事物作用于我们的感官而产生的结果，内部经验则是指心灵自己反省"自身内部活动"时得到的各种观念。

什么是"自身内部活动"呢？一般而言，当我们平常说"自身内部活动"时，指的就是我们的思想活动，诸如怀疑与相信、推理与直觉、意欲与厌倦等，然而在洛克这里却绝不能如此。因为它们正是对自身的内部活动进行反省而得到的结果，也就是反省观念。我们当然不能说对"怀疑与相信、推理与直觉、意欲与厌倦等"进行反省而得到的就是"怀疑与相信、推理与直觉、意欲与厌倦等"。

简而言之，所谓人"自身内部活动"指的就是感觉。在洛克看来，经验首先是感觉；其次是对于感觉的反省。换言之就是说，外部经验起源于感觉，而内部经验起源于对感觉的反省。

在这里可以举例说明，例如我晚上孤独地走在街头，忽然好像看到前面有一个人影，但仔细一看，却又没有，于是我便进行了反省，反省我刚才到底看到了什么？还是什么也没有看到？于是结果便产生了怀疑，怀疑我刚才是否真的看到了人。这里看到的人影便是外部经验，而对这个外部经验的反省便构成了内部经验：怀疑。

知识便起源于这种感觉以及对于感觉的反省。

经验与物体

上面在谈知识的起源时已经得到了结论：一切知识起源于经验，而经验来自外物。

这个经验包括内部与外部经验，并且洛克又给了它们一个总名——观念。

总的来说，观念就是内外两种经验的复合，因此观念即经验。但有时这个说法并不精确。在洛克看来，这个"复合"是很重要的，甚至是一个必要的过程。可以这样说：通过经验，人们得到了某些思维的原材料，在这个基础之上，经过心灵的复合加工，便得到了观念，它们才是直接的思维材料。

这时又出现了一个新的要解决的问题：在观念与外物之间有什么样的关系呢？

洛克给出了一个简明的回答，他说，在外物内部有某些"性质"，洛克把这看作一种能力，正是这些"能力"在人们的意识之中产生了观念。他还举了一个例子：有一个雪球，我们知道它是白的、冷的、圆的，为什么呢？这是因为雪球里有某些性质或者能力，正是它们在我们的心中产生了白的、冷的、圆的这些观念。我们所有的对外物的观念都是这么来的：在外物中有某种性质，它们作用于我们的感官，便产生了相应的观念。

洛克接着对产生观念的物的性质做出了进一步的分析。具体地说，他将物体的性质分成两类，分别称之为"第一性质"与"第二性质"。

什么是第一性质呢？他说："所谓凝性、广袤、形相、运动、静止、数目等性质，我称它们为物体的原始性质或第一性质。"

洛克认为，这些性质之所以被称为第一而不是第二性质，是因为它们"不论物体处于何种状态，都绝对不能与物体分开；不论物体遭受什么改变或变化，受到什么力量压迫，都仍然为物体所保持"。

从这里可以看出这些性质之所以被称为第一性质，是因为它们无论如何也不能从物体上消失。

物体的这些性质不能变化的说法很难让人理解，正确的解释是：无论在什么样的情况下，物体的这些性质都是不能被磨灭的。可以举个例子：一个物体，假设是一根棍子，可以将它折断，或者将它涂上不同的颜色，它仍会具有这些性质，或者说这性质仍不会从它身上消失。

在洛克眼中，物体的第一性质是物体最根本的性质，可以用来描述自然界中的一切物体。

什么是物体的第二性质呢？洛克说："第二性质就是任何物体中一种特殊的能力，它可以借不可觉察的第一性质，在某种特殊形式下，在我们的感官上产生作用，并且由此使我们产生不同的颜色、声音、气味、滋味等观念。"

从这句话可得到关于第二性质的两个特性：第一，它是借第一性质而来的；第二，它能使人产生颜色、声音、气味、滋味等观念，或者可以说它是一种使人们产生这些观念的能力。

这个第二性质像第一性质一样不难理解，举个例子：一朵鲜花插在牛粪上，我们看到鲜花是红的、闻到牛粪是臭的，为什么？这是因为在鲜花上有一种能在我们的心灵里产生红的观念的能力，即第二性质；而牛粪里则有一种能在我们心灵里产生臭的观念的能力，也是第二性质。

洛克认为这两种性质从某个角度看是相似的，即它们都是物体身上一种不可觉察的"能力"作用于人们的感官而产生的结果，它们产生的方式与途径是一样的。

但既然洛克把这两种性质分别称为第一与第二，它们当然是有所区分的。事实上，洛克对于第一与第二性质的观点是完全不同的。他认为像数目、体积、运动、静止等第一性质是名副其实的第一，它是好的，因为它表里如一，看上去怎样，实际上就怎样。相反，他对第二性质，即物体的颜色、气味、声音等颇有些轻视，认为它们不过是一些虚有其表的甚至虚伪的东西。

为了证明第二性质的虚伪性，洛克还举了一个例子，譬如一堆篝火，你如果离得不近不远，就会温暖而舒适；如果你隔得太近呢，那种温暖舒适的感觉马上就会无影无踪，取而代之的是说不出的痛苦。那么，温暖和痛苦谁是火的第二性质呢？当然不能判断，因为没有理由肯定一者而否定另一者。

这第二性质是如此的不可靠，它到底是怎么来的呢？是不是同物体风马牛不相及？洛克回答：当然不是！虽然第二性质有些虚假，但它毕竟不是无源之水、无本之木，而是有根有据、有源有本，并且这源与本不在物体之外，而恰恰位于物体之内，只是这个性质同它所表现出来的很可能不同而已！洛克拿糖做了一个比喻，他说，既然糖是甜的，那么肯定在糖之内就有某种第二性质，正是它使我们产生了糖是甜的这种观念。

由经验到观念

以上谈了经验是知识之源，然后又谈了观念与外物之间的关系，人们之所以对外物有某种观念，原因在于在外物之内有某种性质，正是它们在人们的心灵之中产生了相应的观念。

现在再来谈一个新问题：这些观念到底是怎么样的呢？洛克又把观念分成了简单观念与复杂观念，就像把经验分成直接经验与间接经验一样。

他说，所谓"简单观念"就是由直接经验与间接经验，或者说感觉与反省等得来的观念，从特征上说它们是一些结构相对简单，因而不能再进行分解的非混杂的观念。例如1、2、3、4、5等数字，赤、橙、黄、绿、青、蓝、紫等颜色，长、短、宽、扁、圆等形状，这些就是简单观念。可以看出来所谓"简单观念"同上面刚说过的物体的第一与第二性质差不多。

这些简单观念虽然简单，然而对于人类的心灵就如砖瓦木石对于建筑师一样重要——建筑师有了砖瓦木石就可以造出楼台亭阁、高楼大厦，而心灵有了简单观念就可以造出各种各样的复杂观念、知识体系。因为在洛克眼中，无论一个观念多么复杂，或者理论多么庞大，它都是由许多简单观念构筑而成的，就像万丈高楼也是由许多块小小的砖瓦木石垒积而成的一样。

如上所说，所谓"复杂观念"就是由上面的简单观念复合而成的观念。这个复合过程可以是相对简单的，例如复合成纽约帝国大厦的一块砖头，但也可以是极复杂的，例如复合成帝国大厦本身，不但帝国大厦是复杂观念，连整个宇宙都是一个复杂观念。

洛克还认为，人在简单观念面前就如一叶小舟在惊涛骇浪中一样，是无能为力的，只能听由浪涛将它漂荡。然而对于复杂观念就不一样了，这时人能够自由自在地发挥自己的"主观能动性"，可以将这些简单观念看作泥巴或者积木一样，将它们任意地搓圆弄扁、搭成房子或桥梁，从而形成无数的、千变万化的复杂观念，实际上复杂观念就是这么形成的。

由简单观念形成的复杂观念可以说多如汪洋大海中的水滴，然而它们并不是一大堆毫无头绪的乱麻，而是自有其线索与规律可循：这些千姿百态的复杂观念可以分成三大类，分别是样式、实体、关系。

所谓"样式观念"，就是由简单观念复合而成的，用来表示事物的性质、数量、状态等特性的观念。例如"美"就是一种样式观念。

什么是美呢？它当然不能像黑与白那样是一个简单观念，而是由许多简单观念组合而成的。有人说美就是和谐，那当然也就意味着美是许多东西和谐相处而形成的。例如一个美人，在中国古人的眼里，她必须是肌肤似雪——这是颜色；鼻如悬胆——这是形状；樱桃小口——这是体积；行如弱柳扶风——这是运动。总之，由这些颜色、形状、体积、运动等简单观念组合在一起，便构成了洛克称之为样式的复杂观念——美。

所谓"实体观念"，指的就是个别事物，如日月星辰、花草树木、飞禽走兽，等等。洛克认为它们也是由简单观念复合而成的。这当然好理解，例如有个物体，它由亮亮的、圆圆的、热热的、东升西落的等简单观念复合而成，大家猜猜是什么？

虽然实体观念由简单观念复合而成，但洛克并不认为实体就是简单观念，相反，他认为在其背后还有一个"神秘的"东西——一种基质，正是这个东西令简单观念有了依托，能够组合成一个我们所能看到的实实在在的物体。可以说，这个神秘的基质就像是万能胶一样，将简单观念，像白、圆、热、东升西落等牢牢地黏合在一起，使它们形成了那个物体，就是那我们称之为太阳的东西。

洛克称这个基质为实体。

于是可以看到，在洛克的实体与实体观念之间有不小的差别，实体观念指的是由简单观念复合而成的复杂观念，也就是我们所看到的具体的物，而实体则是指将这些简单观念黏合在一起的东西，虽然正是它使简单观念的组合成了可能，甚至可以说是真正的物，但它并不是我们的凡胎肉眼所能看到的。

正是由于实在事物这种构成的特性，使人们在了解具体事物时，所能了解的只是它的名义而非实质，用洛克的话来说，就是名义本质。

所谓"名义本质"，就是一个由"名称"所表示出的实体观念。而名称指的就是万事万物的名字。例如黄金这个词，它就是一个名称，一个复杂观念。当我们听到这个词时，眼前马上就会冒起一堆黄澄澄、沉甸甸、亮闪闪的东西，也就是说，在黄金这个复杂观念里包括了这几个简单观念，而黄金的名义本质也就是黄澄澄、沉甸甸、亮闪闪等这些一看就知的特性。

但除这些之外，洛克认为物体还有一个实在本质。它指的是物体内部那些细微的结构与运动。洛克认为，这些细微的结构与运动才是物体存在的真正支柱，正是它们依托着名义本质。不过，这些实在本质的另一个主要特点是它是人所不能直接观察到的，就像那使简单观念融合在一起的实体一样。

在这里我们要注意不可以把这个人不能观察到的实在本质等同于物体的分子结构，要知道这是一个哲学概念，而不是一个科学概念。两者有质的不同：科学上的不可观察只是暂时的和囿于一定技术限制的，例如组成物体的分子或者原子，虽然用肉眼看不到，却可以借助电子显微镜或者倍数更大的隧道扫描显微镜等看到。像电子和夸克等现在还不能被观测的微粒子，只要它们真正存在，将来科学发达了，也总有一天会被人类直接观察到。然而实在本质这种哲学概念却是人类永远不可能直接观察到的，只是一个永恒的假定。为什么呢？因为它只是一个哲学的假定：假定在物质可见的结构之外还有一个不可见的内在结构，这个"不可见"乃是它的本质特征，如果它有一天变得可见了，也就不称其为实在本质了——事实是它不可能见到，但永远可以被假定，就像我们可以永远地在物质可见的部分下面假定还有一个不可见的细微结构，例如，分子之下有原子，原子之下有电子，电子之下有 α、β、γ 等基本粒子，它们之下还有夸克，如此必将以至于无穷。因此，我们就像不可能"看到"数学中的无穷小一样不可能观察到物体的实在本质。

至此，我们讲完了三个复杂观念中的两个，现在讲第三个：关系观念。

关系观念，是将几个观念并列在一起加以互相比较鉴别而形成的观念。简而言之，就是事物间的各种关系。

这些关系中最显眼的当数因果关系。

因果关系是这样形成的：当人们观察到两个现象前后相连并且老在一起发生时，便产生了因果观念，认为一个现象是由另一个现象引起的，并将前一个称作因而将后一个称作果。这就是因果关系的起源。例如人们在晚上看到两块石头相撞时会发出耀眼的火花，于是便相信在石头相撞与火花之间有因果关系，前者是因，后者是果。

然而这时便产生了一个认识论中最艰深的问题之一：这些因果关系到底是必然的还是偶然的？它只是人们的主观感受还是在两者之间有着必然的、内在的联系？如果有，人类是否真的能把握它？

对于这些问题，许多哲学家都做过深入分析，得出了各种各样的答案：有的认为有必然联系，有的认为没有；有的认为人类能把握这种必然联系，有的则认为不能；还有的认为这一切都是不可知的。而洛克认为人类不能把握因果之间的必然联系，就像我们不能把握实体与事物的实在本质一样。

这样一来，我们对因果关系的了解就只是一种"猜想"。例如我们看到两个事件连着发生，而且经常如此，便"相信"它们之间有因果联系，至于这种联系是否必然就不得而知了，也因此我们不能断定这种因果关系将必然地、普遍地发生。例如有一种毒草，人吃了就会丧命，因此我们完全有理由在"毒草"和"死亡"之间建立一个因果联系，前面是因，后面是果。然而我们因此可以说这个因果联系是必然联系吗？

当然不能，有两个理由：一是如洛克所言，因果联系只是人类的一种感觉，人并不能说两者之间存在着必然的、普遍的联系，所以不能说人吃了毒草就一定会死，即使张三李四吃了都死了，我们也不能断定其他人吃了也会死，要怎么样才能断定呢？除非其他人真的吃了并且死了；二是事实上也不能，因为也有人吃了毒草并没有死。

至此我们分析完了洛克的三种复杂观念，从这些分析中我们不难看出，所谓实体、样式、关系实际上指的分别是具体事物及其特征还有事物之间的关系，正是由这三种复杂观念各种排列与组合而逐渐形成了这个纷繁复杂的大千世界。可以将实体、样式、关系比作色彩中的"三原色"，就是红绿蓝，虽然人们所见世界中从晚霞到繁星、从绿叶到乌云、从白种人到黑种人，颜色极其多样，但所有这些颜色其实都是由红绿蓝这三种"原色"组合而成，它们可以组合成任何人们所需要的颜色，它们也实际上组合成了这个世界的万紫千红！就像实体、样式、关系组合成了这整个世界一样。

什么是知识？

在《人类理解论》的"赠读者"里，洛克开宗明义地指出，他的哲学的任务就是要为人类知识的大厦准备一座坚实的地基，他把自己比作建筑这个地基的一个小工，为大厦的建立扫清障碍。所以，当洛克完成他对天赋观念论的批判、知识的起源,以及对经验与观念两者进行完整的分析之后,便终于回到其哲学的初衷。

这个初衷就是对知识本身进行考察,以明确其性质、对象、种类等,他认为在此基础上人类才能获得真理性的知识,建立起高耸入云的知识之塔。他的《人类理解论》第四卷就是专门解决这些问题的。

我们就随着洛克一起来解决这几个问题吧,首先来看知识的对象。

洛克认为,知识的对象只是一样东西——观念。

大家也许以为,作为经验主义者鼻祖的洛克可能会将物质世界作为认识与知识的对象,但洛克根本没有这样做,而是将观念这样一个主观的东西当作知识的对象并且是唯一的对象。

他为什么这样认为呢?这是因为在洛克看来,虽然人们分明地感觉到物质世界的存在,但这仍只是一种感觉而已,也就是说,我们实际上不能断定它们的存在,就像不能断定因果关系是否是因果之间的必然联系一样。人所能直接接触的只可能是心灵中的观念,于是,知识的对象也就只可能是这些观念。更具体地说,他认为所谓知识就是人心对两个观念的契合或矛盾所产生的一种知觉。因此知识不外是对于我们的任何两个观念之间的联系与符合,或不符合与冲突的知觉。

理解这句话的关键是理解"观念"这个词。前面已经谈过了三种观念:样式观念、实体观念与关系观念,由之组成了人们所看到的整个世界。对于洛克而言,世界只是观念的大聚会,虽然我们看到无数具体的物,但并不等于它们是客观的存在。但当我们将之理解成作为知识的观念时,大可以像看世界具体万物一样地去看观念,这样一来,知识便事实上由相关的观念而走向相关的万物了。

为什么洛克不说单个的观念便是知识,而偏要说两个观念相关才是知识呢？这可能是这个原因：当洛克说知识是观念之间的相关时，这里面的观念是简单观念，上面已经讲过，简单观念不外是物体的形状、体积、颜色等，这些东西单独地当然不能构成知识。例如"白"这个概念能算得上知识吗？不能，为什么呢？因为知识之所以成为知识，总得一是与某个对象相关，二是要得出某个结论。单纯的"白"却只是一种领会、一个感觉而已，算不上是知识。只有说这张纸是白的、这只猫是白的时，我们才能得到一个判断，了解了这张纸、这只猫是白的，也就是得到了一种知识。当然反过来说，我们还有一个"黑"的简单观念，这时，与那张纸、那只猫相关也构成了另一个判断——一个否定的判断：这张纸不是黑的、这只猫不是黑的，这同样是知识！

谈过何谓知识之后，洛克又对知识进行了分类，他共将知识分成了三大类，分别是直觉知识、证明或推论知识、感觉知识。

所谓"直觉知识"，洛克认为就是人既不必借助别的东西作为媒介，也无需推论证明就能直接觉察到的知识。直觉知识的特点就是人可以直接地看出来，十分简单，如白不是黑、直线不是曲线、1+1=2等。这样的知识当然是最简单不过的。

洛克认为直觉知识正因其简单与明白所以才是最可靠、最真实的，也是一切其他知识的基础，像他自己所言："我们全部知识的可靠性和明确性都依靠这种直觉。"

洛克的这个说法当然是有道理的，一切复杂的知识必来源且依赖于相对简单的知识，就像一篇文章或者一部鸿篇巨制，哪怕它像《追忆似水年华》一样漫长，都是由一个个字母构结连缀而成的。我们从一个人学习知识的进程中也可以看到这一点。例如牛顿和爱因斯坦，他们的知识不可谓不复杂吧？但难道他们一生下来就懂万有引力或者相对论？当然不是，他们乃是从最简单的知识，例如先学12345等一个个数字，然后学 1+1=2，如此下去，逐渐学习深奥的数学和物理知识，直到最后不仅学习，自己也能创造更深奥复杂的理论体系。他们之所以能创造这些复杂的理论，怎么能说不是从 1+1=2 开始的呢？而同样，万有引力定理和相对论之所以能产生、之所以可靠，不正是因为有了 1+1=2 等这类最简单明白的直觉知识做它们的依托吗？

第二种知识是证明或推论知识，顾名思义，这是一种要依靠推论之类才能得出来的知识。当然它推论之时还得借助于上面的直觉知识。这类知识中最典型者当数数学知识。大家都学过数学，那里面有着多如牛毛的各种推理推论，都是从几个最简单的公理一步步推导出来的。例如证明三角形三内角之和等于 180°，就得借助一条经过三角形一个顶点，与其对边平行的直线。在这个推论里面就借助了许多的直觉知识，例如一条直线就是 180°，直线不是三角形，等等。

洛克认为，这类证明或推论知识虽然需要一些直觉知识作为中介，但仍不失为一种可靠的知识。不过它不再具有直觉知识那种一目了然的正确性。

最后一种知识是感觉知识。所谓"感觉知识"，就是人对外界事物的知识。上面说过，洛克认为人们对于其心灵之外的世界万物是否真是一种客观存在，以及我们的观念是否同外界事物一致等问题都没法知道答案。因此人们的感觉知识也就必然具有一个特点：不可靠性。当然洛克并不认为它完全不可靠，而是认为它没有前面两种知识可靠，具有一种或然性。

到这里我们就谈完了洛克的三种知识，也可以说就此谈完了洛克整个认识论，基本上是一看就懂的。

不过大家千万不要因此轻视他的思想，因为对于哲学而言，最简单的东西往往是最真的，也是最难明白的。

理想的政治制度

洛克在世时，英国广泛存在着一种政治哲学理论，就是认为君权神授，主张君主专制。当时有许多御用哲学家也用他们的哲学为专制的查理一世辩护，于是反对君主专制的阿希利劝他的主要政治高参洛克用一部分精力研究"与国家大事有关的一切事情"，洛克便遵循他的嘱托，写下了不朽杰作《政府论》，提出了一套堪称伟大的政治学说。即使到了今天，洛克的政治哲学思想也有着广泛的影响，被认为是继亚里士多德之后最伟大的政治哲学家之一。

这套政治学说讲述的就是人类为什么需要一个政府，以及这个政府应该是什么样子的。

人类为什么需要一个政府呢？洛克表示，还得从人类建立政府之前的"自然状态"说起。

众所周知，崇信孔子的古代中国人向来好古，他们认为人类社会最好的时候就是那个远古的"羲和之世"，也就是尧舜统治之时，这时候从天地万物至于君王百姓都处于一种完美的和谐状态，像《史记》所言"众功皆行"。

在这个问题上洛克也有着相似的观点，他相信有这么一个美好的古代社会，他称之为"自然状态"。

这个自然状态是怎么样的呢？洛克认为有三个特点：一是人人自由而平等；二是私人财产神圣不可侵犯；三是人人都只服从一种"自然法"，这个自然法要求人不损害他人甚至自己等。

在这种自然状态下人类生活自然美好无比，然而正所谓美景不常、盛筵难再，人类这种美好的自然状态终究是保不住了，因为这时出现了一批不安分守己的家伙。顿时使一个祥和安宁的社会陷入了动乱不安之中，甚至出现了人与人之间的自相残杀，也就是战争。

面对危机的人类怎么办呢？显然，唯一的办法是将人类再重新拉入某种秩序之中，建立另一种形式的和谐，因为人类显然不可能回复到以前的和谐了。

那么按什么方式建立新的和谐呢？主张君主专制的人说君权神授，或者说老百姓们自那日起就将所有权力全部交给了君主，总之是君主享有了一切权力，自己却不受任何限制，这就是君主专制。

而洛克却认为并非君权神授，也非老百姓将全部权力都交给了君主，而是在人民与君主或者说人民与政府之间建立了一种契约的关系。这种契约同我们日常所签订的条约差不多，就是签约双方有权利也有义务。

对人民而言，他们将一些权力委托给了政府或者君主，从而使他们拥有了某些特定的权力，例如制定法律的权力、维护社会治安的权力、对违背法律侵害他人的公民进行惩罚的权力等；对政府而言，他们便拥有了这些权力，并可以用各种方法予以实施。然而在这里洛克强调了两点：一是人民并没有将全部权力授予政府或者君主，也就是说，任何政府或者君主都无权实行专制政治。二是如果政府没有履行好自己的职责，例如没有能够实施法律、保护人民的安全，或者自己违背契约、搞专制统治等，人民就有正当的理由反对这种政府或者君主。这就是洛克所主张的"社会契约论"，这种主张后来得到了卢梭等的支持，对西方的政治制度和社会历史都产生了巨大影响。

除了社会契约论，洛克的另一个几乎同样重要的政治理念是分权论。所谓"分权论"，在洛克那里就是立法权、行政权与外交权的三权分立，并归于不同的三个主体来拥有。

为什么要这样呢？因为许多君主如詹姆斯一世和他的儿子查理一世鼓吹君权神授，想搞专制统治。洛克旗帜鲜明地反对这种专制，他认为一则这违反了人民与政府当初签订的契约，二则它容易使当权者滥用权力，造成腐败。因此，他提出将他认为最重要的三个权力——立法权、行政权与外交权——分别交给三个不同的实体，让他们互相制约，达到权力的平衡，以消除专制与腐败。

现在西方有三权分立制度，三权即立法、司法与行政。这是整个西方国家制度的共同特色，也被历史发展——从英国光荣革命起直到现在——证明是较好的政府制度，能够比较有力地维护国家的安全和社会的稳定，并促进经济发展、维护人民利益。

这种三权分立制度就是由洛克提出来的，后来经由孟德斯鸠的极力倡导，在英法这两个西方主要大国得到了贯彻执行，不过对洛克这个三权分立的原则贯彻得最好的不是英法，而是美国。洛克出版《政府论》差不多百年之后，美利坚合众国成立了，它所建立的新国家制度最好地体现了洛克的三权分立原则。

美国立国之后，它所制定的法律从一开始就是理性的，充满了民主与法治的精神，吸收了当时西方最先进的政治理念，其中主要的特色之一就是几乎完美地贯彻了洛克的三权分立思想，甚至比洛克本人所设想的更好。

前面我们可以看到，洛克的三权乃是立法权、行政权与外交权，而漏掉了一个同样很重要的权力——司法权。这有点儿令人感到奇怪，也许当时人们似乎不把法官这个职位看得很重要，国王们一直以来总是将法官看作泥巴做的，想怎么捏就怎么捏，这样就造成了双重的恶劣后果，不但令司法失去尊严，还让它成了被洛克遗忘的角落。不过这在美国的宪法中得到了充分纠正，美国以实践表达了洛克理论上的三权分立。

由美国宪法规定的国家制度里，明文规定实行严格的三权分立，总统掌握行政权，其中当然包括洛克所说的外交权；国会掌握立法权；而在两者之外又有独立于总统与国会的第三极权力机构——最高法院。这三大权力机构互不隶属，相互独立，又互相制约。因此，在这样的国家体制之下，既没有谁拥有无上的特权，又没有谁处于无权的地位。也许更为重要的是，没有一极能够利用这个权力机构来为自己谋私利。

举个这样的例子：假设拥有立法权的国会以权谋私，制定了一条有利于自己的法律，例如扩大了自己的权力，这时，总统就有权否决这项法律，最高法院也可以裁定它违宪而予以取缔；而总统如果做了一件有违法律的事情，那么法院就可以毫不客气地对他进行审判定罪，同时国会也可以对他进行弹劾，免除他的职务——尼克松总统就是这样被赶下台的，他在知道国会准备弹劾，而且很有可能通过时，就主动辞职了。至于最高法院，它也许是三者中最有权威的，事实上也是这样，在美国大法官比总统还受尊敬，因为他们代表着至高的法律，是西方法治社会的象征。而且在美国法官的任职是终身的，他一旦当上法官，就可一辈子享受尊贵的生活，会令他下台的只有两个原因：一是渎职，二是他自己不干了。

同时，法院也可以说是三者中权力最小的，因为它进行审判时必须依据国会制定的法律，而且只有当国会或者政府将某个案件交给它时，它才有案可审，否则它便无事可做。它更不可能主动地制定对自己有利的法律。

然而中国有句俗话："一山不容二虎。"现在一个国家分成三个权力机构，它们岂不会因为无首群龙而导致互相争权夺利，还有余暇去考虑国家之安危、人民之福祉吗？

约翰·洛克和托马斯·杰斐逊自然也想到了这一点，如果三权分立制度会产生以上的糟糕局面的话，他们当然也就不会要它了。但事实上它不会，这是为什么呢？这是因为：

第一，这三权不仅是相互独立，也是互不干涉的权力。说它们可以相互独立，是因为它们虽然都是权力，但彼此性质却很不一样。并且它们每一个在履行自己的责与权时又拥有完整的权力，例如总统拥有充分的权力管理国家行政事务，像警察、军队、各级政府部门、各个政府官员都牢牢控制在他手中，他可以很好地运用它们来执行公务，只要他不犯事，没有谁（包括国会和最高法院）会来干涉他。同样，国会行使立法权、法院行使司法权时也是独立的，其他两个部门不得干涉。也就是说，它们三者都可以各自充分地行使自己的权力而不致干扰其他两者对自己权力的行使。

第二，如果万一他们发生了冲突呢？那也好办。

因为这三个所谓的权力机构并不是真正拥有无上权力者，这真正拥有国家最高权力的乃是全体人民。前面我们说过，洛克认为当人民与政府签订契约时，并没有将全部权力交给他们，而只将一部分特定的权力交给了他们，因此任何个人或政党都无权实行专制政治，并且如果政府没有履行好自己的职责，例如没有能够实施法律、保护人民的安全，或者自己违背契约、搞专制统治等，人民就有正当的理由反对这个政府。

同样，既然人民才是拥有最高权力者，那么，如果在任何权力机构之内发生了争执，人民岂会容许他们打得不可开交呢？最多再来一次重新选举或者全民公决就行了。就像洛克所言：人民是最高的裁判官。

因此，无论社会契约还是三权分立都不是西方社会政治体制的神髓，西方政治体制的神髓乃是人民，普通的人民大众才是国家的真正主人。

这神髓得以实现的最佳也是唯一途径便是普选，即由人民直接地、反映他们自己的自由意志地选举出代表他们行使国家权力的人。

第十三章

形而上学的迷宫

大家想必已经看到,本书实际上是一部西方哲学史,不过比起一般的西方哲学史教科书来颇有不同,其中之一就是笔者为哲学家们作了一个相当详细的传记。这样做一是为了纪念他们,二是为了增添本书的趣味性。因此笔者总是尽力将一个哲学家的生平讲得详细一点。当来到康德时,他简单的一生却令笔者一度一筹莫展。下面我们就来看看康德简单的人生吧。

最简人生

1724年4月22日,伊曼努尔·康德出生于哥尼斯堡,那时属于东普鲁士,现在属于俄罗斯。

哥尼斯堡地盘虽小,却是良港,有相当发达的工商业;人口虽然少,素质却很高,有一所闻名遐迩的大学——哥尼斯堡大学。

在哥尼斯堡有一条一年四季清澈见底的小河,名叫普雷格河,康德一家人就生活在风景如画的河畔,离河上的"绿桥"不远。

康德的父亲是个普通的马鞍匠，母亲差不多是个文盲，但既聪明又能干，而且性格外向，活泼开朗。他们生了九个孩子，康德本来排行第四，但三位兄姐在成年之前就夭折了，所以康德实际上是长子。

像康德这样出身的孩子在那个时代本来是难有机会上学的，不过由于康德的父母都是非常虔诚的基督徒，还属于教规最严的路德教会虔信派，他们得到了当地牧师的尊敬，牧师便帮康德进入了一所虔信派学校——腓特烈公学。

这是1732年的事，是年康德8岁。这所虔信派学校成天上的课不是读《圣经》就是唱赞美诗，直到晚年康德都感觉这是一种令人痛苦且厌倦的回忆。不过他也在这里得到了一些有用的东西，例如学会了写字算数，还学到了拉丁文、熟悉了古罗马大师们的作品。

8年后，康德中学毕业。由于他一向体弱多病，从小就把如何避免生病、保养身体看成当务之急，练就了一整套养生之道，要旨就是处处小心翼翼，避免接触任何可能引起身体不适的东西，例如风吹、雨淋、日晒之类。同时他也很少与人接触，经常寂然独处，陷入沉思之中，宛如他们那些虔信派老牧师。

此后康德进了在家就望得见校门的哥尼斯堡大学，学习的是神学，但他的个人兴趣已经远远超出了神学范围，走向了当时自然科学和社会科学几乎一切领域。他学习数学、物理、天文、地理，还有哲学、伦理学、历史等，积累了丰富的知识，在许多领域都堪称专家。

不过他最感兴趣的还是哲学，这时他已经深入研习了古希腊罗马哲人们的著作，对与他大致同时代的洛克、休谟、牛顿等人，包括当时主宰着德国哲坛的莱布尼茨和沃尔弗的著作也很熟悉。在如何对待权威的问题上，康德的态度同他在体格上的平凡和生活上的内敛形成了鲜明对比，他表现出了对于自己思想价值的充分自信。大学期间他曾写过一篇文章，有一个极长的题目，叫作《关于动力的真正测量的想法并对莱布尼茨大师和其他力学家在这个争论问题上使用的证明的评论，以及先前有关一般物体的力的一些看法》。在文中康德说："我已经给自己指明道路，我要坚持下去。我将开始我的进程，任何事情也不能阻止我前进。"

除了读书写作，康德上大学期间还得谋生。养活这群子女已经耗费了康德父母所有的财力与精力，他的母亲在他还没上大学时就去世了，父亲也在他大学毕业之日仙逝。康德只好自谋生路。他找到一些有钱但成绩差的同学，帮他们补习功课，然后收取些许报酬。当然这样的学生不那么好找，于是康德常常口袋空空有时连面包都买不起。不过他还是尽一切努力保持体面，例如他的衣服虽然褴褛，但总是洗得干干净净，为了让他的破袜子显得笔挺点，不至于溜到鞋子里头去，他发明了一个穿袜子的妙法：他在裤子口袋的顶头缝了一根线，然后另一头夹住袜子，这样他的袜子就总像富家少爷的燕尾服一样笔挺了。

1746 年，康德大学毕业，摆在他面前的有两条路：一是离开学校，再上另一所更大的学校——社会大学，二是继续待在哥尼斯堡大学里，由学生升格成老师。康德当然不想走第一条路，从他的体格到性格都不适合在社会上混，而且这对他的才能而言也简直是浪费。可惜的是不知道什么原因，康德的留校申请遭到了无情的拒绝。

于是，他只好被迫进入社会闯荡。结果康德找了一门当时很流行的职业——家庭教师。具体来说就是一些贵族富老专门为子女请一个老师，通常是大学毕业生，甚至博士，这个老师就生活在学生家里，类似于现在的保姆，当然地位比保姆要高一些，待遇也还不错，《简·爱》中的简·爱小姐在罗彻斯特家干的就是这样的工作。

这样的工作康德一干就是近 10 年，他先后在 3 个家庭里工作过，其中包括一个叫凯塞林的伯爵。他对康德出色的才智相当欣赏，带着他出席各种上流社会的宴会。在这些宴会里康德暂时抛掉了他那爱沉思的哲学家气质，变得活跃起来。他穿着价廉物美、整整齐齐的晚礼服，为贵妇们玩牌做参谋，同伯爵子爵们谈政治，偶尔还向名媛们献媚，她们当然不会看上既穷且不好看的家庭教师，不过还是喜欢他那些机智的幽默话，经常被他逗得花枝乱颤。

在这期间，有回他闲来无事，竟然到离家很远的阿恩斯多夫去旅行了一趟！这是他一辈子到过的最远的地方！

就这样，在小孩子的嬉闹和舞会的喧哗里康德浪掷了宝贵的青春，在这漫长的几年中，他也许只做了一件正经事，就是拿博士学位，他的博士论文题目叫作《论火》，这是 1755 年的事。

就在这一年，康德终于进入了哥尼斯堡大学任职，职称叫"私人讲师"，这是当时德意志大学里一种特殊教职，做私人讲师的人虽然是大学老师，但学校并不给他们开工资，他们只能凭借开某些课程让学生来选修，然后选修的学生会给老师一些听课费，这就是他的工资了。这样的职业虽然比较清苦，不过仍不失为踏上教授宝座的有效途径。

当了私人讲师后，为了谋生，康德必须大量地讲课。他开过的课包罗万象，简直是一个大学的完整课程表，其中包括数学、自然观、自然地理、自然神学、人类学、逻辑学、形而上学、道德哲学、教育学等，甚至还开设过武器制作和城市建筑学之类。从这里可以看出，康德的学识是何等广博。他每周上课时间多达 20 个小时，也就是说每周 6 天，常常一天有 4 节课。由于他得靠听课的学生付钱谋生，所以他不但要讲得多，而且要讲得好，否则没人来听课，他得喝西北风了。不过康德讲课的确不错，他虽然平时不苟言笑，但讲课时却宛如换了个人，他备课十分认真，上课思路清晰、逻辑严密、旁征博引，而且还不时谈一些趣闻轶事，使大家于轻松之中得到宝贵的知识。听他课的学生相当多，通常有上百人，这在当时可是一个大数目，就是在现在的大学里也算是大课。

康德给自己讲课定了一个标准：以程度中等的学生为中心，让他们理解就行了。他之所以这样做，是因为他认为低程度学生朽木不可雕、教也无用，而天才学生们则自己有办法。

康德的学生中有一位叫赫尔德的，后来成了德国一个相当重要的文学家。他曾连续听康德的课长达3年，虽然他与康德的私人关系并不好，但当他说起老师康德和他的课时，还是大大地赞美了老师一番。

除了上课挣钱，康德的另一项主要工作是搞研究。在用《论火》这篇题目怪异的作品得到讲师的同时，康德还出版了另一部著作《宇宙发展史概论》，也许是怕年纪轻轻就写如此大的题目会贻笑大方，他出版时没用真名。

在做了讲师之后的几年，康德几乎年年有著作问世，他开始在哲学王国的地平线上冉冉升起。他对自己的能力与成就充满了自信。所以在1758年，当哥尼斯堡大学的哲学教授席位出现空缺时，他便请求俄国的叶卡捷琳娜女王让他补这空缺。至于为什么要请俄国女皇帮忙而非普鲁士皇帝，原因很简单，当时俄国人正占领着哥尼斯堡，大学教授任命的权力就像征税的权力一样，自然归俄国女皇陛下了。

不过他的请求没有成功，他毕竟只有34岁，对于当教授实在是太年轻了。

虽然康德没当成教授，他还是继续努力，随着著作的不断问世，他的声望也日渐提高，并慢慢地传到了政府当局。这时哥尼斯堡已经回到普鲁士的怀抱了，普鲁士的教育大臣很重视康德，准备一有教授职位空缺就请康德补上。

又过了几年，某个诗学教授的席位空了出来，但康德拒绝了任命，大概是因为他觉得诗学这名称不好，诗那么浪漫的东西，并不适合他。

1765年时，他找到了一个美差，当上了所谓的"王室图书馆馆员"，只是个兼职，每年的工资有62塔勒。

以后又有几所大学，其中包括著名的耶拿大学，请他去做教授。这次是哲学教授，可康德还是没答应。这又是为什么呢？原因很简单——他不愿走远路，尽管从哥尼斯堡到耶拿并不遥远，但对康德而言这是一个远得无法想象的距离。尽管他的哲学头脑装得下整个银河系，但他瘦弱的腿却从来没有走过100千米以上的路程。

到1770年，这时康德已经46岁，哥尼斯堡大学的哲学教授席位终于空了出来，康德当仁不让，成了哲学教授，教席的名称叫作"逻辑学和形而上学"。

当上教授后，康德的生活有了一些变化，首先当然是他有了薪水，在德国，教授的薪水是相当高的，他也不用再每天上4节课。此前几年他已经从对自然宇宙的兴趣转向了形而上学，现在终于每天都可以花大量时间来进行玄妙的沉思默想了。

这时康德的生活还是典型的教授式生活，这段生活也许是哲学史乃至整个西方历史上最有名的个人生活场景之一。只是一般伟人的生活是由于其丰富多彩而引人入胜，而康德的生活则是由于其恬淡如水而青史留名。

他这时的生活有两个特点：一是极其简单，二是极有规律。他每天的日程是这样的：

早上5点起床，早餐是一杯咖啡。然后将课上要讲的东西翻翻，就前去上课。讲了两节课后，又回到简朴的家，开始自己的工作，读书、写作或者沉思。这样直到下午1点。这时他便开始吃午餐，他经常会请几位朋友共餐，他们边吃饭边闲聊，这些朋友几乎都不是搞哲学的，康德似乎有意找这样一些人来，这样他就可以从累人的哲学中脱身，讲点别的东西。午餐过后他又开始工作。这样一直要到下午3点半。这时便开始他的散步。在康德平凡的生活中，这也许是最著名的了，虽然康德已经去世了几百年，今天的哲学家们似乎还能听到他那猫一样轻巧的脚步声。关于他这不朽的散步，诗人海涅曾有过一段惟妙惟肖的记录：

> 每当伊曼努尔·康德身着灰色大衣、拿着手杖出现在住宅门口，然后向现在仍称为"哲学家之路"的菩提树大道悠然走去的时候，邻居们就知道时针准指向3点半。他如此来回踱步，一年四季，从不间断；当天气阴沉或乌云密布时，人们就会看到他的老仆人兰佩夹着一把大伞，焦急地跟在他身后，仿佛是谨慎的象征。

听说他的邻居们这时总是拿出自己的表来看看，如果不是3点半，例如3点29分，就会把指针调快一分钟，因为肯定是他们的表不准。

据说几十年只有一次，康德没有出去散步，那是因为他读到了卢梭的《爱弥儿》。这本书是如此的令他激动，他为了一口气将书读完，宁可牺牲了散步时间，也许是因为他太沉迷了，所以忘了出去散步。

散完步，回去就是吃晚餐，然后工作，最后睡觉，每一件事都像上面的一样准时。

康德的一天就这样结束了，可以说：这是康德一天的生活，也是康德几十年来全部的日常生活。那些对于常人而言至关重要的事情，康德好像全不放在心上，例如婚姻大事。没有任何记录说明康德一生中曾谈过恋爱，他也绝没有像笛卡尔那样没结婚却生了儿女。

但听说他也曾有两次想过要结婚，一次是在他想了又想，到底要不要向某位女士求婚的时候，她已经跟别人进了教堂。另一次则是在他正犹豫时，那位小姐已经离开哥尼斯堡。而且这两位女士未必知道这位伟大的哲学家对她们有爱慕之情。

虽然康德花了大量时间来沉思形而上学，然而很长时间都没什么突破，这令康德将形而上学比作无底的深渊，或者是无边无际、也没有灯塔指明道路的黑色海洋，那里堆满了"哲学的沉船"，无数哲学家毕生航行在这无边的黑暗之海里，想寻找形而上学的宝藏，却无不落得葬身海底的结局。

那么什么是"形而上学的宝藏"？就是什么是世界的本质，或者如何证明上帝的存在之类，相信不但过去没有人能找到它们，就是再过几千年人类也未必找得到。

1772年，康德当上了哥尼斯堡大学哲学系的系主任，以后他又进入了校级领导岗位，甚至当了2年校长。但康德并没有因此而荒废做学问，他仍全力以赴地沉思着，到1781年终于出版了《纯粹理性批判》。这本书是西方哲学史上最重要的著作之一，像太阳一样照亮了西方哲学的天空，使它走向黎明。

此后的9年是康德哲学人生的巅峰，他在1788年出版了《实践理性批判》、1790年出版了《判断力批判》。这两本著作和《纯粹理性批判》一起构筑了康德哲学大厦的主体，也是康德之后整个西方哲学的主体之一。

这十年左右时间被称作康德哲学的"批判时期"，这时康德已经年近七十，是位老人了。

随着《纯粹理性批判》的出版，康德的名声更大了，一些大学开始将他的哲学搬上了讲台。不过正因为他是位名人，他的话得到许多注目时，自然也会遭到白眼。

就在他发表《纯粹理性批判》之后,他写了篇文章《什么是启蒙?》,在这篇文章里他大声疾呼国人"Sapere aude"！这是古罗马诗人贺拉斯的名句,意思就是："要敢于求知"。他鼓励大家不要盲从任何权威,要运用自己的理智去独立地思考问题。这对于当时还受着政治与宗教强权深深压制的人们无疑是一剂强心针,令他们想振奋起来,想改造旧世界。

1793年康德发表了另一篇文章《理性界限内的宗教》,在这里面他批判了控制着德意志人头脑的教会,这可给他惹来了大麻烦。由于这篇文章是康德的大作,在国内自然广为流传,一直传到国王腓特烈二世的耳朵里。腓特烈二世把控制人的思想看得同控制人的行为一样重要,看到康德先是要人们用他们自己的脑袋,而不借助于国王的脑袋进行思考,又对国王用来控制人们头脑的宗教说三道四。腓特烈二世先把自己的教育大臣骂了一通,又令他告诉不知天高地厚的康德,不准他再谈宗教的事。

在这种压力面前,康德可不是布鲁诺,老老实实地服从了国王和大臣的指示,从此不再谈宗教。他认为做臣子的应当听君主的话,而且他又没昧着良心去撒谎,他只是不谈罢了,没有一个人有责任说出一切真理。

但腓特烈二世去世后,康德便立即给自己恢复了什么都敢说的权力,他说他只是对前国王私人承诺不谈宗教,现在他死了,他的诺言自动失效。不过他也并没有讲出什么出格的话来。

这时已经是1797年,康德73岁了,就在这年他完全停止了上课,正式退休。此后康德还在写作。

他这时写了好几部著作,内容像他从前风华正茂时讲的课一样渊博,如《逻辑学》《自然地理学》《教育学》等,不过这些著作都只是些草稿,康德生前并没有将它们出版,是后人帮他整理出版的。

前面讲过，康德一生不但对哲学，而且对自然科学，尤其是物理学，也深感兴趣。在晚年，他似乎想将这两者，也就是哲学同自然科学，或者说形而上学同物理学结合起来，让他们成为一个统一的整体。

要做到这一点，首先要找到一条可以从哲学走到科学的羊肠小道，它就像一座渡桥，能够带领我们从哲学的此岸走到科学的彼岸，反过来亦如此。因此他最后一篇文章的题目便叫作《从自然界的形而上学到物理学的过渡》。

可惜的是天不假年，他未能完成这前所未有的伟大使命，这篇文章、这个事业随着康德生命的结束而终止了。

康德于1804年2月12日辞世，像他的生一样，他的死也很平静，没有给这个世界增添一点喧哗。

然而又有谁比他更能在人类的心灵之中激起巨响呢？

谈完了康德的人生，现在来看他的哲学。

康德哲学是一座带红线的迷宫

康德哲学虽然晦涩艰深，但也是可以理解的，因为它有着内在的严谨的逻辑，只要我们努力深思便可以将这逻辑秩序找出来——这也是我们理解康德的线索，循着这条线索可以把深奥复杂的康德哲学以相对通俗易懂的方式呈现出来。

不妨打一个比喻，古希腊传说中宙斯的私生子米诺斯王曾建了一座迷宫关他的老婆同一头白公牛配种生的半牛半人的怪胎。这座迷宫里的道路极其复杂，人一进去就休想出得来。但这座迷宫后来被忒修斯破掉了：他走进迷宫，找到怪物，杀死它，又顺利地走了出来。

忒修斯是凭什么做到这点的呢？是因为米诺斯王的美丽女儿阿里阿德涅爱上了忒修斯，给了他一根红线，让他循着红线走，这样他在迷宫里就不致迷失方向。

在这里我们不妨将康德比作另一个米诺斯王，他的哲学是另一座迷宫，笔者就是给你们线的阿里阿德涅，你们自己就是英俊神武的忒修斯。

那么康德哲学的迷宫之线到底是哪一条呢？

这条线索就是对现象与自在之物的划分。

两个世界

现象与自在之物，或译作物自体，这两个概念在哲学史上是很有名的。从字面上看很容易将现象看作是我们所看到的自然现象，也就是万事万物：从浩瀚宇宙、花鸟虫鱼直到我们看不见的细菌电波。

上面这些我们所见所感的万事万物确是康德所指的现象，但这只是问题的表面，问题的实质是如何理解这个现象。

前面讲到洛克关于"何谓知识"时，曾说过在洛克看来，我们虽然分明地感觉到物质世界的存在，但这仍只是一种感觉而已，也就是说，我们实际上不能断定它们的存在。我们之所以相信外在世界的万事万物是客观存在的，主要是因为能够感觉到它们，即能"看得见、听得真、摸得着"它们。而事实上这"看得见、听得真、摸得着"既非存在的充分条件，也非存在的必要条件。因此洛克认为人们并不能断定物质世界的存在，人们所能直接接触的只可能是心灵中的观念。

为了更好地理解现在的康德，笔者建议大家再读一下前面洛克哲学中"什么是知识"一节，仔细地理解一下洛克为什么认为世界只是一种观念。

康德的思想同洛克是一脉相承的，他也认为人所看到、听到、摸到的万事万物这些现象其实也只是人们的感觉，是一种由人的感觉形成的表面现象，是一种主观的表象，这就是现象。

那么这些现象是怎么来的呢？这个问题洛克没有回答，他只是认为并不能断定外在世界的存在，知识的对象只是观念而已。对于这个观念或者感觉与外在世界的关系，洛克的回答是比较简略而朦胧的。康德则相反，他对这个问题做出了相当明确的回答，这个回答也展现了他哲学的最大特色之一。

康德认为，在我们的感官所感觉到的这个由现象构成的世界之外还有另一个世界——彼岸世界。

要想攻破康德哲学这座迷宫，了解这个"彼岸世界"是一个主要的突破口，因为它既是康德哲学的重心之一，又并不难理解。

康德的这个"彼岸世界"有三个主要特征：

第一，它是现象的缔造者。

我们为什么会有感觉？为什么会感觉到世界上有万事万物？这是因为在这万千现象背后有一个东西，正是它在我们的感官里造成了这些感觉，而这些感觉就是我们所看到的万物——现象。例如，看电影时，我们看到银幕上有许多映像，有人，有狗，有鲜花。这些乃是我们的感觉，是现象。但它们并不是自己跑到银幕上去的，在这些活泼的映像背后还有制造者，如摄影机和演员等。康德认为，我们在这世界上所看到的诸现象同样有一个制造者——彼岸世界，具体而言，是彼岸世界的"物自体"们。正是它们刺激人们的感官从而产生了各式各样的感觉，变成了我们所看到的万事万物——现象。

第二，它是客观存在的。

前面说过，洛克也认为人们所感觉到的万物只是一种反映，并不能说在这些观念背后的观念制造者真的存在，他之后的休谟更说对那个世界根本一无所知。康德的观点则不同，它认为这个彼岸世界及其中的物自体们是肯定存在的，并且的确是它们刺激我们的感官而导致了感觉，这感觉就造成了现象。而且这个物自体乃是一种不依人的意志为转移的客观存在。

第三，它是不可知的。

虽然可以断定这个彼岸世界及其物自体是客观存在的，但对于它的认识也就到此为止了，它别的任何特征我们都一无所知，也不可能知。

比如，这个物自体好像是我们每个人的祖先，大家知道我们都是由猿人进化而来的。也就是说，如果我们将自己的身世往上追溯，从父亲、爷爷、曾祖、高祖，一直下去，终究可以推到某一位猿人，这是必然的。但对于这作为我们直系祖先的猿人我们又了解多少呢？它有多高？多重？身上有没有毛？毛是什么颜色的？……对于这些我们祖先的特征，我们一无所知，也不可能知道。实际上我们只能断定它在若干万年前是存在的，除此无它。

康德认为，人们对于这个彼岸世界及物自体也是这样，只知道它是存在的，除此无它。

在分析了现象与物自体后，下一个问题：它们两者之间是一种什么样的关系呢？既然现象是由物自体刺激感官而来的，那么它们之间是不是很相像？就如同一枝花与它的镜中之像一样？

康德回答说：既不是像，也不是不像，而是我们根本不知道像还是不像！

这个答案其实可以自然而然地从康德前面的说法中得出来，我们既然对物自体除存在之外的一切茫然无知，当然对于它是否同现象相像也一无所知。也就是说，现象虽然是因物自体刺激我们的感官而引起的，但它根本不反映物自体的什么特性。例如我看到前面那条小狗的毛白如雪，那么是否说明物自体有这个白如雪的特性？当然不！还有毛黑如墨的小狗呢。

至此便可以知道在康德看来存在着两个世界：一个是由我们所看到的万物即现象组成的"此岸世界"，也就是自然界；另一个则是由物自体组成的彼岸世界。对于那个彼岸世界，人们除了其客观存在是一无所知的，因此人的一切认识只能停留于这个此岸世界，即自然界。

康德的整个哲学体系实际上都是围绕着这两个概念——现象与物自体而展开的，并且得出了一系列有趣也有力的结论：

在他的认识论里，他既否定了上帝，因为它属于彼岸世界，不是现象，所以不可能认识上帝，也没有必要对他去进行认识，因为这也是不可能的。这等于说神学的存在是没有必要的，只有将自然界即现象作为认识对象的科学才有存在的必要。然而康德又没有否认上帝，他认为上帝是存在的，就像物自体一样。

接着在他的伦理学里，他又将前面束之高阁的上帝请了出来，说明上帝的存在是十分必要且重要的，因为人们在实际生活中如果要维护道德的尊严、获得幸福，就必须有一个神并且信仰他。

最后，在他的美学里，现象与自在之物在艺术作品里得到了某种形式的统一。

不但如此，在康德那里，这个彼岸世界有时也可以看作一种美好无比的理想境界，它是如此美好，就像天堂一样，只是人类永远无法在人间得到完全的实现。然而人们却可以努力去朝向它、追寻它。

人类到底能认识什么？

在说清楚康德的两个世界理论后，就可以以之为基础进一步分析他的其他理论。

第一个就是对人类认识的批判性分析。

康德认为，以前的形而上学家们有一个共同的缺点，就是武断。也就是说，他们在没有对人类的认识能力，即人类到底能认识什么、不能认识什么之前就武断地去研究一切问题，也就是一些形而上学问题，而这些问题实际上是人类无法回答的，对它们的回答只能是一种没有力量的主观臆断，用康德自己的话说，是一种"独断论"。

因此，正确的方法是在进行一切的认识之前必须先对人的认识能力作一番细致的批判考察。

那么人类到底有些什么样的能力呢？对这个问题的回答涉及康德的整个哲学体系，得慢慢来说。这里先说他的第一个结论，这也是一个总体性的结论。

这个结论就是康德认为人的认识能力只能及于经验，不能超越它，也可以用另一句话来说：人所能研究的只能是现象，而不能达到物自体。

从这个结论我们可以直接得出，在康德看来，原来的形而上学与神学所研究的一切问题，例如有关上帝、灵魂、本体等都超出了人类所能研究的现象范围，因此不可能对其做出真理性的研究，而与此同时，那些已经做过的研究，包括古往今来的所有形而上学家和神学家所得出的关于这些问题的结论也必然是不可靠的，是他们凭借错误的想象而建立起来的空中楼阁。

关于认识论的问题，也就是凭一种什么样的能力获得、如何获得知识的问题，以前的哲学史有两种主要看法：一种是以笛卡尔等为主，被称为"唯理论"，认为人虽然有经验，然而由它所致的认识是不可靠的，人们只可以凭借理性这种人类生而有之的本事才能获得知识，并且这是一种具有普遍性与必然性的知识。另一种看法是培根、洛克等人的，与笛卡尔相反，他们认为认识开始于经验，人们只有从经验之中才能获得知识，然而从经验而来的知识并没有，也不可能有普遍性与必然性。

康德用哲学家的精明和智慧看出了这两种观点各有自己的长处和短处，而且己之长即彼之短，反之亦然。具体而言就是经验论者们发现了知识开始于经验这一重要的、正确的原则，但他们没有为知识找到一个可靠的基础，使知识虽然来了，却不能说自己是真理，缺乏权威性，因此知识像一座奠基在沙土上的城堡，随时有坍塌的可能。唯理论者们却相反，他们为知识找到了一个可靠的基础，然而他们的知识本身并不是可靠的，它们是由心灵闭门造车而来，所以令它们虽然看起来可靠，仔细思量却是无源之水、无本之木。

于是康德采两者之长、去两者之短，再融合自己的创见，提出了他关于知识的独特见解。

他的观点可以如此概括：知识来自经验，而如果它要具有普遍性与必然性则必须依赖理性。

具体说，可以将知识的形成看作一个过程：首先它是经验，然而经验这东西是乱七八糟的，不能算是知识，就像乱堆在一起的砖瓦木石算不上是楼台亭阁一样。是什么将这些乱七八糟的经验变为知识的呢？是人类一种先天的认识能力。这种能力具有普遍性、必然性，因此它能将那些乱七八糟的经验转变成具有普遍性、必然性的知识。

这样，将经验与这种先天能力结合起来，就构成了知识：它既来自经验，是有源之水、有本之木，又经过了那种具有普遍性、必然性的先天能力的加工，因此令这种知识同样具有普遍性与必然性，这样它才成为真正的完整的知识。

可以看到，这种真正的知识是由后天经验与先天能力融合而成的。

在构成知识的两个元素之中，第一个经验好理解，但第二个——那种先天的能力却不好理解，需要进行更多分析。

康德认为人类有三种先天的认识能力，分别是"感性""知性""理性"。它们三者与经验相结合就形成了我们各式各样的知识，其中：

感性这种先天的认识能力同经验相结合就形成了"感性直观知识"，它有另一个更为通俗的名字——数学知识。

知性这种先天的认识能力同经验相结合就形成了自然科学知识。

这两种知识都是既有经验作基础，又有先天能力作后盾的，因此它们是具有普遍性、必然性的可靠的知识，或者用现在的话来说是科学知识。同时我们也可以看到，既然它们是由经验而来的，那么它们所涉及的当然是现象世界的事，不涉及物自体和彼岸世界。

然而理性又如何呢？康德认为，它与前面的感性与知性大不相同。它的主要特征是想要抛开经验，超越现象世界，去把握那彼岸世界及物自体，由此而得来的知识也就是形而上学。

当然，这种追求知识的方法是不可行的，它所得到的知识也是不可靠的，主要原因是它想要超越经验去把握物自体，而那是不可能为人所知的。一句话，形而上学不是真正的知识，只是伪知识而已。

以上只是粗略地谈了感性、知性与理性，下面再来更详细地分析这三个在康德哲学中举足轻重的概念。

数学知识从何而来

前面说过，在康德看来，所谓感性乃是这样一种人所具有的先天能力：它能将我们的经验加以改造，变成可靠的知识，具体来说就是数学知识，例如 1+1=2。

那么这种能力到底是一种什么东西呢？康德说，它就是"感性直观形式"，而由它形成的知识就叫感性直观知识。

"感性直观形式"这个词乍看有些古怪，也许因为这是对其特点的一个总结，它既是感性的，又是直观的，还是一种形式，因此就叫感性直观形式。这其实是一种挺普通的对事物命名的方法,例如"名人"这个词便是这么来的,名人既是有名的,又是一个人,所以便称之为名人,这方法也叫"属性+种"的命名方法。

那么什么东西"既是感性的,又是直观的,还是一种形式"?有两个:一是空间,二是时间。

康德说,正是空间与时间这两种先天的感性直观形式整理零零碎碎的经验,使它最后成为严谨有序的数学知识。

康德认为,空间与时间乃是一种感性直观的"纯形式"。为什么说它是纯形式呢?这是因为这两个东西乃是人的大脑先天就有的,它不仅不是从经验而来的,甚至可以说同经验无关。

不但如此,他还认为经验实际上都是来自空间与时间,经验是要以之为条件的。为什么呢?因为经验的形成得有一个过程。经验并不等于一个原始的感觉,它得与单个的原始感觉以外的某个或某些东西结合在一起,如此才可能形成完整的经验。

在这里,大家可以看到,这个"以外"是关键词:首先,感觉必须与"在我以外"的某些东西结合;其次,当这些原始的感觉彼此与它之外的感觉发生关系时,都有着一个共同的概念——"以外",这个"以外"就是空间概念。

这就说明,如果人要形成经验,就必须先有空间概念,这是经验形成的前提。

与空间相似,时间也是这样。康德认为,时间观念包括同时或者前后相继两种关系,而人的经验也如上所言不能是一个单纯的原始感觉,而必须是许多东西"在同一时间存在(同时地)或在不同时间存在(继续地)"。这实际上与上面作为经验前提的空间是一致的,因为既然经验是某个原始感觉同它之外的某个东西发生关系时才形成的,那么在它们发生关系时必须存在着一个时间关系，要么是同时的，要么有先后，这是不可避免的。就像我们看到一朵红花，是"看"这个感觉同它以外的"红花"结合而成的，在这里有"以外"这个空间关系，那么同时必然还藏着一个时间关系，例如我们张开眼睛，然后看到红花，这里就有一个前后相继的时间关系，先有看，然后有红花。

如果没有这个时间关系，我们可以想象可能有经验吗？或者说，我们可以想象脱离了时间关系的经验吗？因此可以说，一切经验都是要以时间这个概念为前提的。

这其实好理解，我们可以想象任何东西能脱离时间而存在吗？不能，哪怕它是一种古怪至极的幻想。所有这一切都必然在某个时间发生，而且必然延续某个时间段——哪怕它短得像一个共振态粒子的生命周期，但仍是无论如何不可避免的时间。

证明了空间与时间是经验的基础并且有了这个基础后，康德说我们由此就可以得到知识了，这个知识就是数学知识，他又称为"感性直观知识"，这个感性直观知识就是由经验同作为感性直观的纯形式的时间与空间结合而成的。

这样的思想不好理解，要结合具体的数学知识。

我们知道，数学主要有两大分支——代数与几何，他认为先天的时间观念同经验结合形成了代数知识，而先天的空间观念同经验结合就形成了几何知识。

先来看代数中的算术。算术无疑是最简单的代数知识。拿一个最简单的算术命题——1+1=2 来说吧，看看它为什么是由后天经验同先天时间观念相结合而形成的。

我们之所以认为 1+1=2，当然是因为在经验之中经常看到一个人旁边再站另一个人，就成了两个人。我们其实是把这"2"用来描述"1

个人旁边站另 1 个人"而形成的状态，这实际上是对同一种情形进行另一种形式的描述，也是一种更为简化的描述。由于它们描述的其实是同一种情形，只是形式不同而已，两者之间当然没什么不同，这"没什么不同"人们便用"="来描述。这样合起来就是 1+1=2。

也可以看到，这里面的过程只是一种简单的经验过程，其实完全用不着什么数学术语，找个大字不识一个的人来看，他也会立马就懂，因为他可以轻易地凭经验而发觉这 1+1=2。

但这里是不是只有经验在做主呢？不是。如果我们更仔细地看看，就会发现还有另一个东西也在扮演着一个不可或缺的角色，它就是时间。

可以看到，当我们在 1 个人旁边再站上 1 个人时，这里总有着一个东西在起作用——时间：我们是先有了 1 个，然后再加另 1 个，这样才形成了 2 的经验。在这里我们可以明显地看到时间，具体而言，就是前后相继的时间关系。而且我们只要稍加思索就会发现，这时的"时间"概念是不可或缺的。也正因如此，康德才说算术是人们的经验加上先天的时间观念而形成的。

不难看到，这个 1+1=2 只动用了最简单的经验，然后再加上同样简单的时间观念就构成了，即使用现在的常规标准来看，它们也是很感性的，用不着多少理论分析。同时这也是很直观的，用不着拐弯抹角就看得出来，因而是一种不折不扣的"感性""直观"知识。可以相信当康德将其命名为"感性直观知识"时很可能也是这个意思吧！

这时也许有人会问：这里难道不也需要空间吗？为什么康德只说要时间呢？为什么不说代数是由时间、空间与经验三合一而只说是时间与经验二合一呢？

这正是因为当我们合成代数知识时并不需要空间而只需要时间。

大家可以想想，当 1+1=2 这个数学知识形成之后，它还需要像 1 个人那样需要空间吗？当然不需要，它已经成为一种思维形式，并非一种物质形式的东西，所以不再需要空间。

至于另一个问题：为什么说几何是经验加上先天的空间观念而形成的？这与算数的道理差不多。

我们以一个最简单的几何学命题，如"两点之间线段最短"为例。这个命题也是从经验而来的，例如我前面不远处的地上有一只乱扔的可乐纸杯，我想将它捡起来丢进不远处的一个垃圾桶。我怎样才能最快地走到那只可乐杯旁边呢？当然是直直地走过去，捡起来后也只有直直地走到垃圾桶才能用最短的路线完成这件事。把这个简单经验数学化后就变成了"两点之间线段最短"这一几何命题。

但在这里只有经验在起作用吗？当然不是。因为那"两点"——我与可乐杯、我与垃圾桶都是在空间中的，并且占有一定空间。还有，它们之间的距离不管多短，总是有一点，这些都是空间。而其他几何定理，不管是平面几何的还是立体几何的，当然都可以如此与空间关联起来。

这样，再联系上面算术是后天经验同先天的时间观念相结合而成，便可以理解康德为什么说数学知识是后天经验同先天的空间与时间观念相结合而形成的。

至此另一个问题，即数学知识为什么具有普遍性与必然性的问题也迎刃而解。这是因为既然它们是后天经验同先天的空间与时间观念相结合而形成的，而这先天的空间与时间观念具有普遍性与必然性，所以数学知识当然同样具有普遍性与必然性。

从前面的分析我们还可以知道，对于数学知识而言，后天的经验同先天的空间与时间观念是缺一不可的；还有，这个先天的空间与时间观念如果想要继续保持它的普遍性与必然性，就不要妄想去结合彼岸世界及其物自体，因为如果这样的话就不可能得出具有普遍性与必然性的知识。因为对于康德的认识论而言，彼岸世界不可触及，这是达到知识与真理的第一原则。

自然科学知识从何而来

讲完了康德的感性以及与之相关的数学知识的来源，接下来讲康德认为的人类第二种先天的认识能力——知性以及与之相关的自然科学知识的起源。

如同感性，知性同样可以说是一种能力，这种能力能够与经验结合成为自然科学知识，就像感性与经验结合而形成数学知识一样。这感性对于知识的形成是一个不可或缺的步骤，因为如我们所知，经验是相当散乱而无系统的，它单独无法成为知识，最多只是一些知识的原料，只有通过感性与知性的整合与改造才能成为知识。感性与知性在这里起了建筑师的作用，它将零散的建筑原料——经验建筑成为一座座精巧的知识之屋。

什么是感性前面已经说过了，它就是时间与空间这种先天的感性直观形式。那么知性又是一种什么东西呢？简而言之，康德的知性是一种思维能力，正是这种思维能力将那些感觉经验结合成为自然科学知识。

我们知道，经验这东西就是感官同外在对象的结合，前面它同感性结合产生了数学知识，在这里它又同知性结合产生了自然科学知识。

前面我们也已经知道，作为一种能和经验相结合成为数学知识的感性，具体来说是空间与时间这两种感性直观的纯形式。那么，作为能和经验相结合成为自然科学知识的知性具体来说又是什么呢？

康德当然也为它找到了具体的形态，而且一找就不是2种，而是足足有 12 种！这就是康德的 12 范畴，它们分别有 4 大类：量、质、关系、样式。其中每一类又各包括 3 种范畴：量包括统一性、多样性与全体性 3 种范畴；质包括实在性、否定性与限制性 3 种范畴；关系包括个性与偶性、原因与结果及交互性（即主动与被动之间的相互作用）3 种范畴；样式则包括可能性与不可能性、存在性与不存在性、偶然性与必然性 3 种范畴。

不难看出，这 12 个范畴其实只是 12 种思维的模式或者是 12 种事物可能的性状，这两种说法其实是一致的，因为我们头脑的思维模式当然是依据事物本身而来的。例如所谓的样式，它指的是一个事物的几种可能性：它可能存在，也可能不存在；也许是必然的，也许是偶然的；要么是可能的，要么是不可能的。如果再加上其他 9 个范畴，将会发现当我们在思考一个事物或事物之间的关系时，不可能超出这 12 个范畴所规定的内容。不信的话大家可以试试看，我们也许可以找到某些貌似不存在于这些范畴中的东西，但实际上它仍存在于其中。例如说某物是美的或者丑的，它就是事物质的规定性。

更进一步地还可以看出来，这 12 范畴实际上又是一些句式的内在结构，当我们用一个句子做出某个判断时，实际上就隐含着这些范畴。而且如果缺少了这些范畴，句子就无法成立，只能是一些散乱不堪的经验，这也正如没有空间与时间，数学公理与定理也只是一些凌乱的经验而已。

实际上，康德对于这些范畴的界定就是根据人们在说话、在做出一个判断时所用的句式特征而得来的。如果我们想要说出一个完整的句子、做出一个完整的判断，就必须有至少两个句子成分：主语和谓语。这主语与谓语联结的方式，也就是判断的方式，便构成了不同的范畴，就像"我"是主语，"渴了"是谓语，"我渴了"就构成了一个实在性范畴。当然许多情况下不会这么简单，主语与谓语是以隐含的形式而存在的，而范畴同样隐含其中，必须经过仔细寻找，甚至花很大力气才看得见。

虽然如此，这默默无闻地存在着的范畴却仍是我们之所以能做出判断的基本条件，如果没有它们，那么我们所能够有的永远只会是一些乱七八糟的感性经验，而不可能形成完整的、有内容的判断。

可以打个这样的比方：一栋大厦，它看上去高耸入云，外面装饰着玻璃幕墙，又美丽又壮观，令人心醉。但实际上使得这座大厦屹立不倒的是什么呢？难道是外面的玻璃幕墙吗？当然不是！是存在于那"幕后"的钢筋水泥结构，如果没有它们，整座大厦便会立时坍塌，成为一堆玻璃碴。更准确地说，它当初根本不可能建立起来，成为一座大厦。

在任何一个判断之中，范畴的作用便如这玻璃幕墙大厦中的钢筋水泥结构一样。

康德还给这些范畴取了另一个名字——纯概念。他的意思就是说，这些范畴乃是与经验无关的东西，是纯粹主观的东西，"先天"的，是我们的大脑生而有之的，与感性无关。

那么，这个由先天而来的范畴是不是与经验无关呢？就其来源而言，当然如前所言与经验无关，不过它必然会与经验发生关系。因为它要与经验"结亲"，还要生"孩子"。那"孩子"就是自然科学知识。

这过程当然不会一句话这么简单，它里面还有许多文章。具体说，在自然科学知识发生之前，在这个世界上有许多感性经验，它们就像一堆乱放的砖瓦木石一样搁在那儿，看上去简直是一堆垃圾。这时知性来了，它是一个了不起的工程师，将那些散乱不堪的砖瓦木石一一搜集起来，经它妙手生花的设计加工，最后便成了一栋栋精致的房子，这就是一项项的自然科学知识。

例如石头砸石头会发出星星之火，这星星之火又可以成为熊熊烈火，帮人类的猿人先祖们烤熟兔子、野鸡什么的，吃起来美味又卫生。但我们不要以为猿人先祖们仅凭经验就可以做到这一点，实际上，如果单讲经验，那么石头相碰和发出火花是两码事，它们之间虽然有很简单的因果联系，但经验并没本事将两者联系起来。

谁有这个本事呢？当然是知性。要知道知性事实上就是上述 12 范畴，因果便是其中之一。这将碰撞石头与发出火花两者联系起来，做成一个因果关系自然是它的"强项"。

知性不但可以得出这样简单的因果联系范畴，而且复杂得多的也没问题。总之，知性作为一种思维能力，又是思维的 12 范畴，将我们从自然界中得到的经验一一摸了个透，然后将那些内在的客观关系找出来。这些关系用另一句话来说就是各种自然规律，例如上面所说的"砸石头将发出火花"就是这样的自然规律。

然而这里要着重说明的是不要以为这些自然规律是所谓的"客观规律"，实际上恰恰相反，康德并不认为这些规律是自然界中存在的客观规律，而是人们的头脑外加给它的，是理智强加给自然界的，是我们的知性，或者说理智，断定自然界有此法则，并且要求遵循此法则。

这个法则就像塑料一样，自然界中虽然有石油，然而并没有塑料，塑料是人自己造出来的，这些规律也是人自己造出来的，当然它们的原料早存在于自然界中。

这样，在康德看来，人在自然界面前就根本不只是一个被动的旁观者，而是一个主动的创造者，不是自然界把规律给人，而是人为自然界找到规律，对于自然界而言这些规律就是它的法，它们须循此法而行。

这些自然规律也就是人们所谓的自然科学知识。

志大才疏的理性

康德有一句名言:"我们的一切知识开始于感官,然后进达知性,最后终止于理性。"

理性和前面的感性、知性一样,也是一种能力。更精确地说,理性是一种欲望,因为它的能力事实上只是无能,是我们人类心中一种想超越现象世界去把握彼岸世界及其物自体的欲望。

正因为理性空有欲望却缺乏相应的能力,所以可以用一个成语相当贴切地来形容它,就是"志大才疏"。

前面讲感性与知性及由之造就的数学与自然科学知识时,总强调它们的运用只能限于现象世界而不能及于彼岸世界和物自体,那一切的数学公理定理、科学知识与自然规律之类也止于自然界,仅是对现象做出解释,绝不能逾越雷池一步。但问题是,人类是不是就此老老实实地只注意现象,而像康德所嘱咐的一样,不去理会物自体之类呢?

康德回答:不!人类恰恰总是想要超越这个现象世界,去把握那居于现象之外的物自体。

凡属现象世界的东西总是相对的,其成立也是有条件的,人类却总不满足,总想要在得到现象之后进一步去追寻物自体,因为他们觉得那些物自体同现象不一样,是绝对的、无条件的,他们当然要尽力地去追求。康德认为:此种欲望便是人类的理性。

人类追求物自体的方式可以分成两种:一种是给本来属于现象的东西硬加上物自体才有的性质,拼命让它们去合乎物自体,另一种则是直接去追求物自体。

对于第一种情形,康德给我们举了个例子,就是国家。世界上的政府与国家很多爱王婆卖瓜——自卖自夸,把自己称为最完美的;有最完美的政治体制、最民主自由的宪法、最好的政府，总之是最好的国家。而且往往那些越是独裁专制的政府越是鼓吹自己是"最好"的政府、自己的制度是"最好"的制度，并且用暴力来镇压那些胆敢不承认它们就是"最美好"的人——用康德的说法，好像它们的国家与政府是物自体本身一样。

至于人类追求物自体的第二种方式——直接的追求，具体而言就是人类对三大物自体的追求：灵魂、上帝与本质世界。因为这三者中，灵魂是一切精神现象中的至高统一体；世界的本质或者称本质的世界乃是自然物理世界的最高统一体；上帝则是比两者还要高的统一，也可以说是一切之中的最高统一体，是最高的物自体，也可以将这三者称之为"理念"，因为它们有点像柏拉图的理念，都是存在之物的最高范本。

那么人类，具体而言是人类的理性，是否能达到自己的欲望，即达到或了解物自体呢？

当然不能。这是因为当人类的理性想要考察这三个理念时，所能运用的同样只能是他们考察现象时所用的知性，然而知性只能用于考察现象，而不能用于考察物自体，如果硬要用它去考察物自体，那么这就是硬要它做力所不及的事，这样势必会陷入谬误之中而不能自拔。就像硬要一个手无缚鸡之力的书生去举一块 150 千克重的石头那样，能举起来才怪。

为了让上面这个说法更有力，我们还是具体地来分析理性考察灵魂、世界与上帝时所遇到的实际结果。

关于灵魂，前面说过，那些形而上学家们一个普遍的观点是将灵魂当作一种实体，并且由之断言灵魂是不灭的，就像柏拉图所说的。然而康德认为，实体只是一个知性范畴，所以它只能用以规定时间与空间中的事物。而灵魂则根本不存在于时间与空间之中，不是现象世界的东西，属于物自体，所以灵魂当然不可能是实体，我们也不能用属于实体的东西来规定它。这样我们从理性而来的关于灵魂的各式各样的性质，例如灵魂是否不灭、是会下地狱还是上天堂等，都是些不可能用理性回答得正确的问题，因而那些所谓的答案也只是根本没有真理性的主观臆断。

关于上帝的存在，形而上学家与神学家们做出了许多证明，以证明其存在，我们在讲托马斯·阿奎那和笛卡尔时都曾讲过，其中最主要的就是本体论证明。这个证明简而言之：我们在思考世界万物时，总感觉到它是不完满的，这也就是说，在我们心中有一个完满的观念。像笛卡尔所言，这是很清楚明白的，那么，既然如此，这个绝对完满的东西就必然存在。这样绝对完美的东西是什么呢？当然是上帝，所以，上帝当然是存在的，并且是绝对完满的。

对于这个本体论证明，康德反驳说："存在"只是个知性范畴，所以它只能用于规定此岸世界中的现象，而不能用于规定彼岸世界中的物自体，而上帝当然是不存在于这个现象世界中的，所以怎么能用存在去规定它呢？又怎么能用我们心中存在一个完满的概念之类的方法去推定事实上存在一个完满的上帝呢？这是很荒唐的，也是不可能的，就像不能用我的头脑中想有100块钱，从而断定我的口袋里也有100块钱一样。

康德就这样将形而上学家和神学家们奋斗了千年想要证明的灵魂与上帝等的存在否定了，并且我们看得出来，这是一个极有力的否定。

然而康德并没有就此将灵魂和上帝丢弃，而是相反，他用两根支柱保存了上帝：第一是就认识论而言，康德上面的反驳并不是否认上帝的存在，而只是说不能那样证明上帝的存在，对于上帝是否存在这个问题，他的答案只是不知道，也就是说并不否定上帝的存在。

此外，康德又在伦理学中干脆将上帝拉了回来。他认为，上帝应该作为一个道德的假设而存在，因为这有助于人类提升自己的道德水准，维系人类社会并且促使其发展。在这方面灵魂也与上帝一样。

康德这样说的理由其实很简单，我们只要读《圣经》就明白了，在那里，上帝岂不是无处不在指导人们向善呢？还有灵魂，如果不是害怕做了恶事死后灵魂会下地狱，遭受万劫不复的痛苦，不知会有多少人干坏事！既然上帝与灵魂事实上对于人类有这么大的功劳，我们又何必将它一棍子打死？何不作为一种道德上的假设，让信徒们继续信受奉行呢？

最后，对于世界的本质这个形而上学问题，康德同样进行了反驳，只是其反驳方式不同于前。

在探讨哲学史之后，康德指出，关于我们这个世界的本质是何者的问题历来有大量争论，这些争论不外乎两者：一是机械论宇宙观，二是形而上学理性宇宙观。对此康德既不是分别反驳两者，也不是赞同一个而反对另一个，而是采用了一种更佳的方法，他深刻地指出：这两种说法各有各的理，谁也驳不倒谁。与此同时，这两种观点又是截然对立的，这样两种世界观便同时陷入了深不见底的泥潭之中无法自拔。用康德自己的话来说，是陷入了"二律背反"之中。所谓"二律"，就是两种宇宙论所言世界的规律，背反当然是说它们彼此相反。

我们现在就来看看到底是些什么样的二律背反。康德共提出了4组二律背反，我们把每组的第一个称为正题，是属于形而上学理性宇宙观的；第二个称为反题，是属于机械论宇宙观的：

一、正题：世界在时间和空间上是有限的。
　　反题：世界在时间和空间上是无限的。

二、正题：世界上的一切都是由单纯的不可分割的部分构成的。

反题：世界上的一切都是由组合的可分的部分构成的。

三、正题：世界上存在着绝对自由。

反题：世界上的一切都受着因果必然性的制约，没有自由。

四、正题：世界上存在着一个绝对的必然存在者。

反题：世界上不存在一个绝对的必然存在者。

大家都不难理解这 8 个正题、反题的意思，那么它们有什么样的特点呢？主要有两个：一是它们都是对有关世界的几个最本质问题的回答；二是它们似乎都有道理，谁也驳不倒谁。这里只以其中第一个来分析一下，对于余下三个大家可以自己试着分析，并且很可能会发现真如康德所言。

第一组中的正题：世界在时间和空间上是有限的，这也就是说，世界在时间与空间上都有一个开端。为什么这样说呢？就拿时间来说，如果世界在时间上没有开端，那么在我们所处时间的任何一点，例如公元 999 年 9 月 9 日 9 时 9 分 9 秒，这时我们就可以说，有无限多的时间已经过去。而康德说，这是不可能的，因为无限是不可能过去、不可能完成的，否则便是有限。因此，世界在时间上必是有限的。

反题：世界在时间上是无限的，没有开端。因为如果这样，那么就是说，有那么一个时刻，那时世界和时间统统都不存在。而后来的时间与世界都是这某个时刻起才开始存在的。而康德说，这又是不可能的，因为任何事物都不能在某个空的时间中开始存在，无中不能生有。

这两种反驳看似都有道理，事实上也是如此，并且对双方的反驳我们还可以再反驳。例如对正题的反驳，我们可以反驳说，事实上，无限恰恰是可以过去的，因为有限之中就包含着无限。例如我们知道一尺之棰，日取其半，万世不竭。这说明了什么？说明了这个一尺之棰是可以无限分割的，也就是说这有限的一尺之棰中事实上恰恰包含着无限个无限小的部分，而当我们一步跨过一尺之棰时，我们也恰恰跨越了无限。

而对于反题的反驳，无中也恰恰可以生有，前面托马斯·阿奎那对此有过解释，《老子》也说过"天下万物生于有，有生于无"。

这一切都说明康德的二律背反是不折不扣的事实，必须认真地对待它，深入地领会它。

康德认为，这一切都表明人类的认识活动只能停留于现象世界，否则便是瞎扯，他说：

> 纯粹理性所有一切辩证之尝试的结果不仅证实了我们在先验分析论中所已经证明了的，即我们所有自以为能够引导我们超越可能的经验界限之一切结论，都是欺人而没有根据的。而且进一步告知了我们，人类理性具有超越这类界限的自然倾向。

然而，既然如上所言，"人类理性具有超越这类界限的自然倾向"，那么人类是否有什么方法满足这个天生的倾向，即超越现象而达到对世界的本质性认识呢？或者如果不能，那干脆不要这样想，也不这样做。

康德说这也是不可能的，因为如上所言，人们的理性存在这种"自然倾向"，所以它一定会引导我们去做这样不可能成功的事，就像我们不得不由那神秘的"时间"引导、必然地走向那条我们所不愿走的路——死亡之路。

至此，康德对于人类理性就做出了终审判决，我们不能不感到叹息，因为这样一来，虽然康德仍坚持说要人类一劳永逸地放弃形而上学研究是"因噎废食"，然而事实上，由于康德无情而有力的批判，哲学家们最引以为荣、花费了无数心力的形而上学实质上就此被康德打倒，原来盛行的形而上学问题自此几乎销声匿迹。

这可以说是康德对哲学最大的革命，是对哲学进行了一场"哥白尼式"的革命，形而上学犹如传统的"地心说"，自从哥白尼提出"日心说"之后，"地心说"便销声匿迹。

第十四章

一种能够自我实现的神奇理念

康德之后,我们要进入另一个伟大哲学家黑格尔的哲学世界了。我对这位哲学家的尊敬不亚于康德,他的哲学可能看上去比康德更难懂,然而如果我们仔细研究,会发现他几乎像康德一样博学而深刻。

我们还是按照惯例,先讲讲他的生平吧。

幸福人生

较之康德,黑格尔的一生是有色彩的,至少不再是一个没有生活、只有哲学的人。

1770年8月27日,黑格尔生于德意志符腾堡公国的斯图加特。由于是长子,他最先得到了父母的宠爱,尤其是母亲,从小对他慈爱有加,他也对母亲报以深挚的爱。可惜他才13岁时母亲就去世了,这留给了他永远的痛。多年之后,当黑格尔已经是一位老人,他还在母亲的忌日那一天写信给妹妹:"今天是我们母亲去世的日子,这个日子我永远记得。"

也许正因为失去了亲人而感受到那共同的悲哀，黑格尔一家人的关系非常好，无论是父子之间还是兄妹之间，都有很深的感情。或许是对黑格尔的感情太过深厚，他的妹妹终生未嫁。在黑格尔去世后的第二年她便自杀了。临死时她留下一封信，信中记载着黑格尔的许多童年往事，成为后世为黑格尔作传的最宝贵的第一手资料。

从她所留下的这封信中我们知道了黑格尔有一个多灾多难的童年，他6岁时得了天花，一只脚踏进了鬼门关，不过总算被医生救了回来。几年后他又患上了痢疾和热病这类可怕的恶疾，他的母亲就死在这些传染病的魔爪之下。他还得过一种叫"间日热"的怪病，一会儿冷得发抖，一会儿又热得冒汗，使得正在上学的他不得不回到家里休养了好几个月。

黑格尔5岁时开始上小学，两年后上了中学，成绩还不错，特别是对拉丁文与古希腊文情有独钟，这为他以后的哲学事业打下了良好基础。

黑格尔早年就显示出了两大优秀的学者品质：一是爱观察，二是爱做笔记。他总是仔细观察周遭的一事一物，从花鸟虫鱼的形态到他人的一言一行，并将所感一一记录下来。一个人如果有了前一个好品质，他就总能从生活中找出好东西，无论是美还是思想；如果有了后一个好品质，他就总能将这些好东西保留下来，变成自己宝贵的精神财富。如此日积月累，最后定能创造属于自己的美、自己的思想——不但黑格尔如此，大家同样如此！

1788年，18岁的黑格尔进了图宾根大学。刚进大学时他主修哲学和古典文献，两年之后他便通过考试，获得了哲学硕士学位。

除哲学之外，还有一件事对年轻的黑格尔影响甚大，这就是法国大革命。这场堪称人类历史上最轰轰烈烈的革命造就了一个英雄辈出的、史诗般的时代。黑格尔对这场革命的态度像当时大多数热血青年一样，张开双手欢呼，为此他还特地在图宾根广场上栽了一棵"自由树"。

获得学位后，他进入了图宾根大学的神学院继续学习。虽然这时候的黑格尔还是个20岁的年轻人，但已经露出一副学究气，他经常陷于哲学的玄思默想之中，因此同学们给他取了一个外号"小老头"。黑格尔有两个同窗好友，后来都非常有名，就是未来的大诗人荷尔德林和未来的大哲学家谢林。

1793年，黑格尔获得了神学博士学位，他的毕业证书上赫然写着：他学神学是三天打鱼两天晒网，但对哲学却全力以赴。

博士毕业后，按规矩黑格尔会去做牧师，不过他没有这样做，而是到了美丽如画的瑞士去当家庭教师。除了做家教，他几乎所有空余时间都花在了当地一家大图书馆里，读了大量哲学、文学、历史等领域的著作，从欧里庇得斯的《美狄亚》一直读到爱德华·吉本的《罗马帝国衰亡史》，这使他更加博学。

1796年，他离开了伯尔尼，因为他的好友荷尔德林来信，说为他在法兰克福找了一个好家庭做教师。黑格尔立即赶了过去，他想这下可有朋友能够畅谈终日了。但不久他就失望了——这时荷尔德林陷入了一场毁灭性的灾难之中。

作为一个男人，荷尔德林有两大优势：一是英俊，二是浪漫。他这时在一个银行家家里做家教，银行家的妻子是个风流少妇。她就像司汤达笔下的美丽的德·纳雷尔夫人一样，不知不觉地爱上她的于连·索黑尔，荷尔德林又怎能抗拒夫人的魅力？就这样，他陷入了一场注定是悲剧的爱情，哪还有心思理睬远道而来的黑格尔呢？抱着一肚子美好希望赶来的黑格尔陷入了孤独之中，甚至患上了忧郁症，他只好将全部精力投入哲学的沉思之中，在冥想中逃避现实的苦恼。

三年后,黑格尔总算苦尽甘来,这一年他父亲去世,给黑格尔留下一笔在当时还算可观的遗产,黑格尔立即不再当家庭教师了。这时候他的好朋友、比他年轻5岁的谢林已经享誉哲坛,是耶拿大学的教授。于是在谢林的建议下,他于1800年来到了耶拿,不久,他以一篇《关于行星轨道的哲学论文》获得了耶拿大学私人讲师的职位。

　　他在耶拿大学开的课主要是有关逻辑和形而上学的,他渊博的学识和深刻的见解折服了不少听众,学生有时候达几十个。

　　刚到耶拿,黑格尔就遇到了伟大的诗人歌德。歌德比黑格尔大21岁,对年轻的黑格尔青睐有加。正是在他的力荐之下,黑格尔1805年就当上了耶拿大学的副教授。

　　以后歌德还帮过黑格尔不少忙,因此黑格尔对歌德自然是既崇拜又感激,他们这种忘年交一直持续到歌德离世。黑格尔曾写信给歌德说可以把自己称作歌德的儿子。

　　不久黑格尔生活中又发生了一个大变故,事实上这不仅是他的,也是整个德意志的一大变故,因为拿破仑来了!

　　1806年10月7日,普鲁士国王腓特烈·威廉三世向拿破仑宣战。普鲁士人一宣战,拿破仑就率15万大军急速北上,一战耶拿、再战瑙堡、三战荷尔斯泰特,彻底击溃了普军,开战仅10余天就兵不血刃占领了柏林。拿破仑竟然在20天之内征服了欧洲最强大的国家之一普鲁士!

　　对于拿破仑的到来,黑格尔并没有大叫大嚷,痛骂万恶的侵略者,其他大多数德国人包括歌德也是如此,歌德还同拿破仑进行了一次十分友好的会见。这是因为法国人的入侵对于广大德国人民而言实质上是一种解放,将他们从腐朽的封建桎梏下解放出来。当拿破仑挥师进入耶拿城时,黑格尔还在马路边瞻仰了他。这晚,他怀着激动无比的心写信给朋友说他见到了拿破仑皇帝,并称他是"世界精神"。

但那些趾高气扬的法国兵可不像拿破仑一般和蔼可亲，他们开始骚扰民宅，其中包括黑格尔的家。为了免遭进一步伤害，黑格尔逃离耶拿，到了小城班堡。在当地的《班堡报》当了编辑以维持生计。

1807年，黑格尔终于出版了《精神现象学》，它被称作黑格尔哲学的"独立宣言"。

当了一年编辑糊口之后，黑格尔得到了一个比较理想的职位，纽伦堡埃吉丁高级中学请他去当校长。黑格尔在这个位置上干得相当不错，他没有用许多教条和校纪去束缚他的学生，而是给学生自由，学生看到校长这样信任他们也不好意思捣乱，于是整个学校一切井然有序。

当了校长后，黑格尔终于完成了他人生的一件大事——婚姻大事，1811年，他娶了玛丽·封·图切尔小姐。

图切尔小姐出身名门，黑格尔娶她时已经41岁，据说她长得相当漂亮，当时只有19岁，而这对老夫少妻的日子过得十分滋润，心满意足的黑格尔婚后不久写信给一个朋友，说："我尘世的目的已经达到了，因为有了一个官职和一个亲爱的妻子。"

他们生了两个孩子，长子后来成了著名的历史学家。此外黑格尔还有一个私生子，是他在耶拿时和一位姑娘生下的，他很爱这个孩子，婚后竟然把他带进了家门。

黑格尔在埃吉丁中学待了8年，随着他哲学家的名声越来越大，海德堡、爱兰根等大学纷纷争聘他当哲学教授，后来黑格尔选择了海德堡大学。

这是1816年的事，第二年他就出版了《哲学全书纲要》，展示了他哲学思想的完整体系。

这部书再次将他业已到处传播的名声推得更高、传得更远，一直传到普鲁士教育大臣耳中。教育大臣立即邀请黑格尔到柏林大学——这所整个德意志最高贵的大学去主持哲学讲席。这个教席算得上是全德国最尊贵的哲学职位，原来由一度执德国哲学之牛耳的费希特主持，并且自费希特死后一直空缺，现在成了黑格尔的囊中之物。

1818年，黑格尔来到柏林大学，成了德国哲学界之王。他凭着惊人渊博的学识、深邃动人的分析征服了听众，让他们都成了他虔诚的弟子和追随者。这里不妨引用一段黑格尔讲课情形的精彩描述：

> 他坐在那里，面前摆着鼻烟壶，他的头低垂着，看上去不那么悠然自得，不断翻动对开的笔记。他的讲话常常被一阵咳嗽打断，每个句子都是挣扎出来的。语调同样是不规则的：忽而平铺直叙，显得格外笨拙；忽而是深奥的妙谈，似乎无拘无束，发出一阵自然的雄辩，用富丽堂皇的措辞把听众搞得如痴如狂。

1821年，黑格尔出版了他的第三部经典之作《天赋权利和国家理论概说》（就是后来的《法哲学原理》），此后他就不再埋首创作，而是全情投入授课之中，他以后的著作实际上只是他上课的讲稿，有些是他自己出版的，但更多是他的学生们后来根据听导师讲课的笔记整理出版的。

黑格尔之所以要如此投入讲课这个看起来比创作要低等的事，也许正是因为他凭着敏锐远大的目光看到，他的思想要更快、更好地传播开来，更有效的不是一个人躲在家里猛写，而是要像演说家一样站出来，用讲课的方式召集追随者，这样，人多力量大，他的哲学才会具有无比的威力！他的学生们也很快形成了一个学派——黑格尔派。

这个学派在很长一段时间内不但统治了德国哲学界，还进而几乎统治了整个西方哲学界，如罗素所言：19世纪末年，英美一流的学院哲学家大多数是黑格尔派的。至于德国，那不是"大多数"，而几乎可以说是"全部"了！某个哲学家对此不禁大发感慨："哲学从来没有吹响过如此高亢的调子，它的殊荣也从来没有那样地充分得到承认和保障，如1830年在柏林。"

也就是在这一年，即1830年，黑格尔被授予了一个尊贵之极的职位——柏林大学校长。第二年，国王腓特烈三世郑重授予他勋章，对于一位哲学家而言这几乎是前所未有的崇高荣誉。

至此，黑格尔终于走到了他人生的顶点。

就在他当校长的第二年，还正是如日中天的时刻，柏林发生了霍乱，他在11月13日这天不幸染上霍乱，第二天便溘然长逝。

黑格尔的哲学犹如一座高入云霄、布满嶙峋怪石的大山，是很难攀登的。

绝对理念及其自我实现

讲起黑格尔，我们最常听到的一个词是"绝对理念"，这个词及其含义构成了黑格尔哲学的核心。

什么是绝对理念呢？我们先按常规分析一下：所谓绝对理念就是"绝对的理念"，绝对是用以修饰理念的，理念才是中心词。这样，为了理解绝对理念，先必须理解何谓"理念"。

前面讲康德哲学时曾说过，可以将灵魂、本质与上帝三者统称为理念。灵魂是一切精神现象中的至高统一体；世界的本质，或者称本质的世界是物理世界的最高统一体；上帝则是比两者还要高的统一，也可以说是一切之中的最高统一体，是最高的物自体。

由此来看，理念就是一切存在之物的最高范本。这有点像柏拉图的理念。事实上正是如此，因为就何谓理念而言，黑格尔和柏拉图、康德是一脉相承的。康德尤其是黑格尔许多思想的源头，不过他不是正面追随康德，而是常常将康德当作"垫脚石"，通过对康德进行否定与肯定而得出自己独特的思想。

当黑格尔在这个理念之前加上"绝对"二字时，含义其实并没有太大改变，仍可以视之为存在之物的范本，绝对理念则可视为存在之物的最高范本。我们知道，"绝对"这个词常常就是"最""无与伦比"等意思。例如说某侠客是武林的"绝顶高手"，就是说他武功天下第一。当黑格尔在理念前加上"绝对"时，也就是说它是最高的、无与伦比的理念。

但稍加思索就会发现这"绝对"二字实质上是白加的，或者说只是一种强调，并没有给理念增添什么实际内容。为什么呢？这是因为理念本来就是绝对的、最高的，称之为"绝对理念"不过是将之本来就有的特性提出来强调一下罢了，就像基督教徒称"万能的上帝"一样。

弄清了什么是黑格尔的绝对理念后，紧接着便迎来了第二个问题：黑格尔认为这个绝对理念又如何呢？前面讲康德时已经知道，康德认为，理念，即物自体，根本不可能为我们所了解。黑格尔对此的回答与康德截然不同，他认为：**绝对理念能够实现自己**。这句话可以看作是黑格尔整个哲学体系的真正核心。

所谓"绝对理念能够实现自己"，也就是说，绝对理念能够在人间得到实现。一种理念能够实现自己，并且能在人间得到实现，确实相当神奇。

不过大家仍会感到奇怪：能够在人间得到实现，难道绝对理念这样抽象的东西是自由、平等、博爱或者共产主义社会不成？

正是这个意思！当黑格尔谈到绝对理念时，就像康德谈至善、自由、共和国等一样，是一种人类的理想状态。不过与康德认为至善只是一个

"应当"、不可能在我们这个"此岸世界"得到实现不同，黑格尔认为这种理想状态能够在人间得到实现，当然不是一种完美的实现，但也是一种实现。

绝对理念之所以能够实现自己，是因为它不是一个单纯的抽象观念，而是一个强有力的、能够实现它自己的原则，所以有着强大的力量，就像统率一支强大军队的将军一样，当然有力量将自己的理想付诸实施。

为什么绝对理念具有强大的力量呢？这是后面要回答的问题。

思维与存在的同一

为什么绝对理念能够实现自己，黑格尔回答：这是因为思维与存在具有深刻的内在同一性。

关于思维与存在的同一性，黑格尔的意思可能与大家在课本或其他地方听过的不太一样。

首先是思维。黑格尔的思维不是指大家头脑里的那个思维，而是一种在所有人头脑之外的"客观思维"。

对于什么是客观思维，或者为什么有一个这样的称呼，是因为黑格尔的这种思维一则是外在于我们人的，也就是说它们不是主观而是客观的；二则它并不是一种有形的物质，而是一种无形的思维。这两个特性加起来就成了黑格尔的"客观思维"。这种外在于我们的客观思维从其名字就可以看出来，当然就是绝对理念。

其次是存在。黑格尔的存在既是也不是我们所称的存在。

说是，是因为当黑格尔讲存在时，其实指的也是我们所看到的这些东西，如蓝天白云、小桥流水、鸟语花香，等等。这些东西用我们习惯了的一个词来说，就叫作"物质"。

然而当黑格尔指我们这些"物质"时，他的意思恰恰同我们这些唯物主义者们不一样，甚至可以说相反。

在唯物主义看来，这些物质是一种不以人的意志为转移的客观存在。一方面人能够感知——看、摸、听这些物质，另一方面这些物质的存在却是不依赖于我们人的思维的，不管人有没有想到它们，它们依旧存在着。这就是唯物主义所称的物质的客观实在性。但这样的看法恰恰就是黑格尔反对的。他认为唯物主义所称的物质根本不具备所谓的客观实在性，而是一种完全主观的东西。用另一句话来说，如果有人坚持说物质具有客观实在性，或者具有客观实在性的东西才是物质，那么就意味着根本没有物质这种东西。

正因如此，黑格尔不用物质与实在等词而单用了"存在"。这个存在就是我们所指称为物质的那些东西，但黑格尔认为它们只是一种主观性的东西。

思维与存在具有同一性就是说这种主观的"存在"与思维具有同一性。

什么是同一性呢？词典上它的意思就是指两个或多个事物内外均相同，或者说外表虽有差别但实质上是同一个东西。黑格尔所说的思维与存在具有同一性指的正是这后一个意思，具体而言：（1）一切存在都是通过思维而来的。（2）凡思维的东西一定会存在。

首先来分析第一个问题：为什么说一切存在都是通过思维而来的？

前面已经说过，黑格尔不承认有唯物主义所说的物质这种东西，不承认物质的客观实在性。他认为万物不是什么客观实在，而是一些抽象的东西，是一些主观的表象。

下一个问题是：这些主观的表象从何而来？

黑格尔说，既然人们所看到的万物并非客观实在，而只是一些表象或感觉,那它们为什么能够存在并且表现为这些表象与感觉呢?要做到这一点显然不能光靠那些外在的、虚幻的表象与感觉本身,而是必须有其他的、更为可靠的东西做这些表象与感觉的"支架"。

那么,这个更为可靠的东西又是什么呢?黑格尔说:是"类"。

这个类也就是人们经常说的与个别事物相区别的事物之间的共性、普遍关系或者说事物的规律。如动物学中的"鱼类",就是指"体滑而形如纺锤、呈流线型、具鳍、用鳃呼吸的水栖动物"。也就是说,凡是鱼都具有"体滑而形如纺锤、呈流线型"等类的特征,又如行星运动的规律"开普勒三定理"也是行星类的特征。

黑格尔认为,这些万物赖以成为其自身的"类"仅凭人的感觉是不能认识的,要认识它们只能通过思维、通过人类的精神才能认识。

黑格尔的这段话当然是可以理解的,一个人无论多么聪明,他总不可以凭感觉,无论是视觉、触觉还是听觉,去看到事物的类,要了解这些东西必须借助思维。

这个思维既是人类的思维,更是客观思维、绝对理念,只有它们才能把握事物的类。

在此基础上,更进一步地,黑格尔认为,既然事物的类、本质或者规律只能靠思维去把握,那么它就是思维所思的那个样子。

这样的说法看似荒唐,但有其深刻道理。可以从两个方面来看:(1)类的存在是依赖于思维的。(2)类就是思维所思的那个样子。

关于第一点,这是因为事物的类是不同于其外表的,它既不能被看到,也不能被听到和摸到,甚至不能用任何仪器间接地测量到。例如我们可以用电子显微镜看见某些原子,也可以用伏特计测量电压,但能测量那个"类"吗?这是不可能的!事物运动的规律也一样,例如我们如何能看到、听到或者摸到行星运动的规律呢?这些都只是人类凭着思维而总结出来的东西。

这也就意味着，如果没有这个思维，那么这些规律就不存在——事物当然仍在照原样运动着，不过规律这个东西却并不存在，就像如果没有牛顿就不会有惯性定律、没有爱因斯坦就不会有相对论一样。当然惯性定律与相对论并非只有牛顿和爱因斯坦才提得出来，但在这里"牛顿"也可以改成"马顿"，也就是如果没有一个人提出这些定律，那么它们就不会产生出来，就不会存在。如黑格尔自己所言："类作为类是不能被知觉的，星球运动的规律并不是写在天上的。所以普遍是人所不见不闻，而只是对精神而言存在的。"这里的精神就是思维。

这时可能又有人要问：如果没有思维就没有类或规律等，那么如果所有的人都死了呢？那时候思维没有了，那世界会变成什么样？难道它就会因此湮没？物质的运动就不遵循惯性定律了吗？

当然不会。因为这里的思维固然看上去只是人类的思维，但在黑格尔那里却是一种比人类思维更为广大的思维——客观思维，或称绝对理念。人类的思维不过是"客观思维"的一种而已，也可以说是客观思维发展的一个阶段而已。

这样一来，即使人类不存在或者灭亡了，万物仍是存在的并且照样有类，因为那客观思维永远在思维着它。

同时，这个类既然是通过客观思维而来的，因此换言之对于每个具体事物而言，它的类就是客观思维所思维到的有关它的那些东西，并且客观思维就是事物的本质，至少能够表达事物的本质。

对于个体而言，类也可以用另一个词来表示，就是它的概念。所谓概念，就是超出事物的表面现象而对其类特征的描述。例如人的概念，无论说是"理性的动物"还是"会制造工具的动物"，这个"理性的""会制造工具的"与"动物"就是人的类特征。

因此，黑格尔指出如同依赖客观思维与类一样，事物也依赖概念才能真正存在。以他自己的话来说："只有符合概念的实在才是存在的实在，因为在这种实在里，理念使它自己达到了存在。"他还说："概念乃是内蕴于事物本身之中的东西；事物之所以是事物，即由于其中包含概念，因此把握一个对象也即是认识这个对象的概念。"

至此就说明了存在的实在是有赖于思维的，或者说，一切的存在都是从思维而来的。

但这只是证明的第一步，还要证明第二步，即类就是思维所思的那个样子。

这比证明类的存在依赖于思维要容易一些——甚至可以说用不着证明。既然类的存在依赖于思维，那么类到底是什么样子当然得由思维决定。这就像既然一个雕像会不会存在有赖于雕刻家，那么它到底会雕成什么样子当然也同样如此。

这时也许有人会打趣般地问：您怎么知道类的存在依赖于思维像雕像依赖于雕刻家而不是像孩子依赖于父母呢？须知父母可以决定一个孩子是否"存在"，但他们却不能决定他长什么样子！

黑格尔说，这就是因为思维之于类并不是像父母之于孩子，而是像雕刻家之于雕像。因为这个客观精神、绝对理念是一种有最高力量的东西，简直像上帝一样了不起！

至此，我们分析完了思维与存在同一性的一半——为什么一切存在都是通过思维而来的，现在我们来分析另一半——为何"凡思维的东西一定会存在"？

这其实也像上面为什么类就是思维所思的那个样子一样好说明。思维既然是有最高力量的东西，简直像上帝一样厉害，那么它当然会努力将思维不停驻于思维，而是将之付诸实践并最终实现。这也像一个雕刻家脑子里有了一个雕刻的印象，或者一个作家构思好了一部小说，他们当然不会将这些思维停留于脑海里，而是会将之付诸实践，创造出相应的雕像或小说——因为他们本来就是雕刻家和作家嘛！相似的，上帝本来就是造物主嘛。

这样，为什么凡思维的东西一定会存在也就说明白了。就像黑格尔自己所言："思维、概念必然地不会停留在主观性里，而是要扬弃其主观性并表示自身为客观的东西。"

这样，经过漫长的分析之后，为什么思维与存在具有同一性终于得到了说明。

这些也可以用简单的三句话来总结：（1）思维决定存在的本质。（2）一切存在都是通过思维而来的。（3）思维可以通过实现自己而成为存在。

这里要补充的是：在黑格尔那里，"思维""客观思维""理念""绝对理念""理性"甚至"实体"这些词的含义通常是一致的，只是基于不同情形、要说明不同环境下的问题才分别说成有不同的意义。例如黑格尔所说："一切现实的东西，唯有在它具有理念并表现理念的情况下才存在。"在这句话中，是不是可以将理念换成思维呢？

可以，并且换了之后其意思仍是清楚的，也没有多大的改变。他还曾明白地说过："理性，就是实体。"当然其中的意义也会有一些变化，但这变化主要是着重点的不同，而非基本含义或者对错的变更。

这里的一个例外就是当黑格尔使用思维、理性与理念等概念时可能指向两个对象：一个是人类之外的，另一个是人类。作为一个客观唯心主义者，黑格尔认为在人类之外还存在着理念、理性、思维等，就像存在着上帝一样。而与此同时，人类同样具有理念、理性与思维。不过这样的差别是不难区分的，只要从他话语的前后一看就会明白所指的到底是什么——人类抑或是超人类的理念、理性与思维。例如："理性是世界的灵魂，理性居于世界之中，理性构成世界的内在的、固有的、深邃的本性，或者说理性是世界的共性。"这句话中，黑格尔的这个理性当然不是指人的理性，而是指人之外的理性，指绝对理念、客观思维。

理性与现实的同一

上面刚刚讲过，黑格尔的思维、理念、理性等概念都可用之于人类。事实上它们不但可用之于人类，而且当他真的如此做后，就在其哲学中别开生面了，这就是他关于国家与社会制度等的理论。

前面讲黑格尔的生平时，曾经说过从来没有一位哲学家像黑格尔一样，不但得到众多信徒，而且还得到了政府的高度肯定。为什么能够如此呢？一方面是因为黑格尔虽然曾经是欢呼过法国大革命的热血青年，但当他渐趋老迈时就变得保守，不再喜欢残酷血腥的战争与政治革命，而是十分欣赏给德国带来了和平、统一与强大的普鲁士专制政府，像他的传记作者凯尔德所言："最后，经过40年的战争和无法估量的混乱以后，一颗老年人的心拍手称快地看到这一切终于结束，称心如意的和平时期开始了。"另一方面也是因为黑格尔不但将他对政府的这种欣赏表露在行动上，还表露在了他的哲学上，用他的哲学为普鲁士政府的专制作辩护。

他最有名的一句辩护词当然是："凡是合乎理性的东西都是现实的；凡是现实的东西都是合乎理性的。"

这句话使他得到了普鲁士政府的高度赞赏，据说教育大臣为此特地写信给黑格尔，大大地夸了他一番。但黑格尔同时引起了对政府专制不满的自由派的愤怒，他们大骂黑格尔是走狗，甚至说他的哲学"不是长在科学的花园里，而是长在阿谀奉承的粪堆上"。

一向受不了批评的黑格尔愤怒地站起来替自己辩护，他是如何辩护的呢？对于两句话中的前一句话用不着辩护，自由派人所反感的只是后一句。对于这个惹是生非的句子，黑格尔是如此分析的，他首先说现实的东西都是合理的并不意味着现存的一切都是合理的。

他知道人们反对这句话时就是认为他说的是当时的一切，包括战争、屠杀、抢劫、独裁专制等，都是合理的。因为在他们看来这些都是现实的，也就是说是现存的，他们将"现实"与"现存"混为一谈。

对此黑格尔将"现实的"与"现存的"截然区分开来。他说，现存并不意味着现实，因为世界上有许多东西确实存在，然而它们却没有资格称自己为现实的。他甚至旗帜鲜明地指出，没有什么价值的、可有可无的东西虽然现存，然而根本不是现实的。这就解决了人们反感的理由之一，即认为他把世界上一切垃圾，例如烧杀抢劫的强盗们，当成了合理的东西。

那么，什么样的东西才配享有现实的美名呢？黑格尔说，就是只有那些其存在具有必然性，是必然如此的东西才能称得上是现实的，这也就是说那些其存在是可有可无的东西则不是必然的，因而也就既不是现实的，也不是合理的。但黑格尔同样明白地指出，有些坏东西并不因为其坏就是不合理的，相反，它们仍然是合理的，否则它们就不会存在。他说："完全没有概念和实在性的同一的东西不可能有任何存在。甚至坏的和不真的东西之所以存在也还是因为它们的某些方面多少符合于它们的概念。"

在这里的这个"它们的概念"其实就是理性之意。黑格尔的意思就是，即使坏的东西，如果从它们的角度看也是有其合理性的，当然这个合理性不是有道理或者正确，而是合乎理性之意。这个合乎理性就是说某事物的发展乃有其必然性，因此尽管它坏，它却是必然要存在的，这种必然性就可以称之为理性。

还有最后一点就是，黑格尔说现实与合理并不意味着永远如此。相反，一切事物都在改变，那些此时是现实的合理的到彼时将不再如此，那时它将成为不现实不合理的东西，将变成死灭的东西。

为什么这样说呢？这是因为黑格尔认为现实世界的所有事物都只不过是绝对理念的表现形式而已，而且只是暂时的表现形式，也就是说是绝对理念发展过程中的某个环节与阶段。当他们是现实的时候，它们是合乎绝对理念的，具有必然性，然而时移世易，渐渐地它们就同绝对理念发生矛盾，于是就必然会变成不现实的、趋于灭亡的。

以一种发展变化的眼光看待一切，这就是黑格尔辩证法的精髓。这也就是说，那些坏的东西别看它们现在挺神气，然而它们是秋后的蚂蚱——蹦跶不了几天，它们的末日一定会来临。

黑格尔用这句话为自己辩护，说他并不是在片面地维护现在的制度与政府，好让自由派不那么痛击他。这意思还可以从他那两句话中的第一句看出来，那一句就是"凡是合乎理性的东西都是现实的"。据说，有一次，他的学生诗人海涅表示他对那句"凡是现实的东西都是合乎理性的"不敢苟同，黑格尔听后笑了笑，然后一脸神秘的样子，答道："也可以这么说，凡是合理的必然都会是现实的。"然后赶快往四周看了看，生怕隔墙有耳的样子。

为什么黑格尔这么小心翼翼？当然与他这句"凡是合理的必然都会是现实的"有关。这样的话，那些合乎理性的东西一定会成为现实，那么自由派提出的民主、自由、平等、博学等原则哪一样不是合乎理性的呢？当然是的。那么这一切早晚都会得到实现，这就意味着现存的不民主、不自由的政府和政治制度一定会完蛋！而民主与自由一定会得到实现。这样的话要是被普鲁士政府听到了，不会将他关起来才怪。因此难怪黑格尔要如此小心翼翼。

这样，我们应该可以理解黑格尔"凡合理的都是现实的，凡现实的都会是合理的"这句话的真正含义，这并不是一句保守的、维护现存反动制度的话，而恰恰是一句蕴藏着异常深刻哲理，并且富有革命性的话。

与此同时，这一句话将黑格尔把他的思维、理念、理性等概念用于人类之后所得出来的结论的精粹全部囊括其中了。这个精粹与黑格尔的基本哲学观点"绝对理念能够实现自己、思维与存在具有同一性"是一脉相承的，这就是说：人类社会现存的东西，包括社会制度，它们一旦存在就具有其合理性，然而它们终有一天会变成不合理的，必将走向衰亡。

至此已经讲完了为什么黑格尔说"绝对理念能够实现自己、思维与存在具有同一性"，还将这个观点置于社会制度进行了分析并由此展现了人类光明的未来。

这只是黑格尔的基本哲学观点，黑格尔的哲学当然不会停留于此，他那深邃的思想触角必会更深入地进行形而上学的玄思。

他所玄思的第二个问题：绝对理念究竟是怎样实现自己的？这与前面那个"绝对理念为什么能够实现自己"配成了完美的一对，将构成黑格尔哲学体系的主体部分，我们现在就来讲这个问题。

绝对理念如何实现自己

就整体而言，黑格尔的哲学体系分成三大块，分别是逻辑学、自然哲学、精神哲学，这个整体围绕着一个中心问题：绝对理念的自我实现。他的逻辑学、自然哲学与精神哲学分别讲的就是绝对理念如何实现自己的具体过程。

逻辑学，讲述的是绝对理念自身发展的进程，这时绝对理念表现为许多范畴——质、量、度、本质、现象、现实等的依次推演。

自然哲学，讲述的是绝对理念将自己"异化"，也就是说成为自然万物的进程。

精神哲学则讲述的是绝对理念超越了自然界而进入人的意识的过程。这时绝对理念在人的意识之中又回到了自己、了解了自己，并最终达到了思维与存在的统一。

由于篇幅的关系，这里只讲逻辑学。

黑格尔为他的逻辑学建立了一个"范畴推演系统"，他将这些范畴称为"纯概念"，即"纯粹的"概念，也就是说这些概念之中不含有任何经验或具体事物的成分。

这个"范畴推演系统"整体上共由三大块构成，分别是存在论、本质论和概念论。其中每个又由三个范畴构成，构成存在论的是质、量、度；构成本质论的是本质、现象和现实；构成概念论的是主观性、客观性、理念。

下面分别来论述这三大块，首先讲存在论。

存在论中的第一个范畴是纯存在。

黑格尔说，这个纯存在是一种"纯有"。就是说它是一个除"有"之外没有任何其他性质的东西，只知它有，除此一无所知。

大家可以把这个"有"看作是整个宇宙万物之始，然而正因为它是宇宙万物之始，因此它必须不具有后来宇宙万物那些千变万化的性质，而只能是一种单纯的东西，它无形无质，也无可状，只是单纯的"存在"而已。就像《老子》第二十五章所言：

有物混成，先天地生，寂兮寥兮，独立不改。周行而不殆，可以为天下母。吾不知其名，字之曰道，强为之名曰大。

不难看出，老子的"道"与黑格尔的"纯有"有些相似：首先，它们都是"先天地生"的，是天地万物之始。也就是说，先有它们俩而后有天地万物。其次，它们除"有"之外没有任何别的性质，这个"寂"和"寥"都是无形无质的意思。

黑格尔接着便用到了他的辩证法，既然这个纯有除了"有"这个性质一无所有，那么它也可以说是"无"，是一种"非存在"。

这是一种黑格尔式的独特推理方式，不过并不太难理解，这就像在法庭上，被告说他有证据证明他没有罪，可是却怎么也不能说出这个证据，只是一味坚持说他"有"，那么他这就等于"无"，没有哪个法官会认为他是"有"而不是"无"证据。

经过这样的推理，黑格尔说，他就从"有"导出了它的否定"无"。如他自己所说："这种纯有是纯粹的抽象，因此是绝对的否定。这种否定直接地说来也就是无。"

通过如此这样的思辨，那"有"便与"无"统一起来。黑格尔认为，这种统一乃是一种变易。在这个变易中，既包含了存在，也包含了非存在，它是两者的统一。

这个过程就是黑格尔的否定之否定定律，是一种"扬弃"，通过这样的扬弃，黑格尔得到了另一个东西——定在。

黑格尔说，这个"定在"与"纯有"和"无"都不同，它是将两者扬弃于其中的结果。通过这种扬弃之后的"定在"便不再像纯有一样是没有任何规定性的"无"了，而成了一种"限有"，这个限有拥有了某些规定性，也就是说有了某些"性质"。

这样一来，这个拥有了性质的定在便成了"质"。这样就导出了他的第一大范畴——质。

可以这样表达黑格尔的这个推理过程：纯有→无→变易→定在→限有→质。

什么是质呢？质当然是一种规定性。黑格尔说，对于任何具体的存在物而言，质就是它赖以区别于其他事物的规定性，正是由于这样的规定性，事物才可能同其他事物相区分。这等于说，正是因为有了质，事物才能独立存在。

还是举例来说吧，例如人，什么是人的质呢？就是"能制造工具"或者"有理性"。这就是人之所以为人的基本性质，如果失掉了它们，人就不能称其为人了——这里姑且不论两者是否真是人的质。

存在论中质之后的第二个范畴就是量。量与质有所不同，但也属于事物的一种性质。与质不同的是这种性质不是事物之所以成为该事物的性质，而是一种次要的、附属的性质，也就是说即使它发生了变化，事物也不会因此而不成为该事物。

例如一位姑娘，她的漂亮与否就不是她的质而是量了。也就是说，如果她美如西施，那她当然是一位姑娘，但如果她不漂亮，她也仍是一位姑娘。

上面这个例子如果联系到黑格尔存在论的第三大范畴——度，也许就会不那么恰当了。因为黑格尔认为，量的改变可以引起质的改变，这就引出了他的存在论中第三大范畴——度。

我们知道，事物的量是可以改变的，而且这一般不会引起质的改变。但有一些量一旦其变化超过某种限度就会使事物的质发生改变。这种由量变引起质变的限度就叫"度"。

这个度是比较好理解的，最好的例子就是水温的变化：在一个标准大气压下，如果水温升高，例如从 10℃升到 20℃，它还是水，是一种液态物，但如果温度继续升高，当它升高到100℃时，它就会变成水蒸气，不再是液态物，而是气态物了。同样，如果水温降低，例如从80℃降到50℃，它仍然是水，但如果降到0℃，它就会变成冰，成了固态物。

大家可以看到，在上面的例子中，100℃和0℃是一个关键，如果温度的升降突破了这一关键，那么它就会由量变演变到质变。这种关键点，黑格尔称之为"度"，一旦事物量的改变突破了这个"度"，那么事物就会发生质变，由一种事物变成另一种事物。黑格尔认为，物质的这种改变是一种"飞跃"。

至此讲完了黑格尔存在论中的三大范畴：质、量、度，也就是讲完了存在论。

接下来讲他的本质论。

黑格尔的本质论描述的是一些成双成对的辩证法范畴，也是"绝对理念"发展过程中一些看起来相反相对实则相互依存的环节，它们都是我们平常所熟悉的，例如同一和差别、本质和现象、可能性和现实性、必然性和偶然性、自由和必然等。我们现在就来选择几个简单地谈谈，先讲同一和差别。

黑格尔的本质论分成本质自身、现象、现实三个阶段。他说，本质首先只在于自身，这就是所谓的"自身同一"。在存在论中已经说过，当存在还是纯存在的时候，它就只是一种单纯的存在和肯定。这和自身同一有点相似，不过有一个根本性的区别，就是纯有是本来就有且纯的，而自身同一却是被形成的，这个形成它的就是"抽象作用"。

所谓抽象作用，指的是将本来有许多属性的事物的那些属性丢掉大部分，只留下一种，或者干脆用什么方法将那多种属性合成一种，这就是抽象。

例如我家养了一只花猫花花,她有各种各样的特征,例如爱吃咸鱼,爱对着家里那条小白狗小白龇牙咧嘴,还长了一身又黄又白又黑的杂毛……要完整地描述简直是不可能的,例如我不知道她的毛有多少根、牙有多少颗,但我们可以将这一切抛开,一言以蔽之,称"花花是动物",这就是抽象。

另外一种方式是将花花的所有特征都不具体谈,也不抛弃,只是将它们混合在一起,然后说:"花花是花花。"

大家可以看到,通过这种方式,花花就"同一"了。黑格尔将这种同一性叫作"抽象的同一性"。这个词大家也听说过,就是那种没有什么内容的同一性,是为同一而同一。这种同一性有两个特点:一是它是绝对正确的,二是它是废话。例如说"花花是花花",或者"什么就是什么",那当然没有错,绝对正确,但这样说同什么都没有说又有什么区别?所以这种抽象同一根本称不上是事物一种真正的规定性,就像前面那个纯有一样,实质上也是一种无。但也同那个纯有一样,在同一的肯定之中就包含着其否定方面,即"差异"。

黑格尔指出有两种差异:一种是外在的差异,另一种是内在的差异,前者如一阵风、一头牛、一匹马之间的差异,这种差异当然就像那句俗话所说,是"风马牛不相及"了,它们互不相干,一个离开另一个日子照样过得滋润。内在的差异就不同了,它是这样的差异性:两者虽然是一种差异,然而相互依存,一者离开了另一者便不可能存在。举个最简单的例子,例如上和下、左和右、高和低等,它们固然是差异,但如果没有了一者,另一者可能存在吗?因此黑格尔将这种差异称为内在的差异或本质的差异。

黑格尔认为这种内在的差异性存在于任何具体事物之中。他还将这种在同一个事物内存在着内在的差异性,同时实质上又是具体的同一，不但用于本质与差异等概念中，而且用于所有事物之中，从数学中的直线与曲线直到地球磁场的南北两极。

也就是从这里，黑格尔得出了他那伟大的矛盾理论。

我们知道什么是矛盾，它的另一个名字就是对立统一，是既对立又统一。这存在于一切事物之中。黑格尔认为我们认识一个事物的关键正是认识它的矛盾，因为这种矛盾是每一个事物内部存在的本质。所以他说："认识矛盾并且认识对象的这种矛盾特性即是哲学思考之本质。"这句话看上去很简单，却有着非常深刻的内蕴，不但就理论而言如此，就对实际事物的分析而言也是如此，而且它典型地体现了黑格尔哲学的特色：从矛盾入手，寻找矛盾并且分析矛盾，以之作为认识事物的根本方式。

黑格尔这种认识事物的方式也许听起来有点古怪，但仔细一想也有道理，例如任何一个生命，它总是求生，然而最后总要走向死亡，这是不可避免的。难道说事物之中本来只有生，死只是当事物发展到了要死的一刻才突然地来吗？当然不是，事实上任何生命之内都同时存在着死亡。可以这样理解：一个生物体内同时存在着两种倾向，即生的倾向与死的倾向，类似于弗洛伊德所说的生与死两种本能。在生物体生存时，它的生存倾向占据着优势，但那死亡的倾向，或者说是死亡本能总在想办法实现自己，打败生存本能，虽然它一度失败，但最后的胜利却永远属于它。我们也可以用另一种方式理解：人虽然是一个生命的整体，但它是由无数个更小的生命体组成的，例如血液中的红细胞、神经元甚或体内大量存在的各种细胞，它们都是一个个小生命，它们的生命可没有我们的寿命长，可能只有几年、几天甚至几分几秒，然而我们的生命之所以得以延续却正是它们不断牺牲的结果。就像当我们感染时，体内的白细胞为了杀死侵入的病菌而牺牲自己一样。

就像生命是生与死的矛盾统一体，运动也是这样。一个物体当没有受到外力作用时，是保持静止或匀速直线运动的，如果我们想要它由静到动或者改变速度与运动方向，就得给它施加力的作用。而且事实上，由于物体不可能不受外力的作用，例如它至少受到引力的作用，因此如果我们要让它不断地运动就要持续施加力的作用，否则它就会停止运动。

上述事实说明什么呢？说明当物体在运动时，自身随时保持着静止的倾向。运动克服了静止，而静止随时准备征服运动，它们互相"征服"的结果就是物体的运动。运动与静止就是一对矛盾，它们既是对立的——是两种相反的方式，又是统一的，一者依赖另一者而产生、存在，并统一于同一个物体之中。因此黑格尔认为：矛盾乃是一切运动和生命之源，事物只因为自身具有矛盾才会运动、才具有动力与活力。

从这里我们看到了黑格尔那个独特而伟大的矛盾观，他像康德一样看到了事物中存在的矛盾，然而他没有像康德一样将矛盾的存在看作是人类理性不能认识物自体却又竭力想去认识它的后果，而是勇敢地面对这矛盾，并且并非将它看作人类认识中的麻烦制造者，而是看作事物之所以能运动发展、生命体之所以能享有生命的根源。正如他自己所说："矛盾乃是推动整个世界的原则，说矛盾不可设想是可笑的。"

如果大家想理解黑格尔哲学，首先就要理解他的这种矛盾观。

前面讲了黑格尔的同一和差别，并且从中又推出了"矛盾"这个黑格尔哲学的核心，可以将它看作黑格尔哲学的本质，也可以将它看作黑格尔眼中世界的本质。

然而，无论本质多么深奥或者重要，它们总有一个特点：不可感觉。例如矛盾，我们能看到事物内部的矛盾吗？不能！因为矛盾并不是一个具体事物，它只是一种本质。这就意味着它是抽象的，是不可能感觉到的,就像我们不可能感觉到哲学是不是美丽一样。我们可以看到的只能是像刺向盾的矛和挡住矛的盾这类具体的事物。

但这种事实和本质当然是有关的,具体而言:这些本质具体表现出来的东西就是现象,它们是本质的表现,本质也必然地要表现为它们。

所谓现象,就是人们所感觉到的万事万物,从天上的飞鸟到地上的爬虫,到海中的鱼儿,再到山里的孩子等,凡我们所见所闻所感的一切无不是现象。

前面讲康德时曾谈过本质,在康德看来,现象和本质是截然不同的,现象属于此岸世界,本质则属于物自体,是人所根本不可能知道的。将现象与本质划在两个不同的世界是康德哲学的基本特色之一。黑格尔在这里接受了康德对于现象与本质的一部分说法,但反对康德将现象与本质划分到两个截然不同的世界,认为两者有质的不同。相反,黑格尔提出了"现象即本质"的鲜明观点,他说:"凡现象所表现的,没有不在本质内的。凡在本质内没有的,也就不会表现于外。"

他这句话的意思明确,就是一切现象其实都是本质的表现,而所有的本质也必表现于现象。这样在本质与现象之间建立了一一对应关系,在它们之间再没有不可跨越的鸿沟。可以打个比喻:现象与本质像两户人家,分别住在一条大河两边,但这条大河绝不是《西游记》中宽逾800里,"鹅毛飘不起,芦花定底沉"的流沙河,而是"一桥飞架南北,天堑变通途"的长江。因此隔岸而居的现象小姐与本质先生可以经常来往、相互了解、加深感情,达到心有灵犀,最后结为一体。这样一来,我们了解了现象也就意味着认识了本质,反之亦然。如黑格尔自己所言:"当我们认识了现象时,我们因而同时即认识了本质,因为本质并不存留在现象之后或现象之外。"

现象即本质,本质正在于现象之中。这句话不但深刻地体现了世界万物包括人类的本质,而且告诉了我们应当怎么做。它告诉我们:(1)我们完全可以认识世界与人的本质;(2)如果我们想要这样做并不需要跋涉万水千山去上下敏求,只要观察那随时随地呈现于我们眼前的现象就可以了,通过对这些现象的观察与理解,我们就可以知道万物的本质。这对于渴望了解世界万物的人们不啻是一针强心剂。

总而言之,一个事物无论多么复杂,其本质多么深邃,它总得用一个什么方法直接或间接地表现出来,而它一旦被表现出来,就必定成为现象,而在这个本质与现象之间必有某种关系,只要我们睁大双眼、开动脑筋,那本质迟早会呈现出来。

因此在我们追求本质的旅程里,最重要的其实并不是直接去了解本质——那无异于缘木求鱼,而是要观察现象,本质不可能像看现象一样直接地去看,而是要通过现象才能看到。这样,对于想认识事物本质要注意两点:一是要有一双鹰眼,能看透现象;二是要有一个灵活的脑袋,能察知那隐在现象背后的本质。

例如笔者的名字叫文聘元,笔者如何来了解自己的本质呢?不妨这样开始。大家如果看到了,会看到些什么"现象"呢?首先是笔者这个人——身高、体重、相貌、衣着等视觉印象,还有就是听到"文聘元"这三个字——笔者的名字;如果再多点,就是看到笔者写的文章、说的话语之类,这些就是现象。

现在,如何了解笔者的本质呢?"文""聘""元"三个字是笔者的本质吗?当然不是,它们只是三个汉字而已,笔者也可以给自己换个名字,叫"一只猫"。那么是笔者的思想吗?也不是,因为如果笔者成为植物人,甚至死了,不能思想了,人们还是会称笔者为文聘元,也的确如此,只是一个没有思想的、不完整的文聘元罢了。名字不是,思想也不是,那什么是呢?是身体吗?可能是。因为如果笔者没有了思想,别人还是会称笔者为文聘元，但如果笔者没了形体，人们还会这样称呼笔者吗？会把笔者的名字或者作品称为文聘元吗？当然不会，他们只会称那是文聘元的名字与文聘元的作品，但绝不会称那就是文聘元。

这样看来，文聘元的本质其实并不是他的名字或者思想，而是他的身体。进而言之，说人的本质是理性或者能制造工具就有问题。因为任何人没有了理性，例如死了或者疯了，他仍是一个人；一个人要是不能制造工具，例如死人或者植物人，他们不能制造工具，但仍然是人。

当然大家对此可以有不同意见，这只是一个可能的答案，绝非标准答案。这里只是举个例子说说如何从现象中看到本质，就人这个例子而言，正凸显了黑格尔的"当我们认识了现象时，我们因而同时认识了本质"。因为我们看到一个人时，当然最先认识的是他的形体，这是第一现象——也是他第一的本质。

除了上面的现象与本质，黑格尔还分析了许多其他范畴，如偶然与必然、可能性与现实性、自由与必然等，但分析的形式与这都差不多，这里就不一一述说。

讲完本质论之后，第三个要讲的就是黑格尔逻辑学的最后一部分——概念论。

前面已经讲过，黑格尔的概念论分成三部分，也可以说是它的三个发展阶段，分别是主观性、客观性、理念。其中每一阶段又都各有特征：第一阶段包括了概念、判断、推理这三种人们熟悉的思维形式；第二阶段则讲第一阶段得出来的诸概念如何异化为客体，也就是说如何化为自然科学的研究对象，这也就是黑格尔的"自然哲学"。第三阶段便是概念发展的最后，也是最高阶段。其中最后一个就是我们久仰大名，并曾作过概念性分析的绝对理念，也是这一节所要讲述的。

何谓绝对理念？前面已经初步分析过，指出理念就是一切存在之物的最高范本。当在它的前面加上"绝对"二字时,只是标明了它的重要与强大,其含义并没有质的改变。但前面讲绝对理念只是为了能够让大家明白绝对理念之外的其他东西,并不是为了讲解绝对理念本身,在这里我们会具体了解绝对理念本身。

现在就来看看黑格尔的绝对理念有什么样的特点。黑格尔认为,绝对理念的第一个特点是它是具体的。

我们都知道具体与抽象这一对概念,但黑格尔的意思同我们所"知道"的意思却大为不同。他的这个抽象不是指我们想象中那种不能用感官感觉的东西,例如相对论或者形而上学,甚至也不是指可以用感官感觉到的东西,例如用眼睛看到、耳朵听到等。他的抽象指的是片面,而具体指的是全面。因此,所谓理念是具体的,其实是说理念是全面的。

如前所言,绝对理念是一切事物的最高阶段,黑格尔的这个最高阶段当然不是对前面那些阶段的一味抛弃,而是扬弃,也就是说它是前面所有阶段的综合,是存在与本质的综合,是主观与客观的联结,是前面所有那些范畴的统一。

黑格尔又说过这样一句话:"理念本质上是一个过程。"由此可知他不但认为绝对理念是具体的,而且还是一个发展过程。

绝对理念的这一特点前面也早就讲过,当我们说绝对理念是存在与本质、主观与客观以及所有范畴的大统一时,就默默地道出了它必然也是一个具体的过程——将这一切统一起来怎不会是一个过程呢?

具体地说,黑格尔的"绝对理念是一个过程"指的是他认为绝对理念是一个由抽象发展到具体的过程,也可以说是一个由片面发展到全面的过程。

可以从黑格尔的整个逻辑学中看到它的这一特点。例如在他的存在论里,存在的最初只是一种"纯存在",除单纯的存在外一无所有,因此实际上也是一种"虚无",然后它便成了一种质,在质之后便有了量,然后有了度,如此下来,它的内容越来越丰富,越来越全面,这用黑格尔的话来说,也是越来越具体。最后当它到达绝对理念时,当然比前面所有的还要丰富、全面,也就是还要具体。像黑格尔所言:"认识是从内容到内容向前转动的,即它是从单纯的规定性开始的,而后继者总是愈加丰富且愈加具体。"

这就是黑格尔绝对理念的两个属性,一个是具体,另一个是过程,结合前面所讲的就能得到这样的结论:绝对理念是最高的存在,它是全面——具体的,达到它需要一个过程,但最后一定能达到。这就是黑格尔的绝对理念,理解了这个概念就理解了黑格尔的神髓。

至此就讲完了黑格尔哲学体系的第一大块:逻辑学。可以看到,黑格尔的逻辑学实际上讲的是整个宇宙的发展过程,当然这个宇宙乃是他哲学中的宇宙,这个宇宙是这样形成的:它由纯存在开始,逐渐发展,先到质,再到量,再到度,再产生了种种范畴,然后总归入绝对理念,这个过程就像万川归海,绝对理念就是黑格尔的海,而其他是大大小小的支流,它们虽然渊流长远,最后必归大海。

可能这样的分析还是有些晦涩,但没有办法,黑格尔的哲学确实比康德的还要晦涩艰深,很难讲得比上面的更加简单明白。

第十五章

作为意志和表象的世界

伏尔泰说过:"真正的天才,尤其是开辟新途径的天才,他们可以铸成大错而不受责难,这是他们的特权。"

笔者把伏尔泰的这句名言题献给叔本华,后面大家就会明白其中的原因。

悲怆的生命

格但斯克位于欧洲东部、波罗的海南端,是一个风光秀丽的海港,如今它是波兰共和国的造船和航海业中心,一座繁荣的大城,不过它从前比现在更了不得。那时它的名字不叫格但斯克,而叫但泽,几百年以来都是商业重镇,1788年亚瑟·叔本华就诞生在这里。

叔本华的父亲是富翁,母亲叫约翰娜,是当时一位非常有名的通俗小说家,但她对儿子从不疼爱,所以叔本华从小就缺乏母爱。

早年,父亲带着他在汉堡、巴黎等地旅行、生活,直到1799年,叔本华被送进了龙格博士办的学校,这是当时汉堡颇有名气的私立学校，有钱的商人特别喜欢将儿子送到这里。

老叔本华本来是想要儿子在这里好好学习经商之道，可惜的是叔本华对做生意毫无兴趣，做父亲的不禁十分焦虑，担心自己的生意后继无人。他眉头一皱，想了一个好主意。有一天老叔本华对儿子说，如果他肯好好学做生意，便带他进行环欧旅行，叔本华高兴地答应了，后来真的认真学习起来。父亲也履行了诺言，从1803年5月起带着妻子孩子开始了一年多的旅行生活，到了欧洲许多地方，包括老叔本华特别喜欢的英国。

回国后，叔本华开始在汉堡学习经商。但这时叔本华的志向已经不在于探讨赚钱的秘密，而是整个世界的奥秘。叔本华只是不愿违背他所爱的父亲的意愿，才做了自己不喜欢的事。

但不久之后，叔本华的父亲便离开了人世。关于老叔本华的死因一直众说纷纭，有人说他死于意外，有人说他是自杀的。至于自杀的原因，有人说是生意失败，有人说是因为妻子的不贞令他伤心欲绝。总之是有一天他从一间仓库顶楼的窗口跳到，或者是掉到了地面上一条水沟里，当即死亡。

父亲的死造成了三个对叔本华的一生有重大影响的后果：一是他不必再遵循父命去学习经商；二是他得到了父亲的遗产，足以使他一辈子不必工作而过上体面的生活，这等于说他可以自由地、全心全意地研究哲学，而不必像康德和黑格尔一样靠它来谋生；第三个结果是使叔本华与母亲之间的关系更趋恶化。由于此前母亲从来没有对叔本华表现出多少母爱，母子之间本来就形同路人，父亲的死使叔本华与母亲之间简直成了仇人。

这是1805年4月的事，叔本华才17岁，就几乎成了事实上的孤儿。丈夫一死，叔本华的母亲很快卖掉了原来的宅子，迁居到了魏玛，这里是当时德国的文化中心，大量骚人墨客生活于此，其中包括伟大的歌德。

一到魏玛，叔本华的母亲约翰娜立即办了一个规模不小的文艺沙龙，招待那些文人骚客，像太阳一样光芒四射的歌德也来了。由于约翰娜热情接待了他那出身女仆的妻子，歌德便成了沙龙的常客。

叔本华看到父亲尸骨未寒，母亲就放浪如此，心里更加痛苦，对母亲的敌意也更深了；而母亲看到儿子如此对她，在她快乐的生活中成天插进一张苦瓜脸，也对这个儿子越来越恼火，不但谈不上有爱子之心，简直是恨子如仇。

叔本华实在无法在这样的气氛里待下去，第二年就离家进了一所文科中学读书，住在一个叫棱棱的教授家。这是1807年的事。

中学毕业后，叔本华进了哥廷根大学学习医学，但也读了大量哲学书，特别是柏拉图的著作令他如沐春风。

两年后他就转到了柏林大学。这时柏林大学有两个当时最有名的哲学家在做教授，一个是现代新教神学的缔造者施莱尔马赫，另一个是费希特。在柏林大学的第三学年，拿破仑百日王朝的隆隆炮声传到了柏林。爱惜生命重于一切的叔本华虽然一度购买了成套武器，想和费希特一样投入争取民族自由独立的伟大战争，但那纯粹是一时冲动而已，就像醉酒后的胡言一样，酒醒后立即后悔了，他不但没有参加战斗，而且逃出了柏林，回到了魏玛的家中。

但这次回家对于他并非好事，他和母亲之间的矛盾更加激化。他像一尊忧郁之神的雕像一样，一天到晚愁眉苦脸地坐在母亲的客厅里，对于本来整天只有欢声笑语的沙龙简直是一锅粥里的一只苍蝇，令他母亲极为厌烦。而叔本华对成天只知道玩乐的母亲也是又烦又恨！终于有一天，两人的敌意像火山一样喷发出来。在一场惊天动地的争吵之后，两人彻底决裂，叔本华离开了魏玛，并且在有生之年再也没见过母亲。这是 1814 年的事。

当然造成两人决裂的主要原因并不在于叔本华，而在于他母亲。他母亲令人惊奇地对这个儿子没有丝毫感情，好像不是她生的一样，叔本华之所以对人生如此悲观，不能不说与他的几乎从未体会到母爱有关。就像杜兰特教授在谈到叔本华时所言："一个从未经历过母爱的人，或者更糟的是，一个曾被母亲痛恨过的人，没有任何理由迷恋这个世界。"

母亲很少给叔本华写信，而在那些少有的信中，与其说是关怀儿子，不如说是为了折磨他。在信中她要么是把她作家的笔力大肆发挥，淋漓尽致地嘲讽儿子。有一次她在信中说："我可以告诉你许多令人毛骨悚然的事，但我遏止了这种愿望，因为我知道你怎样地爱思考人类的痛苦，我不愿让你得到满足。"要么就是为了告诉儿子少在她眼前露面，如在另一封信中她说："对我来说，你是难以忍受的负担。因此我不可能和你一起生活。"

母亲对叔本华的态度也许就此决定了他对世界的态度，后来叔本华写道："从我一开始思考问题起，我便觉得自己与世界很难和谐相处。"

在家里得到母亲大量的厌烦与责难时，叔本华还是得到了有些人的青睐，其中就有母亲沙龙的常客歌德。据说有一天当大家兴致勃勃地在客厅里谈天说地时，叔本华在一个角落里独坐向隅。歌德对那些众星捧月般围着他、不时用怪异的目光瞄一眼年轻的叔本华的姑娘们说："孩子们，让那个青年独自待在那里吧。将来有一天他会超过我们所有的人。"歌德这句话差点儿对了，因为这个青年的确在将来超过了其他所有的人——只除了歌德自己！

与母亲彻底决裂时，叔本华已经 26 岁，此前一年他已在耶拿大学获得了哲学博士学位，博士论文题目叫《论充足理由律的四重根》。这时他已经锁定了自己的一生：他将把自己的生命之链牢牢地锁在哲学之门上。

离开母亲后，他也离开了母亲所在的魏玛，来到了德累斯顿。这是德国一座比较新的工业城市。在德累斯顿，叔本华全心全意地投入了写作，作品的名字就是《作为意志和表象的世界》。

这本惊世之作是如何诞生的只有叔本华自己知道，据他说这本书仿佛是神交给他的，就像耶和华在西奈山巅将律法授给摩西一样。

这本书对于叔本华的意义又如何呢？他说："我活着就是为了撰写这部著作，也就是说，我活在世上，所企求和所能奉献的99%都已经完成了，其余的只是一些次要的东西，我的生命和命运也是如此。"

1818年3月他完成了初稿，这年他刚好30岁。

第二年年初，《作为意志和表象的世界》出版。出版者是一个叫布鲁克豪森的出版家，此后叔本华的著作几乎都是由他出版的，他死后由他的儿子继续出版。

这位出版家很有眼光，他不能确定叔本华的著作是不是一部不朽杰作，但他能预见到它必定不会畅销。因此当叔本华想向他索要稿费时，他毫不客气地说："稿费？我弄不好连印刷费都捞不回来呢！"

他的话不幸言中了，《作为意志和表象的世界》出版后可以说毫无反响，就像没有出版一样。绝大部分书在书店的角落里躺了整整16年后，被当废纸卖了。此后他的《论充足理由律的四重根》命运也好不了多少，共印了500本，10年后还有350本躺在灰堆里。

自己杰作的遭遇使本来就有些乖僻不合群的叔本华变得更瞧不起人。他后来在《生活智慧论》中说了好几句俏皮话来讽刺有眼不识金镶玉的凡夫俗子们，例如："一头蠢驴去照镜时，你不可能在镜子里头看到天使。""当大脑和书相撞发出空洞的响声时,不能总是归咎于书吧?"在这冷嘲热讽之下,不难感受到叔本华苦涩的心灵。

然而,福无双至,祸不单行,在叔本华正为其著作无人喝彩而痛苦之时,一个新的危机突然从天而降。1819年6月,当他还在国外时,接到妹妹的来信,信中告诉他一个致命的消息:保管着他们家财产的商号倒闭了!

这条消息不亚于晴天霹雳,因为他的全部财产都存在这家商号里,他没有参加工作,当然也没有薪水,生活所需的一切开支都来自他在这家商号投资所获的利息,倘若失去了这笔财产,那他真只好喝西北风了!

他急急忙忙赶过去,商号虽然倒闭了,但并没有真的一无所有,股东们答应归还他投资的70%,但叔本华并没有答应,坚持一定要商号全数返还。也不知道他用了什么妙计,竟然真的收回了全部投资。

事后,他不禁得意地自夸道:"一个人可以成为一个哲学家,而又不必因此就是一个蠢人。"

那些股东们虽然答应全额赔款,但他真的得到钱还要过上几年,为此他感受到了当无业游民的痛苦,决定找个工作。于是他向柏林大学提出了当教师的申请。他的申请不久便获得了批准,主要是因为他申请的可不是正式教师而是康德和黑格尔以前都当过的私人讲师。

获得授课资格后,1820年3月,叔本华开了第一堂课。先是试讲,题目叫作《论充足理由律的四重根》,讲的效果大概还可以,因此叔本华获得了由黑格尔签署的同意书,不久便正式开课。

他给自己的讲座起了个颇为诱人的名字——"论整个哲学,或者论关于世界的本质和人的精神的学说"。每周5次,每次1小时,具体时间是每天下午5点到6点。

这个时间决定了讲座的命运。

叔本华故意选这个时间，因为他最不服气的黑格尔的讲座也是在这个时间举行，这也就是说，如果谁选了他的课就不能再选黑格尔的了，反之亦然。

这时的黑格尔不但课讲得好，而且已经成为德国哲学界的泰斗，叔本华这种不自量力结果可想而知。他的教室里从来没超过3个人，后面便是空空如也，他只好灰溜溜地偃旗息鼓、落荒而逃。

又在柏林待了一年多后，1822年春天，叔本华痛苦地离开了。他不但离开了柏林，也离开了德国，来到了意大利。

叔本华经过瑞士进入意大利，畅游了米兰、佛罗伦萨、威尼斯等历史文化名城，优美的风光和悠久的历史又一次使他振作起来，他想，也许现在他得不到承认，但历史终究会承认他的，他应该等待。

在意大利四处游逛了一年后，他回到了德国，回到了他的伤心之地柏林。此后，叔本华在这座压根儿不把他当一回事的城市生活了整整6年，从1825年直到1831年。

在这漫长的6年里，叔本华有记录的事只是作了点翻译，例如将自己的那本《论视觉和颜色》译成拉丁文，好像有人读它似的。又将17世纪的西班牙哲学家巴尔塔萨尔·格拉西安的一些著作译成德文。这位巴尔塔萨尔·格拉西安并不知名，其著作几乎要被遗忘了，而叔本华却对他情有独钟。

如果不是一场突如其来的灾难吓走了他，叔本华也许还会在柏林一直待下去。这场灾难前面讲黑格尔时已经说过，1831年，柏林发生霍乱，正如日中天的黑格尔因染病突然去世。叔本华一看这架势，哪还敢待在这里，飞快地逃到了南边的法兰克福。

为什么要去法兰克福而不去其他地方，例如慕尼黑呢？据说一路上叔本华将几个城市列成一张表，一一列上它们的优劣之处进行了比较，最后才选定了法兰克福，主要原因之一是这里英国人多。喜欢英国人、讨厌德国同胞是叔本华从父亲那里继承的一个特点。

叔本华于1833年抵达法兰克福，此时他约45岁，却已经感到自己是个地地道道的老人了，无情的命运过早地催白了他的头发，也苍老了他的心，他决定不再四海为家了，在此地度过余生。

这是怎样的余生呢？这是孤独的余生。众所周知，孤独诚然是一种伟大的感情，但同样是一种极大的痛苦。

在叙说叔本华的痛苦之前，我们先来谈谈他迟到的荣光。

在法兰克福，他依然每天辛苦创作，成果亦不少。如1836年发表了《自然界中的意志》，5年后又出版了《伦理学的两个基本问题》。1843年时他完成了另一部重要著作《作为意志和表象的世界》第二版。这些书也像他前面的著作一样，一出版便如泥牛入海。不过叔本华好像没有表现出多少失望，因为经过如此长久地被社会冷遇之后，他已经习惯，或者说已经麻木。

但这种情形在几年后意外地有了改观。

1850年，叔本华又写了一本《附录与补遗》，就是对《作为意志和表象的世界》的补充。对叔本华著作的销售已经绝望的布罗克豪斯拒绝出版。叔本华只好将它送到另一家小出版社。令人意外的是这本书竟然大受欢迎。

什么原因呢？也许是因为它与叔本华此前的那些著作有一点不同，它比较通俗，所以能得到大众的喜爱。

人们终于开始认识叔本华的著作，发现这个被他们打入冷宫数十年的宫娥原来是一个绝代佳人！

叔本华终于得到了他毕生向往的荣誉，这里简录如下：

叔本华有了自己的忠实追随者,例如来自柏林的尤利乌斯·弗劳恩施泰特,他写了一本《关于叔本华的通信集》,又编辑出版了两卷本的《叔本华大辞典》和洋洋六大卷的《叔本华全集》。这标志着叔本华开始被公认为有世界意义的哲学家和思想家。

叔本华有了自己的但不是自己写的传记,作者是一位叫威廉·格维纳尔的作家。

一个叫伊丽莎白·奈的艺术家创作了叔本华的雕像,法兰克福市还举办了"叔本华油画展",展出他的光辉形象。

伟大的音乐家瓦格纳将自己的经典之作《尼伯龙根的指环》献给叔本华,他被称为"音乐中的叔本华",而不是把叔本华称为"哲学中的瓦格纳"。

波恩大学开设了专门讲授叔本华哲学的课程。

叔本华的《作为意志和表象的世界》出了第三版,受到空前欢迎,德意志一时洛阳纸贵。

在叔本华70岁生日时,德意志最高贵的学术团体——柏林皇家科学院决定授予他院士称号,这是授予一个学者最崇高的荣誉。但叔本华拒绝了。对他而言,这些又算得了什么呢?他虽然很高兴,说:"谁要是走了一整天,傍晚走到了,就该满足了。"但这荣誉的确太迟了,他已经行将就木。

而且胜利的喜悦要与朋友亲人分享才有意义,但他却无人分享。

他没有亲人。他深爱的父亲早已去世,他在人世血缘最亲的母亲竟然是最恨他的人,他还有一个妹妹,却几乎与他没什么来往。

叔本华没有朋友。也很孤独的尼采在谈到他时都说:"他孑然一身,没有一个朋友,有一个与一个都没有之间,存在着天壤之别。"

他不信上帝。我们知道,一个孤独的普通人可以通过宗教的慰藉来解脱自己的痛苦。但叔本华不是一个普通人，他不相信上帝，不但不信上帝，他什么都不信，如他自己所言："最好是保持疑虑而不依靠信仰。"

这样一个没有亲人、朋友并且连上帝也不信的人如何过他的人生呢？下面就来看看他那曾遭无数人谴责嘲讽的日常生活。

1814年刚到德累斯顿时，叔本华竭力麻醉自己的心灵，甚至装出一副快乐的样子。他经常身着华美礼服出入各种社交场合，同名媛贵妇们周旋。但不久便尝到了这种生活的虚空，他深深感受到了心灵的痛苦，日日眉头紧锁。这种痛苦又造就了他许多怪癖。例如他怕有人乘他睡着后来谋害他，每天晚上都将一把手枪放在枕头下，枪已经上好子弹，一扣扳机就能置人于死地；他怕理发师为他刮脸时割断他的喉咙，因此绝对禁止理发师理发时刮脸；他深通"病从口入"之理，怕别人将传染病传给他，因此不管到哪家咖啡馆都带着一只特制的皮杯子；至于他要塞进嘴里的雪茄烟斗就更不准人碰了。他还怕有人来偷他的钱，因此将它们收到他认为小偷怎么也想不到的地方。他甚至怕别人知道他有多少钱，怎么花，因此用一般人不懂的古希腊文和拉丁文来记账。有趣的是，他还想了个高招，在房子里一些贵重摆设上贴了一些假标签，大概是在贵重的瓷器上标明"普通花瓶"之类，真是此地无银三百两。

叔本华生平最遭人非议的事，大概是1821年他在柏林的那件事。据说有一天，他嫌邻居——一个女裁缝吵他，盛怒之下将她从楼梯上推了下去，导致她摔断了胳膊。经法院判决，叔本华必须负担全部医药费，还要养她一辈子。此后这个妇人不愁吃穿地又活了整整20年，叔本华就这么养了她20年！当她终于死了时，感觉大松了一口气的叔本华在当天的日记中写下："老妇死，重负释。"

1833年到了法兰克福后，整整27年间，他尽量像康德一样过着有规律的日子。

每天他起床后，先洗个冷水澡，接着吃早餐，喝杯浓咖啡，然后开始工作，主要是写作，因为这是他一天中脑子最清醒的时间。工作大约3小时后便准备吃午饭。不过午饭前他还要松松筋骨，好多吃一点，办法是吹半个小时长笛。至于吹得怎么样不得而知，大概不赖，因为他本人是最恨噪声的。此后就去吃午饭。他没有家，当然也没有人为他做饭，他总是去当地一家叫安格拉特的饭馆吃，这里的菜很合他的胃口。他是一个美食家，总是食不厌精，饭量也很惊人。据说有次一个新顾客看到他面前堆得像小山一样的食物，很惊讶，便站在对面看个不停。叔本华看了他一眼，很冷静地说："先生，你似乎对我的胃口感到吃惊。确实，我的饭量是你的3倍，但我的智慧也是你的3倍。"

午饭后，他又回到家里——他总住在旅馆的一楼，因为他怕失火难出逃，再喝杯浓咖啡。然后开始下午的工作，一般是读书看报，一直看到傍晚开始散步的时候。

这时他便带着他的那只卷毛犬走上法兰克福的大街。他的小狗在法兰克福街头是很有名的，它就像叔本华的影子一样，总是同主人形影不离。当主人在家时，它便躺在主人专门为它准备的那块价格不菲的黑熊皮上，等待主人按时为它准备一日三餐。当主人出门时，它便大模大样地跟在后面，一副高高在上、旁若无人的样子，就跟它主人一样。市民们便将这条狗叫作"小叔本华"，叔本华则称它"你这个人"，总之，它是叔本华在世界上唯一的朋友和伴侣。

散完步后，叔本华便带着他的狗到别的餐馆用晚餐。他常常会跟侍者开一个玩笑：他将一枚闪闪发光的金币放在桌上，按一般客人的习惯，等于是将这枚金币饭后送给侍者做小费。侍者不由得大喜过望，格外殷勤地侍候这位哲学家。但当饭一吃完，他便又将这枚金币收进了口袋。

晚饭后，叔本华一般会去进行一些娱乐活动，例如去看幕歌剧或者听场音乐会，然后回家睡觉。

这就是叔本华整整 27 年的生活，直到生命的最后一天。

1860 年 9 月 21 日，叔本华像往常一样独自喝过早餐的咖啡，不过没有起身去写作。这是很奇怪的事，所以旅馆的女管家过来察看，发现他已经死了。

作为意志和表象的世界

《作为意志和表象的世界》是叔本华的名著，甚至可以说是他唯一的著作，他所有对后世产生重要影响的思想都已经呈现在此书之中。可以说这本书孤独地创立了一个崭新的思想体系，为未来新哲学的发展开辟了一条阳关大道。

与以前几乎所有的哲学体系，特别是当时流行的黑格尔哲学体系相比，叔本华在《作为意志和表象的世界》中表达的思想有两大特色：第一个当然是思想上的，黑格尔的思想艰深晦涩之极，叔本华的思想却是相当明白动人，如果将黑格尔的哲学比作暴雨大作、伸手不见五指的黑夜，那么叔本华的哲学就是风和日丽、天朗气清的白昼。

不过大家千万不要以为既然笔者将叔本华的哲学比作风和日丽、天朗气清的白昼，就想当然地认为我们读了之后会仿佛在这种天气之下散步一样心旷神怡。相反，大家说不定会心情沉重，甚至"如丧考妣"。

世界是我的表象

叔本华在《作为意志和表象的世界》中开宗明义地说："世界是我的表象。"这也是他全部哲学的基点。

应如何理解这个基点呢？这还要从康德谈起。

叔本华哲学的起点是康德，具体地说，是康德对世界的划分，因此我们可以从康德推导出叔本华的哲学。

康德认为世界分为两重：一重是现象；另一重是物自体。物自体是不可道的，唯知其存在，而它其余的一切都是不可言说甚至不可考问的。我们在这个世界上极目所见的一切都是现象，人类可能认识的尽在于此。

依照康德的划分叔本华也将世界划分为双重，一重为表象的世界，另一重则是意志的世界。

什么是表象的世界呢？很简单，叔本华的表象实际上就是康德的现象，两者是同物而异名，因此叔本华的表象世界也就是康德的现象世界。

然而叔本华对于另一个世界——意志世界的说法却与康德大相径庭。

我们已经知道，在康德看来，那个物自体是十分神秘的，我们不能得知，甚至无法考问，好像它是一个外在于我们的神。但叔本华则认为那个物自体实际上就是我们的意志，也只是我们的意志，而世界就分成这样的两面：一面始终是表象，而另一面则始终是意志。

这样就可以分两部分来讲叔本华的"世界观"，第一部分是"作为表象的世界"，另一部分则是"作为意志的世界"。

我们现在就来讲第一部分：作为表象的世界。

作为表象的世界，也就是说世界是我的表象。我们已经说过，叔本华的表象与康德的现象是同物而异名，这其实是粗略而言的，实际上叔本华的表达比康德更为丰富真切。叔本华认为，所谓表象就是我们的感性、知性和理性所察觉的一切，也就是说，我们用一切认识事物的手段——不管是感性还是理性的所认识的一切事物都是我们的表象。请注意,这里"我们的"三个字加了着重号,它的意思就是说:这些表象既是我们的,同时也是我们制造的。因此它们的存在当然依赖它们的制造者——我们。

那么是我们的什么制造了这些表象呢?叔本华认为:就是我们的感官。例如我们听到鸟语、闻到花香,这个鸟语和花香就是表象,它的制造者就是我们的耳朵和鼻子。如果没有我们的耳朵和鼻子,我们自然就不能听到鸟语、闻到花香了。

如果仅止于上面这句话,那么谁都会同意,但如果叔本华仅止于此,那么他也就不是叔本华了。

他的意思是如果我们没有耳朵和鼻子,不但听不到鸟语、闻不到花香,而且根本就没有了我们用耳朵听到的鸟语、用鼻子闻到的花香!

这个意思用更哲学化的话说就是不但我们的感觉依赖于我们,而且我们的感觉从之而来的万物也依赖于我们。

还可以用一句更具有普遍性的话来说:世界不但依赖于我们这个认识者,而且仅仅存在于我们的意识之中,没有我们的意识也就没有我们所意识到的世界。

听到这句话时,也许有人会问:如果人死了,那么世界呢?叔本华会回答:世界也死了。

因为世界万物只是我们的感觉,就像我们触摸到大地、看见太阳,但我们所有的其实只是触摸到大地的手、看见太阳的眼睛。甚至我们的身体也仅仅是我们的表象,如同外物一样,它只是我们所见、所闻与所触到的东西。而除此之外根本没有什么独立自在的太阳、大地和身体。不但我们所感觉到的事物如此,就是我们用理性所认识到的一切同样如此。例如开普勒以为他理解了行星运动的规律,达尔文以为他理解了物种进化的规律,但实际上他们所真正拥有的不是什么行星运转、物种进化的规律，而只是他们用来认识的那个理性而已。

世界是我的意志

前面已经讲过，康德认为没有任何办法可以了解自在之物，无论用何种方式：经验、知性或是理性。也就是说，在现象的此岸与物自体的彼岸之间永远横亘着一条不可逾越的鸿沟。

叔本华承认存在着这样一个彼岸世界，但认为它不是不可理解的，而是可以在此岸与彼岸之间建起一座桥梁，它将导引我们从此岸世界走到彼岸世界，去探究那些神秘的物自体。

那么这座桥是如何建筑起来的呢？首先建造它的不可能是理性，这康德早已说过：因为当人类的理性想要考察物自体时，同样只能运用他们考察现象时所用的工具——知性，然而这个工具只能用于对现象，而不能用于对物自体的考察，如果我们硬要用它去考察物自体，那么这就是逼它做力所不及的事，这样势必会陷入谬误之中而不能自拔。总之，不能用理性达到彼岸世界就像不能揪着自己的头发离开大地。

究竟是什么能令人类建造起到达彼岸世界的桥梁呢？叔本华毫不犹豫地回答：它就是那同外在世界没有关系的纯粹主观的直觉。

叔本华告诉我们：只有通过这种直觉才能找到事物的本质，才能建筑起通向彼岸世界的钢铁大桥，才能找到躲藏在那里的自在之物。

这时也许有人会问：这个直觉只是对自我的直觉，它怎么能认识外在于我们的自在之物——物自体呢？

叔本华认为，这是因为在直觉里，整个现象世界、我们自己和物自体被压缩了，成为一个整体。这就是说在直觉里现象即自我、自我即物自体、现象即物自体，它们已经由三个风马牛不相及的东西变成了新的三位一体。

这时大家会睁大眼睛问：真能把它们三个风马牛不相及的东西化为一体吗？如果能，那么这个新三位一体又是什么呢？

叔本华会如此回答："上面我说的'我们自身'并不是那个认识的主体——你这个人，而是那意志、直观物自体的意志。"

这里的中心是意志，关键则是如何理解叔本华的意志。

在叔本华这里，意志有一些特别的意思可以这样说，将欲望、本能、意愿、倾向、冲动等词的意思叠加起来，基本就构成了意志这个词的内涵。

叔本华认为，当现象、自我与物自体合而为一、变成我们自身——意志时，我们自身不再是一个认识的主体或者客体，而是以直接展示自己内在本质的意志而出现的。

这句话也可以这样说：当意志展现自己时，它并不是用传统的、我们所习惯的形式，例如以主体与客体、精神与肉体的形式，而是将自己内在的本质直接地呈现在我们眼前，就像一个刚从母亲身体里来到这个世界的婴儿那样赤条条，因此也是直接地、毫无隐晦地展现自己，并且自豪地说："我就是意志！"这个意志就是人的本质。

前面刚刚讲过，意志是欲望、本能、意愿、倾向、冲动等的叠加，实际上这些东西叠加起来后不但构成了意志，同时也构成了人的本质。因为叔本华认为，人实质上并不是一个有意识的、智慧的理性生物，而是在这个下面的无意识的、非理性的生命的冲动。可以打个比方，意志就像一个饿了三天、看见面前终于有了一只肥烧鹅的大汉，此时他的冲动就如意志的冲动。

这是一种什么样的冲动呢？不言而喻，它是剧烈的、自发的、永恒不息的而且迫不及待的冲动——这便是生命的意志。这种生命之意志占据着——也许是默默地占据着我们全部的生命，展现着生的本质，它也就是人的本质。每个人正是因为有了意志这个本质才能称其为人，甚至可以如此宣称："我有意志，所以我存在。"

除了是人的本质，这个作为自我、现象与物自体之融合的意志当然也是物自体，并且是唯一的物自体。作为物自体它也是一切现象的根基。

这样一来，人自我、自在之物、现象就在意志里完美统一了。

当一切统一之后，这个意志就成了唯一的自在之物、唯一真正的实在，也是万物唯一的始基，除它之外，世界其余的一切不过是表象。

通过意志，我们也获得了另一样东西：自我意识。因为意志必使我意识到自身，发现我就是意志，这样我就有了自我意识。凭着这个自我意识我们能够认识许多事物，例如自然界的万事万物，并且探究其本质。这个自我意识就是打开自然之门的金钥匙，每个人都有这把金钥匙，它就在我们身上，只要能够找到就能自己打开自然之门。

这时候又出现一个新问题：既然这个意志存在于我之内，那我为什么不知道自己有这个意志呢？如果说既存在于我之内而我又不知道，这岂不是一种自相矛盾？

其实这并不是自相矛盾，前面刚刚说过，叔本华认为我们人实质上并不是有意识的、智慧的理性生物，而是无意识的、非理性的生命的冲动。

那么，我们如何认识意志这种"无意识"呢？

叔本华认为，正因为意志是无意识的，所以我们恰恰不能认识意志。也就是说，意志与认识是完全不同的，并且他认为将意志与认识完全地区分开来乃是他的哲学区别于以往所有其他哲学的主要之点。

为什么说认识与意志无关呢？这是因为叔本华认为，认识是同理性相关的东西，其对象只是现象世界，只是对表象的认识。而意志的对象却超越现象世界而达到了物自体，且是对物自体非理性的直觉，而非理性的认识。

它们两者之间的地位对比又如何呢？叔本华认为，相对于认识而言，意志更为基本，认识是从意志之中派生出来的，并且为意志服务，可以说意志是认识之母。

不过，它们之间本来也并不是亲如母子的关系。一开始，由于认识的是表象世界，而意志认识的是物自体，而现象与物自体是相对立的，加上认识蒙蔽着意志，不让我们了解它。因此意志与认识也是水火不容、互相作对的。后来，当我们通过意志认识到物自体之后，意志就不再同认识对抗了，因为它自己也成了一种新的认识范型——意志直觉。

而且，作为新的认识范型的意志直觉发现，由于它是对物自体的认识，而理性认识只是对表象的认识，是浮于表面的、肤浅甚至虚假的认识，因此只有它才是真理性的认识形式。而且运用意志这新的、真理性的认识形式我们不但可以认识物自体，还可以认识整个世界。当我们认识世界之后将会发现，这个世界就是本节的标题所表明的，是作为意志的世界。

何谓"作为意志的世界"？这就是说，意志已经内化于整个世界万物之中，达到水乳交融、同为一体。

正因如此，当我们认识世界时，意志便为我们敞开了一道崭新的认识之门，通过这道门，我们将对世界有一个全新的认识，就像展现在我们面前的世界是一个全新的世界一样。

这就像当人们用肉眼仰眺高天明月时，看到的只是"天上月，遥望似一圈银"。但当人们用天文望远镜来看时，看到的将是一个巨大的球体，它上面并非银子般白，而是布满了斑斑驳驳的环形山。《红楼梦》中曹雪芹用"面如满月犹白"来描写芳官儿，幸亏他没有看到真实的月亮，要是他看到了不气晕过去才怪！

这世界也是一样，当我们借助哲学的天文望远镜——意志来看时，会发现这个"作为意志的世界"与我们原来用理性认识之类所看到的世界有着天壤之别。

我们现在就来看看这个世界吧。

首先，整个世界及其实在性都源于意志，至于我们所看到的表象世界只是意志的客体化。具体地说，它们本来是意志，客体化后产生了变形，于是由精神性的东西变成了物质性的东西：花鸟虫鱼、明月繁星、蓝天白云等。总之，我们所看到、听到、闻到、摸到、测量到的宇宙万物无不是如此而来。

由于这个世界的一切都是由意志而来的，虽然变形了，但其中无处不深蕴着意志，从无机物到有机物，从动物到人，无物不如此。这就像我们用高温高压加工碳，结果它变形成了钻石，钻石与碳之间虽有着巨大的区别，但它毕竟是由碳变形而来的，因此即使在变成钻石之后，仍然在身体里头充满了碳原子。意志也是一样，虽然它已经变形成了与意志形式完全不同的宇宙万物，然而在万物之中无处不充盈着意志的原子。

那么在由意志构成的万物之中，所有的意志是不是完全一样的呢？是不是像理性或者智慧一样，等级低的物种便要少一些？叔本华认为，万物的意志就根本而言都是一样的。但在化为万物之后，意志在万物之中有了变形，例如在人身上，它便表现为人的各种欲望。当然这欲望并非与原来的意志完全一样，而是那种本初意志的变形。然而即使在变形之后，我们在生命的冲动中仍不难看到它的踪迹。

在生命之初，意志是盲目的，它以自己的原始性无意识地起作用，但当后生的意识进入作为存在之基础而融入万物的原初意志中时，意志便开始意识到自身。于是我们便具有了"有意识"的意志，除人之外，动物也可能具有这种意志。但这实质上并没有什么不同，我们不要忘了，万物及其生命均是意志的客体化。

这说明对万物而言，意志本初是同一的，不过，当万物成形之后，由于万物有高低之分，这个万物的形成者——意志至少在表面上形成了某种与万物等级相类似的"等级"。此外还有物体的惰性、刚性、硬度、弹性等一切物理与化学特性，都可以被看作意志，且是较为"低等"的意志。由此上溯，从植物、动物直到人，都有其意志，这些意志我们可以看作是"较高等"的意志，而人的意志则是"最高等"的意志。

不管什么等级，总之，由以上我们可以断定：世间万物，从无机物、有机物到人，这一切本身及所具有的特性都只是意志的表象而已。意志乃是世界之王、万物之母。

人生即苦

这个世界是作为意志的世界，意志是世界之本，而人则是意志的最高体现者。那么，存在于意志的世界的人的生活又如何呢？

关于人生，叔本华说过这样的话：

> 绝大多数人的一生也只是一场为了生存而持续不断的斗争，并且明知最后还是会在这场争斗中失败。使他们经得起这一艰苦斗争的，虽也是贪生，却更是怕死。可是死总站在后台，无可避免，且是随时可能走到前台来——生命本身就是布满暗礁和漩涡的海洋。人最小心翼翼地想方设法避开这些暗礁和漩涡，尽管自知即便历尽艰苦，使出"浑身解数"而成功地绕过去了，他也正是由此一步一步接近那最后的、整个的、不可避免、不可挽救的船沉海底，并且

是直对着这结果驶去——对着死亡驶去。这就是那艰苦航程的最后归宿，对他来说这归宿地比他回避过的所有暗礁还要凶险。

他还曾引用古罗马诗人卢克莱修的一首小诗来形容这样的人生：

> 在这样黑暗的人生中，
> 在如此之多的危险中，
> 只要此生还在延续，
> 就是如此、如此度过！

这话听起来真令人感到绝望，因为叔本华毫不客气地指出：（1）人生就是痛苦；（2）这痛苦是无可避免的。

他为什么要这么说呢？我们将从其哲学中寻找那深刻的原因。

这深刻的原因一言以蔽之，就是生命意志，是生命意志使一切如此。

我们知道，人是生命意志的体现，我们的生命之中充盈着生命意志，它决定着我们一切行为的趋向。

而与此同时，这个生命意志又是自发的、无条件的、非理性的和盲目的：

> 它是自发的，因为当生命意志在支配着我们一切行为时，我们并没有意识到这是生命意志在支配，我们也没有要求它如此地行为，那生命意志仿佛是一个比我们自己更有意识、更有力量的智慧生物，是自己在运动，并把运动的结果强加于我们身上。

说生命意志是无条件的，因为生命意志起作用并不需要任何条件，我们写作时需要纸、笔或者电脑，说话时需要舌头，还要懂得语言，但生命意志却不需要任何这类的条件，甚至不需要我的生命存在，因为即使"我"死了，其他人还在生存，生命意志也还在起作用。

说它是非理性的和盲目的，因为当生命意志起作用时，它绝不会考虑我们如何感受，也不会考虑这是否符合道德，它总是按自己的方式说话而绝不考虑这话会引起什么样的后果，用自己的脚步走路而绝不考虑是否脚下有一个还不会走路的婴儿。当然，如果它前面是万丈悬崖时，它就不会走下去，因为生命意志虽然是无理性的、盲目的，然而它的盲目是一种掩耳盗铃的盲目。也就是说，它并非真正的盲目，而是刻意的盲目，只有当它面对他人时，它才是盲目的，而当它面对自己时，它就不是盲目的。相反，它总是尽心竭力地为自己——就是生命的主体效劳。

这时，生命意志就绝对地心明眼亮，这也正是生命意志的表现。

生命意志有多种表现形式，第一个表现形式就是珍视生命，不惜一切手段使自己的生命不受威胁。我们可以将生命的这种表现形式称作"生存意志"，它就是生命生存的愿望，是要求生命最大限度地延续的欲望。

生命意志的另一表现形式就是对幸福、快乐永不停息地渴求。在这种快乐之中，首要的是对性享乐的欲求。在叔本华看来，这是一种"生殖意志"，更具体地说是一种原始的性冲动，它才是生命的内在活力。

这种对生命的无限珍视、对快乐的不懈追求，对于人类而言是理所当然、无可避免的，这一方面造成了人类个体——我、你、他得以拥有生命，并且享受生的快乐，但另一方面它也不可避免地带来了许多其他后果。

这种后果之一就是利己主义，叔本华认为这是人类一切行为的根本特点。正是这利己主义使得人类的一切行为都是为了求得行为人的一己之快乐、避免一己之痛苦，这种对于个人幸福的渴望就是生命的形式，是生命中一切行为的共性。

也许这时有人会提出这样一个问题：为什么对于幸福的追求是生命中一切行为的共性呢？简而言之，为什么人们要追求幸福呢？

叔本华答道：这是因为我们对现实不满，现实中我们不感到幸福，所以需要追求幸福。这就说明我们对于幸福的追求是被动的、消极的，它产生于匮乏与痛苦，痛苦是幸福之母。

同时，我们之所以追求幸福、消除匮乏，也是生命意志要求的结果。生命意志要求我们去满足一切匮乏，去求取幸福。

然而，"幸福不是毛毛雨"，不是站到露天底下就能让幸福自己淋到头上，它需要许多条件，要付出相当的代价。并且纵使人这样做了，仍可能追求不到幸福。

这时又会怎样呢？叔本华认为：这时人就会产生痛苦。所以人们追寻幸福的结果却是求到痛苦，而这痛苦，归根到底是生命意志造就的，是生命意志产生了痛苦。

前面说，痛苦来自匮乏，那么是不是说，如果这匮乏得到了满足，人就能幸福了呢？

也不是！因为我们说"这匮乏得到了满足"，并不是指"所有的匮乏得到了满足"，而是指"当前这个匮乏得到了满足"。也许我们在这个匮乏得到满足之后有片刻的"幸福"，然而它就像白驹过隙一样，转瞬即逝。为什么呢？这是因为当一个匮乏得到满足之后，自然而然地，人马上便会有新的匮乏，于是就有了新的不满，造成了新的痛苦，那美好的幸福转眼间便真成了黄粱一梦，梦醒时分发现人生还是只有痛苦。叔本华借用卢克莱修在《物性论》中的几句诗说：

因为我们所追求的，一天还未获得，

> 在我们看来，它的价值便超过一切；
> 可是一旦已拿到手，立刻又另有所求。
> 总是那一渴望紧紧掌握着我们，
> 这些渴求生命的我们。

这样的例子在我们所见所闻的生活之中，甚至我们自己的生活之中是随处可见的。例如一个高中生先是为了考上大学而奋斗，为此必得经历艰苦的学习，通过繁难的考试。后来考上大学后，以为总算可以轻松了吧，但很快发现新的需要已经来到眼前，例如想考试门门得A，拿奖学金，当上学生会干部。在得到这些后，他还没有得意3分钟，便发现自己又有了新的匮乏——没有女朋友。如果得到了女朋友？他就满足了吗？当然不，因为他漫长的人生道路才刚刚开始，匮乏也刚刚开始……

为什么人要如此不断有新欲望，导致新匮乏、新痛苦呢？叔本华认为：不为别的，只为这不断地欲求乃是生命意志的本质。古人云：得陇望蜀，人之常情。这不但是人之常情，更是意志之常情。实际上是意志之常情令人如此。

这样人就像钟摆一样，在匮乏与欲望之间来回摆动，新的满足只会带来新的匮乏，如此循环不已。而生命，也就在这痛苦的循环之中慢慢地被腐蚀掉了。正如叔本华自己所说："所以人生是在痛苦和无聊之间像钟摆一样来回摆动着，事实上痛苦和无聊两者也就是人生的两种最后成分。"

痛苦使人追求快乐，快乐预兆新的痛苦，它们都来自生命意志，而且，生命意志愈强烈，痛苦也就愈强烈。就如俗语所说：爬得越高，跌得越惨。

总而言之，人生即苦。

怎样超脱苦海

面对如此痛苦的人生，人难道真的毫无趋乐避苦的良方了吗？

叔本华又回答：不是，但也是！

说不是，因为叔本华认为，人类根本不可能真的"趋乐"，因为如前所言，痛苦来自生命意志，只要生命意志依然存在并且展现它的本质——痛苦，那么人生就不可能快乐起来。这就是说：人生就是困乏、痛苦、哀怨、折磨和死亡种种痛苦之和，这是命中注定。

说是，因为我们虽然不可能趋乐，却可以避苦。也就是说，我们可以用种种方式逃脱人生的苦难，因而也就逃脱了苦难的人生，达到一个虽不快乐但也没有痛苦的人生。

那么要如何避苦呢？叔本华告诉我们，这其实很简单。前面已经说过，人类痛苦的根源在于人的生命意志，因此，避苦的基本原则也就是——放弃我们的生命意志。

我们要深刻地明白：人的全部幸福以及为之进行的全部斗争都毫无价值，斗争不过是生命意志的体现，而生命意志正是痛苦的始作俑者。因此，我们要牢牢地记住：追求生命意志只会自寻烦恼。

但在这里又出现一个新问题：这生命意志是一个相当抽象的东西，它不像我口袋里的100元钱，要放弃它只需将其往马路上一扔就行。这生命意志可是存在于我们大脑内部的，甚至已经与我们的生命融为一体，如何才能放弃它呢？

叔本华给我们指明了六条救治之道。其中前三条是治标，后三条则是治本。我们这里只谈前面三条吧。

这三条分别是：哲学、艺术、宗教。叔本华认为它们都能令我们克制生命意志。

第一条是哲学之道。俗话说："人为财死，鸟为食亡。"这句话简明而深刻地揭示了无数人眼中的求福之道：尽可能地获得财富，以为这样人就可以幸福。

叔本华认为，这样的思想是可以理解的，因为财富当然可能带来某些乐趣，但这只是可能，而非必然。

这是容易了解的，因为如果财富等于快乐，那么世上的有钱人就都该是快乐的，而世界首富该是世界上最幸福的人。事实上当然不是如此，甚至相反，有钱人的日子说不定比没钱人过得更不快乐。这是为什么呢？叔本华认为，这是因为他们不懂得如何使用财富，他认为懂得使用财富，并使它给我们的生活带来幸福，那简直是一门艺术！

如何懂得这门使用财富，使它为我们带来幸福的艺术呢？叔本华说，这需要智慧、理性与知识。

大家也许会疑惑难道智慧、理性与知识这些东西能给我们带来快乐？叔本华回答说：这是可能的。因为人既是努力奋斗的意志，同时当他成为人之后，还是一个有知识有智慧的主体。当他拥有理性、知识与智慧之后，就可能用它们来控制意志。

前面说过，意志是人生痛苦的根源，理性既然能够控制意志，那么它为什么不能消弭意志所引起的痛苦呢？

当然能！理性能令我们用一种更加清醒的态度看待人生万事，那些表面看来足以引起我们痛苦的事，当理性温柔地一抚，我们痛苦的内心就可能平复下来，而痛苦也随之消失。

众所周知，生活中有些事能令我们大为愤怒，而愤怒无疑是一种痛苦，且若处置不当，可能给我们带来更多更大的痛苦。生活中这种因一怒而铸成大错的事数不胜数。然而如果我们能用理性的态度对待那些令我们愤怒的事，愤怒就会从我们的心中消失，而痛苦也就随之而去。

理性既然能驾驭意志，现在的问题是我们如何才能获得这种理性呢？叔本华教给我们的方法是读书，读哲学书，并且读哲学大师的原著。他认为，只有从哲学大师们的原作那里才能找到哲学与智慧，找到能驾驭意志的理性。

这就是第一条解脱痛苦之道——哲学之道。

解脱痛苦的第二条是艺术之道。

叔本华认为，艺术的特征就是它能将人类的认识从意志的奴役之下解放出来，使人忘却自己的欲望与私利，而让心灵达到一种对真理的非意志的颖悟。

将这句话结合前面讲过的哲学的作用，不难看出，艺术的这种解放其实质与哲学是一样的，都是令人们能超脱意志的束缚，一旦做到这点也就摆脱了痛苦之源，而痛苦自然也就消失了。

为什么艺术有这种功能呢？叔本华认为，这是因为艺术作品所揭示的并不是现实的事物，而是理想化的事物，这个理想化当然也意味着事物中包含着理念，它是事物一种理性的、普遍的美，其中不掺杂任何个人的意志。

也就是说，通过这种艺术的表现手法我们就能从艺术中得到某种超脱个人意志的东西——美。这种超脱了个人意志的美无疑也超脱了痛苦，这样，无论是创造艺术还是欣赏艺术，都可以暂时超脱个人意志，在美的沐浴中涤除痛苦。

这条路诚然可贵，却远不是人人能够走得通的。因为艺术与科学不一样，科学只需要才能，而艺术却需要天才。只有天才才能创造艺术，并在艺术中超脱痛苦。

第三条超脱人生苦海之道是宗教。

为什么宗教是一条超脱苦海之道？这个道理比较好懂，只要看看现代世界的两大基本宗教基督教和佛教就行。

基督教的基本特点之一就是认为人在这个世界上出生之时就带有"原罪"，这是无论如何也避免不了的。这个原罪是上帝所造的人类初祖亚当和夏娃偷吃了禁果所致。从这时候起人类就有了自己的意志，从而也有了罪。因而这个原罪也可以说就是人对意志的肯定与强调。自从有了意志之后，人类的一切欲望便蜂拥而至，从而导致了深重的痛苦。这些都是意志作用的后果。

如何求得解脱呢？从很早起，基督教便宣扬一种对基督的献身精神。这种献身精神的特点就是克制人类那些平常的欲望，尤其是性欲，甚至将这种克制发挥到极端。典型者就是修士。在西方有许多修道院，那里的修士修女们终日粗茶淡饭，唯以思索敬拜上帝为事。至于性爱与结婚，那更是绝不允许的，被认为是对神最大的亵渎。除了这些一般的修行，甚至有所谓的苦修。这些苦修士们或者躺在碎玻璃上打滚，或者用鞭痛打自己，总之用尽各种使自己痛苦的方法来表达对上帝的虔诚。

他们为什么要这样做呢？这是因为他们认为这样做就可以求得上帝的垂顾，获得救赎，上达天堂。

同样，在基督教理论里，人类是很难在人间获得幸福的，就像虔诚的葛朗台太太在临终前对女儿说的："孩子，幸福只在天上，你将来会知道的。"人死亡之时也就是其可能获得幸福之日。

以上种种基督教的解脱之法有一个共同特点：禁欲。它试图通过禁止人类各种自然的欲望，例如性欲与口腹之欲来达到对尘世痛苦的解脱。

而这一切也就是对人类生命意志的直接否定，这与前面两条解救之道可谓殊途同归。

至于佛教，也差不多，佛寺中僧人们生活清苦，顿顿是豆芽白菜、大米馒头，连油星都不见一个，难以下咽。这些正当青春年华的男人们也是没有机会结婚生子。这与基督教的禁欲是完全一致的。

　　基督教和佛教的修行者们为什么要这样做呢？因为他们认为人生就是苦，而苦的根源就在于人有欲望，因此只有消灭这些欲望才能解脱尘世之苦，甚至上达天堂，享受永恒极乐。

　　我们知道，佛教有一种特殊的境界，叫涅槃，它是佛家修行的最高目标。这种最高的目标实际上是什么呢？它就是死亡。不过同一般的死亡有很大区别，是指一个人的修行达到最高境界之后，就能超脱人的生死轮回，也就是超脱了一切人生的烦恼苦难而达到了一种自我的"寂灭"。

　　叔本华将这种涅槃之境看得极为玄妙崇高，视之为最高的智慧，能使人醍醐灌顶，并达到彻底消灭生命意志，永远摆脱苦难的人生。

　　至此，说完了叔本华的三条摆脱人生苦难之道。可以看到，叔本华这三条道路的确能令人克制生命意志，从而摆脱人生的痛苦。